国勢調査と日本近代

一橋大学経済研究叢書 51

佐藤正広著

国勢調査と日本近代

岩波書店

経済研究叢書発刊に際して

経済学の対象は私たちの棲んでいる社会である．それは，自然科学の対象である自然界とはちがって，たえず変化する．同じ現象が何回となく繰返されるのではなくて，過去のうえに現在が成立ち，現在のうえに将来が生みだされるという形で，社会の組立てやそれを支配する法則も，時代とともに変ってゆくのが普通である．したがって私たちの学問も時代とともに新しくなってゆかねばならぬ．先人の業績を土台として一つの建造物をつくりあげたと思った瞬間には，私たちは新しい現実のチャレンジを受け，時には全く新しい問題の解決をせまられるのである．

いいかえれば経済学者は，いつも摸索し，試作し，作り直すという仕事を，性こりもなく続けなければならない．経済研究所の存在意義も，この点にこそあると思われる．私たちの研究所も，一つの実験の場である．あるいは，所詮完全なものとはなりえない統計を，すこしでも完全なものに近づけることに努力したり，あるいは，その統計を利用して現実の経済の動きの中に発展の法則を発見しようとしたり，あるいは，分析の道具そのものをみがくことに専念したり，あるいは，外国の経済の研究をとおして日本経済分析のための手がかりとしたり，あるいは，先人のきわめようとした原理を追求することによって今日の分析のための参考としたり，私たちの仕事はきわめて多岐にわたる．こうした仕事の成果を，その都度一書にまとめて刊行しようというのが本叢書の趣旨にほかならない．ときには試論の域を出でないものがあるとしても，それは学問の性質上，同学の方々の鞭撻と批判を受けることの重要さを思い，あえて刊行を躊躇しないことにした．ねがわくば，読者はこの点を諒承していただきたい．

本叢書は，一橋大学経済研究所の関係者の筆になるものをもって構成する．必らずしも定期の刊行は予定していないが，一年間に少なくとも三冊は上梓のはこびとなろう．こうした専門の学術書は，元来その公刊が容易でないのだが，私たちの身勝手な注文を心よくききいれて出版の仕事を受諾された岩波書店と，研究調査の過程で財政的な援助を与えられた東京商科大学財団とには，研究所一同を代表して，この機会に深く謝意を表したい.

1953 年 8 月

一橋大学経済研究所所長
都 留 重 人

はしがき

どの学問領域であれ，研究という営みには，一種謎解きの楽しみが存在する．着任以来16年間というもの，日本経済統計情報センターの業務の一環として，各地の地方自治体に出向いては，埃まみれの資料に埋もれて仕事をしてきた．なんの因果で重箱の隅をつつくような作業を続けるのかと，われながら首を傾げることもあった．しかし，一見無味乾燥な資料を手当たり次第に読む過程は，同時に，過ぎ去った世界のありさまが，自分の中で，ゆっくりと像を結んでくる過程でもある．わたくしの仕事は，統計調査史という，ごく地味な，しかも狭い窓を通した「垣間見」に過ぎない．だがそこには，かつて生き，そして去っていった人々の生命が甦えってくる．歴史研究の醍醐味は，こうして，いまは昔の人々の息づかいに触れる瞬間にある．

だが，それだけで研究は完結しない．感覚的あるいは象徴的表現を通じて自己を表現する分野ならいざ知らず，学問である以上，自らが摑んだことを概念化し，普遍性のある表現とすることは，不可欠である．自分が感じとり，とりあえず荒削りな言語表現にまとめ上げた事柄を，理論という砥石にごしごし擦り付け，あたう限り客観的な表現に仕上げて行くわけである．その作業を経て，どうしても自分の言葉でなければ表現できないことが残る．それが，本来の意味で創造的な部分なのではないか．わたくしは，そう思う．

本書をまとめるにあたり，わたくしが謎解きの楽しみを存分に味わったことは言うまでもない．では本書は創造的なものとなっているだろうか．その判断は読み手に委ねることになろう．

本書の内容の大半は，論文としては未発表の部分も含め，一橋大学大学院経済学研究科，埼玉大学経済学部，お茶の水女子大学文教育学部における講義，ならびに一橋大学経済研究所定例研究会，経済発展研究会，近現代史研究会，日本統計学会などでの報告を通じ，さまざまなコメントを得て原稿にまとめたものである．なお，本書に含まれる各章の初出は，以下に記すとおりである．

第1章　書き下ろし

第2章 『一橋論叢』第117巻第6号，1997年6月

第3章　書き下ろし

第4章　書き下ろし

第5章　書き下ろし

第6章 『経済研究』第51巻第3号，2000年6月

第7章　書き下ろし

第8章　書き下ろし．一部分は『広島市公文書館紀要』第15号，1992年3月

第9章　書き下ろし．一部分は『日本統計学会講演報告集 第60回(石巻専修大学)』，1992年

第10章　書き下ろし

第11章 『経済研究』第48巻第1号，1997年1月

第12章　書き下ろし

第13章　書き下ろし

以上のように通観すると，本書のテーマに取りかかってから，ほぼ10年の歳月が流れたことになる．眼には見えぬ風に背を押されながら，蝸牛の歩みをつづけ，ようやくいま，ひとつの一里塚にたどり着けたことを喜んでいる．さまざまな形で出会った多くの人々の手によって導かれ，また支えられることなくして，この喜びがあり得なかったことはいうまでもない．その恩師，同僚，友人，家族の名前を，いちいち列挙することはできないが，ここに改めて深く感謝の意を表したいと思う．

2001年11月

佐藤正広

目　次

第3部　国勢調査の実施
——国家意思と民衆の生活世界の接点——

図目次

表目次

第1部　視点と方法

第1章　はじめに――本書の視角

1.1　人々による統計調査の受容

統計調査は通常，ある地理的な広がりの中に存在するきわめて多くの人々を巻き込む社会的な事象である．統計について考えるとき，調査結果としての数値の利用だけでなく，この点にまで視野を拡げたなら，何かが新しく見えてこないだろうか．いいかえると，この「統計調査」という歴史的できごとを通じて人々がとりむすんだ，さまざまな関係のあり方に着目したとき，近代国家の下で行われた「統計調査」は，いったいどのように見えてくるであろうか．調査設計者，調査対象者を問わず，統計調査というものを人々がどう受容したかという問題が，大きくクローズ・アップされてくるのではないだろうか．

考えを進めるいとぐちとして，ここで，いくつかの事例をあげよう．

戦後農林省で統計調査の実務に従事した原政司は，「わたくしは正確な統計を作ることが，いかにむずかしいかということをしみじみ体験した」[1]と述べ，東畑精一の次のようなことばを引用している．少し長いが，示唆に富む一節なので煩をいとわず引用しよう．

> 東畑精一は，……(中略)……統計数字の正確化について，「私の言わんと欲するのは，統計を採られる方にとっても，必要欠くべからざる数字という点であります．個々の農家，個々の村々にとって正しい数字が必要であるならば，そしてそれによって農家経営や村政が立派に行われるならば，統計は自ずから正確なものたらざるをえない．戸数を戸の数と思い違っても直ちに気づかざるをえない．一桁違いの数字などありうる筈がないのであります．政府，県庁のためだけの統計ではなくて，われわれ自らの必要な統計とならなければ，農林統計の真

1)　原政司(1970) まえがき．

の進歩はないと信じております.」と述べて，農民のための統計，村や農民が必要とする統計であることが，農林統計の真の進歩の途であり，そこに統計正確化の途があるといっていることはまことに注目すべき至言であるが，過去における農林統計について東畑は「昔の農林統計は，ただ政府や県庁の行政の必要のためにのみ採られた．採られる方の農民や村の方では，なぜそんな数字が必要なのが少しもわからない．だから惟命惟従で，なんでもよいから，命令通達のあるままに返答を出していた.」と，昔の官庁農林統計の基本的性格の一面に触れた発言をしている[2]．

戦前の農林統計は，「お上」の統計という色彩が濃く，農民の側は，自分たちに関わりのあることという認識がほとんどなかった，このため，たとえ，単純な誤解から調査の定義と異なる回答をしたとしても，農民がそれに気づいて訂正するということがなかった，というのである．

東畑の(そして原の)この主張は，農林行政に携わる者により，戦後改革を経た時点で戦前を振り返って行われただけに，若干の誇張を含むものかも知れない．しかし，ここに述べられたような事実は，後述のように，程度の差こそあれ，戦前においてごく普通にみられたと思われるのである．

もう一例をあげておこう．1920年に行われたわが国初の国勢調査の結果から，当時の人口ピラミッドをつくってみると，何年かおきに異常に人口の多い年齢のあることが分かった．このことについて，当時の統計家たちは次のような説明を加えている．

年齢構成に現るる不規則なる凹凸は，主として年々の出生数が一様ならざることに基くと認め得べし．然るに高年齢に於ける凸出については尚此の以外に太陰暦閏年閏月の影響に依ると認めらるるものあり．……(中略)……此の太陰暦閏年閏月の関係は改暦後に於ても旧暦の勢力を一掃し難く，旧暦に依る出生年月のみを記憶せる者あるが為依然として存在し，旧暦に依る閏年を出生年とする年齢(例へば44歳，41歳，39歳，36歳，33歳，30歳，28歳)の者の数を膨張せしめたるものの

2) 原政司(1970) 1頁．なお，原によると，東畑の引用は，農林省統計調査部(1956)「農林統計の沿革」2頁ならびに1頁によるが，この資料の正確な書誌は不明である．

如し[3].

調査者側が太陽暦を前提として調査票を設計しているにもかかわらず，回答する側がそれを無意識のうちに，自分にとって親しみのある伝統的な太陰太陽暦に置き換えて解釈し，回答しているわけである[4]．少し説明を補っておくと，当時——高度経済成長以前の日本では，自分の生年月日を正確に知らず，旧暦の十二支に基づいて，しかもかぞえで自分の年齢を記憶している人が珍しくはなかった[5]．日本近代国家の定めた時間は，20世紀に至ってもなお，人々の生活に根ざした時間意識を完全に掌握しきってはいなかったのである．

以上の例は，人々が統計調査の目的とするところとは違うことを，故意にではなく，しかも，日常生活の実感に根ざした確信をもって，答えてしまう危険を示している．

1.2　本書の視角

以上の例からもうかがわれるように，統計調査が行われる際に，調査対象となる者が，故意であるか無自覚であるかは別として，調査を実施する者が期待している定義にもとづかない回答をしたり，正確な回答をしないばあいが往々にしてある．本書の主題は統計調査史に属するものであるが，このような事実をふまえ，近代日本における統計調査の社会的受容のあり方に，とくに注意を払っていく．その際に，次の2つの視角から「統計調査」を捉えていくことにしたい．

第1の視角は，「統計資料とその利用」という視角である．これは，統計を，数値情報としての，それが作成された本来の目的及び特性に即して

3)　内閣統計局(1933) 69頁.

4)　太陰太陽暦では，閏年は13か月ある．たとえば2001年は閏年に当たるが，閏4月を含むので，1年の日数は380日以上になる．これに対し，平年は350日余である．

5)　このことは，統計調査を設計する立場にある人々によっても認識されていた．これを示す例を挙げておくと，1947年8月1日に実施された「臨時農業センサス」の調査票では，「二，農家人口」の欄の説明(裏面に記入の手引きとして印刷されている)で，「年齢の分け方は，すべて算え年による」と，満年齢でなくかぞえによって調査することが明記されている．しかしながら，さすがにここでも，旧暦によって調査するとは言っていない．

とらえようとするものであり，統計資料を数値情報として利用する際に注意すべき，調査の定義や制度の評価に関わる論点である．第2の視角は，「統計」ないし「統計調査」をより広いパースペクティブの中において，統計調査という事象が歴史的・社会的に持った意義を再評価しようとするものである．

第1の視角――統計資料の利用

まず，第1の視角について触れておこう．統計調査の実施に当たって，調査する側とされる側との間に，例示したような認識の食い違いが存在するとしよう．このことは，当然の結果として，調査結果に何らかの偏倚を生み出す．これは，いわゆる標本誤差のように数学的に推定できる性質のものではない．そこで，ある統計に含まれる数値の意味するところを，正確に理解しようと思うなら，そもそもその調査がどのような意図をもって，どのような定義にもとづいて設計されているかということにとどまらず，さらに，それを調査対象がいかに受けとめたかという点について見当をつけておかなくてはならない．この点をおろそかにして結果表に現れた数値を鵜呑みにすると，たとえば「戦前日本では，2～3年程度の周期で出生率にめだった波動がある，これは世界的に例を見ない日本人に特有な生物学的現象だ」などという「大発見」をしかねない．

具体的に述べるなら，統計資料を利用するにあたっては，以下のようなことに注意すべきであろう．

① 個々の統計調査の根拠法(法令，各省庁の達，府県訓令，郡市町村の諸規則など)に述べられた各調査項目の定義

② 実際に調査が行われる現場(町村，大字，調査区などの中)の調査組織・体制

③ ①の定義による調査の，調査対象による理解と受容のあり方

以上のうち①は，法令やマニュアル類などの形で資料が残されていることが比較的多い．また，②は，中央官庁や地方公共団体の行政資料などの形で，資料が残っている．これらに対し，③は，当時の人々の日記や，新聞記事，個票(たまたま破棄されていなかったばあい)への記入状況や注記など

によることになるが，実際には，なかなかこうした資料を手にいれることができない．したがって，統計資料論や統計調査史の議論の中心は，通例①ないし②におかれることになる．本書では，断片的なものではあるが，何種類かの個票類似資料(1920年と1930年の国勢調査，戸数割所得調査簿など)を用いることで，③の点にも触れることにしたい．

第2の視角――歴史的事象としての評価

第2の視角は，第1の視角と密接に関連するが，もう少し微妙かつ実証困難であり，関連して検討されるべき対象は広範囲にわたる．

そもそも“statistics”(「統計」という訳語が定着するまでには，さまざまな試行錯誤がなされた)という概念は，江戸時代までの日本にはなかったもので，杉亨二のような例外は別として，一般的には明治以降の「近代化」政策に伴って，成文法典や軍制，太陽暦などとともに，欧米から移植されたものである．今日のわれわれが，欧米的なものごとに，少なくとも表面上はすっかり慣れ親しんでいるのとちがい，戦前はもちろん，戦後も高度経済成長前まではかなりの程度，日本人の多くは，欧米的なものとは異なる生活習慣の下に暮らしていた．いわんや統計学においてをや．知識階級や為政者の一部のような例外はさておき，一般の庶民たち，さらには知識階級でも統計を専門としない人の多くは，統計学上の概念とは縁遠い存在だったのである．

統計調査は，こうした人々の上に，全国一律に，しかもある程度明確な用語法上の定義を伴って，あてがわれた物差しであった．人々の間には伝統的な生活習慣や価値観といった，統計調査で前提されているのとは異なる物差しが生きており，しかもこれは西欧起源の統計調査に伴う物差しとは食い違っている．ここで，一方の物差しは一応明確な目盛(定義)を持つのだから，その食い違いをもとに，もう一方の物差しを再構成してみることも，ある程度までは可能であろう．本書の第2の視角は，統計調査に伴って残された諸資料の史料批判を通じ，大正を中心とする時期の，日本人の生活世界の一端をかいま見ようとする試みであるともいえる．

この作業にあたっては，当然のことながら，第1の視角で対象となる数値情報それ自体や直接の調査過程にとどまらず，これらの周辺的な事象まで，広く検討の対象となる．統計調査を実施した当時日本がおかれていた諸条件——経済的，政治的，思想的，国際的等々さまざまの諸条件を勘案して，はじめて，調査の社会的意義および同時代人によるその受けとめられ方も，確定できるようになるからである．別なことばで言うならば，これは，当時の日本国家が「国民」とした人々を，実際にはいったいどこまで組織し得ていたかという問題に切り込むことでもある．

1.3　概念的整理

ここで，近代「国家 “state” が，統計という技術 “technology” を用いて，国民 “nation” を把握する」という記述を，社会を構成する人間集団の広がりと相互関係という観点から，図式化して把握しておくことにしよう(図 1-1，1-2 参照)．

一般住民と狭義の国家

近代国民国家において，ある時点で国家支配領域に包含される人間集団の広がり(図 1-1 の中に実線で示した部分)は，小さなずれ(図中の実線と点線のずれ)を度外視するなら，国民(図 1-1 の中に点線で示した部分)に相当する．これは一種の同義反復であろう．これを仮に「広義の国家」と呼ぶことにしよう．しかし，「国家が……把握する」と，国家が何らかの形ある行為の主体として現れる場合には，この「国家」は，厳密には「国家機関」のことであり，その人的な広がりは権力の担い手として，より限定されたものになる．具体的には，官僚や政治家などがこれに相当する．これを「狭義の国家」としよう．これに対して，権力からより遠い存在として国民の残りの部分が存在する．あえて呼ぶならば「一般住民」あるいは「民衆」とでもいえよう．この中にも，当然のことながらさまざまな階層が存在するが，この点については，さしあたり省略する．冒頭の記述において「国民」とした中には，この「一般住民」と，「狭義の国家」の担い手の双方を含むことになる．

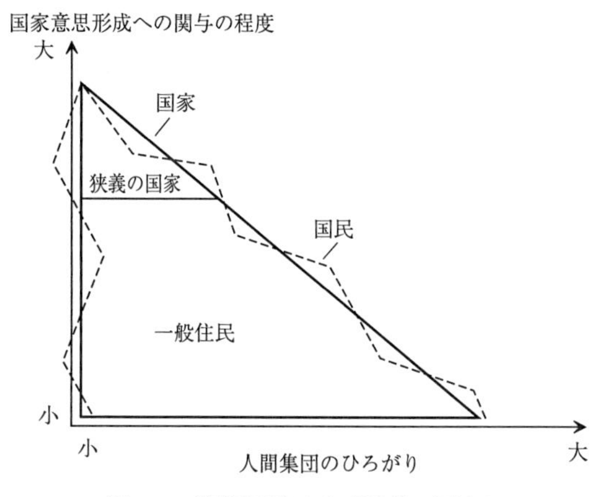

図 1-1 「国民国家」と「狭義の国家」

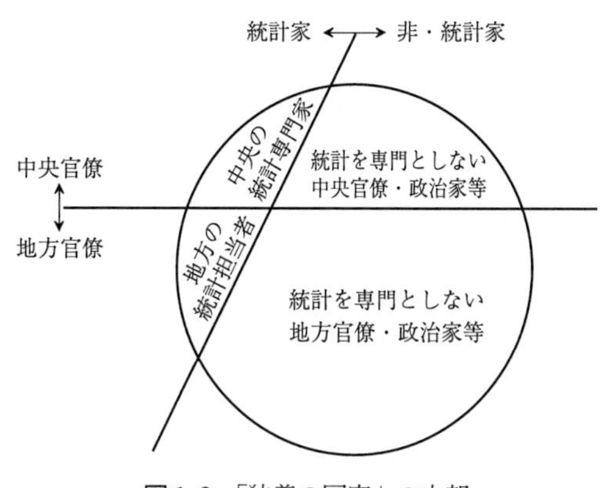

図 1-2 「狭義の国家」の内部

狭義の国家内部の人間集団

次に，統計という国民把握技術の適用に関する意思形成，およびその実際の運用という2点に問題を絞ってみると，この「狭義の国家」内部には，以下のような構造が存在する(図 1-2 参照).

(1) まず，統計的方法の採用に関する意思形成について．統計調査という技術を運用するということは，その他の行政事務等に比べると，「統計学」という理論的裏付けによる部分が大きく，専門性が高い分野である.

いいかえるなら，人々の日常的な常識だけでは判断できない部分が大きいため，その理論に通じた比較的少数の専門家集団を形成せざるを得ない．これを「統計家」と呼ぶことにする．統計家たちの多くは国家の中央官僚等の要職にある人々であるが，中には「在野」(実際には，表面上公職にないだけで，人脈等の点で官僚や政治家たちと密接な関係を持つものが多い)の人もある．統計家は，「狭義の国家」の中にあって，統計家以外の人々を説得し，この技術を実際に運用するための合意を取り付けることになる．現実には，この合意形成過程は，政治の場でのかけひきや，専門的な会合，官僚組織内での根回し等の形をとる．そこには，さまざまな政治的思惑が絡み，力関係による妥協もつきまとうため，形成される合意内容には，統計家が思い描いたものとは相容れないような内容が含まれることもあろう．

(2) 狭義の国家内で合意が形成され，現実に統計調査を実施する段階でも，いくつかの人間集団が関係することになる．つまり，統計家ないし中央官僚の手で調査の基本設計がなされた後，実際の調査の段階にはいるわけだが，この段階では，地方官僚の存在が大きな意味を持つ．彼らは，道府県や郡などにあって一般の人々(図 1-1 の「一般住民」)と直接接触する立場にある．図 1-2 でいうならば，狭義の国家内部に，中央官僚と地方官僚とが存在するわけである．

以上の，統計家―非統計家，中央官僚―地方官僚という 2 種類の二分法は，同じ「狭義の国家」内の区分ではあるが，概念的には次元をことにする．それゆえ，図 1-2 では，両者の境界線が交わる形で表現されている．ただし，統計家は相対的に中央官僚・政治家に多く，地方官僚に少ないという意味で，両区分は完全に直交するわけではない．

本書の問題設定

ここで本書の問題設定を再整理するなら，以下のようになるだろう．

① 統計家たちは，いつ，いかにして，統計学という西欧的な概念の体系を自己のものとし，それを実行するための技術・技能を修得していったか．これは，統計学という理論すなわち認識の枠組みの導入過程について調べると同時に，この理論を実地に応用するための技術――調査票の設計

から集計に至る技術の修得と，その技術に伴う技能，すなわち具体的作業手順に関するノウハウの蓄積過程について調べることである．

②統計家たちは，統計調査の必要性を，どのようにして統計家以外の国家指導者たちに納得させたか．その過程で，彼らはどのような妥協を強いられたか．また，どのような論拠にもとづいた主張がなされたときに，彼らの主張は受け入れられたか．

③実際の調査に伴って必要となるさまざまな具体的手順を，現場で調査を遂行する立場にあった地方官僚たちは，どのようにして身につけていったか．このとき，統計家たちは，どんな役割を果たしているか．

④統計家たちを中心として，統計調査を実施するという合意を形成した人々(狭義の国家)は，調査対象となる人々の言語体系について，どの程度理解していたか．

⑤調査対象とされた住民の側は，狭義の国家によって用いられる言語体系を，どのように理解し，これに反応したか．この論点について考えるにあたって，もっとも重要な資料となりうるのは，なんと言っても，人々の手によって記入された個票それ自体であろう．ところが，日本においては，個票は，集計が完了した時点(あるいは，定期的な調査のばあい，次の回の調査が実施された時点)で，文書管理規程上の廃棄処分にされるとともに，物理的にも破壊されてしまうのが普通である．したがって，人々の直接の反応が知られるもっとも重要な資料であるはずの個票は，事実上利用不可能である[6]．本書では，主として広島県下に残された個票類似資料を利用し，当時の新聞や日記なども取り上げることで，この点に関しても，一定の分析を加えることにしたい．

---

6)　この点，一定年限をすぎれば統計調査の個票であっても公開することが原則の欧米各国とは大きな差がある．一例を挙げれば，英国では，100年を経過した個票が次々に公開されており，人口学者や経済史家の重要な資料となっている．ただし，ドイツは例外である．この国では，かつてナチスによって個人情報の操作が行われ，このことがホロコーストにもつながったという反省から，国勢調査の個票を公開していない．また，旧西ドイツでは，1984年の国勢調査に際して，これをプライバシーの侵害であるとして調査の中止を求める行政訴訟が連邦裁判所に対して起こされ，裁判所がこれを受けて違憲判決を下したため，調査自体が中止された．

1.4　統計調査史に関する先行研究

統計調査史の3つの視点

ここで，日本における統計発達史に関する先行研究と，本書との位置関係についても，触れておこう．

はじめに，国勢調査以外の諸調査も含めた，統計調査史一般について述べよう．この分野の研究は数多いので，筆者には，その全体像を描き出す能力はない．いま仮に，第2次世界大戦後発表された研究の主なものに対象を限定するならば，既存の研究は，主として以下のような3つの観点からなされてきたように思われる[7]．

第1は，統計調査技術およびその理論的バックボーンをなす統計学の，それ自体としての論理をもった発展という観点である．この観点からの研究には，①杉亨二等による統計学・統計調査の日本への移植や，その後の統計調査方法の発展——表式調査から個票調査への発展，また，主として戦後改革期における無作為抽出法にもとづく標本調査の導入などのように，統計学および統計調査の基本的な理論や方法に関するものと，②各種調査の具体的な調査内容や方法の変遷・発達に関するもの双方を含んでいる．前者に比較的力点を置いた例として，相原茂・鮫島龍行編(1971)，松田芳郎(1978)などがあり，後者に比較的力点のある例として久留間鮫造編(1948)のうちの「統計発達史」に関係する部分や，日本統計研究所編(1960)などがあげられよう．また，後者には各省庁の調査史や，これに類する特定主題の統計発達史も含まれる．本章冒頭で引用した原政司(1970)，及川彰夫(1993)などは，その例である．これらの書物には，対象とする官庁が管轄する各種調査に関する詳細な書誌的記述が見られる反面，対象とする省庁以外の諸調査との関係に関する記述は希薄なばあいが多い．

第2は，社会・経済の発展段階と統計調査のかかわりという観点である．

7)　本節で筆者が行ったような分類は，もちろん，絶対的なものではない．どの先行研究をとっても，ここにあげたいくつかの分類のうち1つだけにのみ当てはまることなど，あり得ないからである．

これをやや広く，統計調査と，それを生みだす社会的背景の関係に着目する研究と言い換えてもよかろう．ここには，上杉正一郎(1974)，藪内武司(1995)，金子治平(1998)などが含まれる．これらの論者は，近代日本における社会・経済の発展段階を前提とし，それにともなって発生する階級対立と，社会的な諸問題が，統計調査のあり方，すなわちその方法と内容を規定したという主張で共通している．相原茂・鮫島龍行編(1971)も，「各種の統計が発生してくる過程は，そこにさまざまのタイムラグがあるにせよ，背後に動きつつあるその時代の社会的経済的課題を必ず反映しているものである」[8]という記述から判るとおり，第2の観点をもあわせ持つ．また松田芳郎(1978)は，いわゆる発展段階説を採らないが，統計調査を生みだした社会背景に着目するという意味で，第2の観点をあわせもつ．

第3は，統計調査という方法の，政策としての採用過程に着目する観点である．社会学ないし社会調査史の分野で，川合隆男(1991)などがこれにあたる．また，細谷新治(1976)は，明治期の国家指導者たちが取り結んだ政治的な諸関係と，国家機構の変遷の双方を見ることを通じ，統計調査制度をめぐる政策形成のプロセスを位置づける試みであり，注目に値する．

国勢調査の歴史に関するもの

とりあげる対象を国勢調査史，なかでも第一回国勢調査を論じたものに限定したばあい，統計調査史一般について紹介した観点のほか，次のような論点が付け加わる．すなわち，なぜ第一回国勢調査の実施が，1920年まで遅れたか，また逆に，なぜ1920年という時点で第1回目の調査が実施されたかという問題である．

この問題に関しては，上記の各観点に立つ論者が，それぞれの立場から論じている．たとえば，比較的第1の観点が強いと思われる松田泰二郎(1948)は，第一回国勢調査が1920年まで遅れた理由につき，幕末のアメリカ総領事ハリスや，福田徳三，柳沢保恵らの言葉を引用しながら，政治的要因を強調している．すなわち，「我が国の政治家が統計に対する認識

8)　相原茂・鮫島龍行編(1971) ii 頁.

理解を欠いていたこと」[9]，「我が国には真の意味における立憲政治が行われていなかったこと……(中略)……立憲政治はいいかえると責任を重んずる政治であるに拘わらず，為政家は支持に対する責任感を欠いていた」[10]．それで1902年の法律(「国勢調査に関する法律」：引用者)に関しても，公約を違反して平然としていられたし，国民もこれを放置したのが，調査遅延の原因だとしている．また同論文は，第一回国勢調査が，ほかならぬこの年に実施された理由について「政府の腹を割って裏面史的に考察すると，軍事上の必要ということが，実行の主要原因でなかったかと思はれる」[11]と，軍事的要因が強く作用したことを指摘する．

もっとも，この軍事的要因説に関しては，疑念を表明する論者もある．たとえば，上杉正一郎(1974)は，「第一回の国勢調査が，とくに軍事的な目的のみのために生みだされたとはいえないことは，たしかである．しかし……(中略)……軍事的な要因が作用したことを軽視すべきではないであろう」[12]と，慎重な表現ではあるが，軍事上の必要以外に主要な要因があったことを示唆し，次のように述べている．「第一に重要なことは，大戦中における資本の力の増大である．本格的な金融資本が確立し，国家権力におけるブルジョアジーの発言権(保険業界など：引用者)も，相対的につよまった」[13]，「第二に，大戦を期として，民衆の政治的運動が高まったことにも，注意しなければならない」[14]すなわち，経済発展にともない発生してきた新たな社会階級の動向と，社会問題の深刻化が国勢調査実施の主要因だったと示唆している．これは，第2の観点に立つ上杉としては，ある意味で当然の主張であろう．

本書の位置づけ

以上のような研究史には，2点の問題が存在するように思われる．

---

9) 松田泰二郎(1948) 175頁.
10) 松田泰二郎(1948) 174頁.
11) 松田泰二郎(1948) 176頁.
12) 上杉正一郎(1974) 182頁.
13) 上杉正一郎(1974) 173頁.
14) 上杉正一郎(1974) 174頁.

第1点は，経済発展ないし社会的背景を決定要因として統計調査史の展開を説明しようとするばあい，それは今日の研究者の眼から見た事後的(ex post)評価になっており，当事者たちが自身の行動を決定する前提としての，事前(ex ante)の認識が軽視されてきたように見えることである．

一例をあげよう．金子治平(1998)は，人口統計と作物調査という2種類の統計調査を取り上げ，日本と英国においてそれぞれがどのような発展の道筋をたどったかを，比較史的観点から検討するという，意欲的な労作である．その中で，金子は英国の国勢調査において，①人口把握を目的とし，調査が他計式で行われた「成立期」(1801～31年)，②人口の諸属性把握を目的とし，自計式で行われるようになった「確立期」(1841～)の，2つの時期区分を見いだした上で，これを日本の国勢調査史を考える際の基準としている．すなわち，1920年に実施された日本の第一回国勢調査が，英国との比較では，当初から「確立期」に属する調査としての特徴を備えていたことに着目し，「(封建国家のように：引用者)在地領主や村落共同体を媒介とせずに，国家が直接的に国民を行政対象とするようになった明治期において……(中略)……成立期に相当するものが歴史的に存在したのではないか」[15]と，問題をたてる．そこで「成立期に相当するもの」として，「壬申戸籍」「人口静態調査」を見いだす．そして，これら資料の内実と，現実の社会が必要とする資料の精度や内容との間に発生する矛盾の拡大を原因に，国勢調査の実施に至ったというのが金子の理解である．こうした論法は，金子のように明示的に発展段階説を採らない論者，すなわち上述の分類でいうならば第1の観点に立つ論者においても，しばしば見られる．

事後的認識という方法は，近代日本における統計調査の発達を筋道立てて理解する上では，極めて有効なものである．しかし，ここで，当時統計調査にかかわった複数の当事者集団が，彼らが目の当たりにしている統計調査・データの現状と問題点をどう認識して評価していたかという，同時代的な認識論の視点が欠落する傾向がある点には，注意が必要である．

この点で，上述第3の観点に立つ論者たちの議論は注目に値する．社会

15)　金子治平(1998) 42頁．

学的な観点からは，ある理論の担い手集団が，政策の意思決定権を担う人間集団との間でどのような関係を持ち，いかなる手段をもって自己の理論的枠組みを政策として採用させていくか，また，その過程で，理論が要求する調査方法や調査内容，定義と，実現したものとの間にどのような食い違いが生ずるかという点に注意が向けられる．この観点は，ある意味で前述第1の観点と第2の観点をつなぐ論理を提供するものともいえる．

本書は，題材として国勢調査を取り上げながら，明治大正期の日本で，統計学者とその他の人々のあいだに存在した，人口データの有効性や利用方法に関する認識の食い違い，あるいはリアリティの相違について取り上げ，そうした異なるリアリティを持つ人間集団の相互関係の中に，国勢調査実施に至る国家意思形成過程を探ることになる．

先行研究に存在する問題の第2点は，これまでの研究が多くのばあい，国家や県，郡市町村といった行政体の定めた制度を直接の対象とする制度史的な色彩が強く，その制度が実際の調査現場でいかに機能したかに関する実証的研究が皆無といってよいほど少ないことである．

統計調査制度が西欧から輸入され，日本で実施されたとして，これが日本社会でいかなる意味を担ったか知ろうとするばあい，制度的なたてまえのみを見ていたのでは見落とす部分が多い．それはなぜか．いうまでもなく，日本社会は西欧とは歴史的にも文化的にも異なる伝統をもつ社会である．そして，日本は西欧列強によって植民地化されることを免れたがゆえに，西欧から移植された制度は，あくまでも制度の輸入にとどまった．つまり，植民地宗主国の支配民族によって直接に運用される形をとらず，日本人自身の手によって運用された．いいかえるなら，日本で「近代国民国家」が建設されるにあたって，西欧起源の諸制度が採用されたが，それら諸制度は，日本社会の伝統を担った人々によって，その人々なりの理解にもとづいて運用されることになったのである[16)]．統計調査制度の運用の

---

16) 主として明治期に，西欧起源の諸制度や思想が日本に取り入れられるにあたり，大きな例外をなしたのがキリスト教であるかもしれない．井上洋治(1990)は，カトリック司祭の立場から，この点に関し，次のように述べている．

一見何でもかでも，キリスト教を別にすればヨーロッパのものは全部これを取り入れたようでありながら，しかし日本人はこれらをみんな日本流に取り入れていたのであ

実際のあり方も，そこから生まれてくるデータの精度や諸特性も，このことから強い影響を受けたはずである．

議論の出発点として，制度的枠組みについて明らかにしておくことは，いうまでもなく不可欠である．しかし，そこからさらに踏み込んで，それがどのような資質を持った人々によって担われ，彼らがその制度をどう受け止めて運用していたか，さらに，その制度の適用される対象となった人々が，それをどう認識し，いかなる対応をしていたかが解明される必要がある．ひとことでいうなら，統計調査制度の社会的受容のあり方をめぐる実証研究がなされなくてはならない．本書の目的のひとつは，こうした観点から日本の統計調査史の一面を描き出すことにある．

1.5　対象とする資料および時代

1.1で例示したような問題は，日本に限ったことでも，遠い昔の話でもない．しかし，本稿でそれらすべてについて網羅的に触れることは，不可能である．そこで本稿では，検討の対象とする地域および時代を，①日本の，②明治から昭和戦前期に限定することとし，戦後あるいは外国の事例については，比較のため必要な限りにおいて触れるにとどめる．理由は，以下の3点である．第1に，この時期は日本における近代的統計調査が出発し，さまざまな試行錯誤を経て調査制度もノウハウも確立していった時期であり，それだけに，その後の時期に引き続くことになるさまざまな問題が現れやすかったこと，第2に，これと裏腹な関係にあるが，戦後に比べて人々の間に伝統的な生活規範が根強く生きており，調査にあたって国

り，しかもそれを日本流に角を落として受け入れているのだということすらも気づいてはいない場合が多かったのだと思います．そしてこのことが可能であったのは，あらゆる西欧の思想が一応文字を媒介にして日本に入ってきたためと考えられます．ところが，キリスト教だけは文字を媒介にして入ってきたのではなく，西欧のものの考え方や文化の歴史をその血のなかに受けついでいる，宣教師という生きた人間を媒介として日本に入ってきたのでした．したがってキリスト教だけは，これを日本的に受け止めるということが許されず，ヨーロッパ人が受けとめてきたその西欧的形態のまま日本人はこれを受けとめることを強いられたのでした．そこに，日本人があらゆる西欧的なものを喜んで受け入れたにもかかわらず，キリスト教だけは頑強にこれを拒否し続けてきたもっとも大きな理由があると思います(66頁)．

家が前提とした用語法とのズレもそれだけ大きく，かつはっきりとしたものだったろうと予想されること，そして第3に，地域的限定については，筆者がこれまで直接の研究対象としてきたのが日本史であり，収集し得た資料が日本に偏っているという，やや消極的な理由である．

つぎに，取り扱う統計の種類は，国勢調査とし，その他の諸統計は，必要に応じて取り上げるにとどめる．国勢調査は，日本においては狭義の経済統計ではないが，その基礎になるものである．全国民を対象とした全数調査であるから，さまざまな問題がはっきりとした形で現れやすい．また，とくに第1回の国勢調査にあたっては，これを日本が「一等国」の仲間入りをしたことを証す国家的事業と位置づけられ，一般の人々もまたそのように受けとめたため，他の統計調査に較べてまとまった形で資料が残りやすいというのも，国勢調査を取り上げる理由のひとつである．

1.6 本書の構成

本書は大別して4つの部分からなる．第1部(第1章)は問題の提起である．第2部および第3部は，歴史的叙述である．すなわち，第2部(第2章〜第7章)は，調査を実施する側の為政者たちが，人口把握の新しい方法を獲得し，これにもとづく調査を実施するという合意を形成していく過程を，可能な限り構造的に把握する試みである．第3部(第8章〜第12章)は，そうした結果獲得された方法をもって，為政者が調査対象となる人々に直接接した際に生じた様々な出来事に関する記述である．ここには，個票の再処理を含む追試的な実験作業と，その結果に関する記述も含まれる．第4部(第13章)は，本書全体の結びであり，上記の各部分で見いだされた事実の理論的整理，国勢調査の歴史的評価に関する記述である．

第２部　統計学者の活動

——国家意思形成の歴史的過程——

第2章 「人口大調査」から「国勢調査」へ
——国勢調査の基本設計をめぐる明治期の論議——

2.1 はじめに

本章の課題

一般に国家は，自己の支配する人々の数と，必要な限りでのその属性とを把握しようとするものである．このことは，「国民国家」であろうが，その他の国家類型であろうが，変わりはない．ただし，具体的にどのような原理・技術によって国家が人々を編成し，把握したかは，時代により，また地域により大きく異なっている．当然のことながら，その過程で作成され，残された資料の形式および内容も，大きく異なることになる．西欧に起源をもつ，センサス型の人口統計調査という方法も，明らかに，国家によるこうした営みの一環と位置づけられる．この方法は，日本には，幕末に蘭学の一分野として伝わり，明治維新後，軍制や法制等と同じく，西洋起源の「近代的」諸制度のひとつとして移植され，定着した．

さて，一般的に，ある技術が移植され定着するにあたっては，①技術の基礎をなす理論が紹介され，②その技術を生きた活動として実現する際のノウハウ(技能)を身につけた専門家集団が形成され，③その技術の有効性に関するコンセンサスが，技術採否の決定権を握る人々の間で形成されることが必要である．近代国家による「国民」把握技術の一種であるセンサス型統計調査に関しても，この事情は同じであろう．すなわち，①統計学の理論が伝えられ，②この理論にもとづいて調査を設計・実施しうる統計家集団が形成され，③国家機構の中枢(中央官庁，帝国議会等)にいる国家要人たちの間で，この方法の有効性に関する合意が形成されなければ，センサスは実施され得ないであろう．

本章では，以上の3点のうち，③の，国家指導者たちの合意形成過程がいかなるものであったかという点について調べていくこととし，①と②には，行論上必要な限りでふれるにとどめたい．

統計家集団の位置と動き

日本で最初に「統計」という方法の有効性に着目したのは，杉亨二をはじめとする統計の専門家たちであったが，杉のような当時最高の知識人の一人であっても，初めて統計数値に接したとき，小数に違和感を覚えたという．それほどに，社会的事象の統計的な把握という方法は，わが国の伝統的な発想法には類を見ないものだったのである[1]．彼ら統計の専門家たちは，その後，統計調査のなんたるかについて試行錯誤の中で理解を深めていった．その結果，1897年前後までには，彼らの間に，調査統計を実施する際の具体的な作業のイメージと，もっとも基礎的なデータとしての人口統計の重要性とに関する認識が形作られていったと考えられる．

しかし，このように統計調査(なかんづく人口統計)に関する理解を持っていたのは，当時国政を担っていた政治家や官僚たち全体の中では，疑いもなく少数派であった．そこで，専門家集団としての統計家たちは，非・専

1) 杉は，1828年に長崎に生まれ，はじめ緒方洪庵の，のち杉田成郷の門下で蘭学を学んだ．神田孝平はこのころの同門である．その後，蕃書調所(のちに開成所と改称)教授として洋書の翻訳に携わるうちに統計書に触れ，統計学に興味を抱くようになったという．しかし，統計に出会った当座には，必ずしもその基本的な概念をすんなりと理解したわけではないらしい．杉自身の回想によれば，その間の事情は次のようであった．

> 開成所で翻訳して居る内に，いつで有たか覚えて居無いが，何でもセバストポール戦争後で，千八百五十五，六年の頃かと思ふが，バイエルンの教育の事を書いたものが有た．それに，百人の中で読み，書きの出来る者が何人，出来ぬ者が何人と云ふことが書いてあつた．其時に斯う云ふ調は日本にも入用な者であらうと云ふことを深く感じた．是が余のスタチスチックに考を起した種子になつたのである……(中略)……其後千八百六十年と六十一年の和蘭のスタチスチックが渡つて来た，それを見ると人員のことが書いて有た，百人の中で男が何人何分何厘だの，生れ子が何分何厘などと云ふ事がある，どう云ふ訳で人が何分何厘になるのかと，算術を知らぬから分からぬのであらうが，何にしても人が何分何厘とは妙な調べだと不思議になつた，尚ほ両年の出生，死亡，婚姻，離縁，来住，往住又放火，偽造当各種の犯罪人数を比例した者がある，そこで是は先年見た百人の内で読み，書き，算術の出来る者が何人，出来ぬ者が何人と書いてあつた，あの類のものだと云ふことを考へ，是は世の中のことの分かる，面白い者だと思つて，自宅へ持ち帰つて丁寧に読んで，益々先年のことを思ひ出した．

幕府が倒れ，徳川家が移封されるのにともなって駿河に移った杉は，1869年，そこで初めての人口統計調査を実施することになる．当初は静岡をはじめ駿河国全体について実施する方針であったが，維新政府に遠慮する藩の重役の意向により中止，完成したのは沼津と原の2都市に関する「政表」のみであった．以上の点に関しては，杉自身の回想の他，細谷新治(1976)，海野福寿(1985)，大橋隆憲(1965)，相原茂・鮫島龍行編(1971)，川合隆男(1991)などで触れられている．

門家であるこれらの有力者たちに，何らかの形で統計の必要性を理解させるべく努力することになる．その説得は，訴えかける対象となる人々の共有する知識や経験に照らして理解しやすい言説に依拠して行われたはずである．この結果，統計家の持つイメージとは異なるイメージが抱かれることも，当然あり得る．そして，今度は，比較多数の人々によって抱かれるイメージが独自の社会的力を持ち，これが統計家たちの行動を制約する条件と化することもあった．本章は，上述の通り，国家指導者らの合意形成過程を取り上げるが，その際，特にこの点に着目したいと思う．

2.2 統計家による説得活動

統計家たちの論拠

統計家たちによる働きかけの最も早い例のひとつを，1886年に，東京統計協会が統計局長宛に提出した「人口調査草案」に見ることができる．いま，その前文を引用すれば，次のようになる(下線引用者．以下同じ)．

> 人口の調査は国家重要の事業にして其事業たるや一国の政治に経済に須臾も欠くべからざる者とす熟ら各国の史乗を考ふるに苟も人文漸く開け政府を組織する以上は必ずや其人口の調査を為さゞるはなし蓋し政府の職たる其被治者の体力，智識，風俗，経済，産業等百般民力の如何を審らかにするは其当務の最も急となす所なり欧米の各国人口調査の方法を設けて之を国法の一に置き貴重の事業と為す所以の者は亦之れが為なり夫れ統計の調査の如き其区域固より広大なりと雖も其重要なる者を挙ぐれば亦人口の調査に如く者はなし方今欧米各国統計局の如き亦皆人民上の調査を以て其主務となす是れ人口の調査は統計事業の基本たるが故なり[2)]

ここでは，①人口統計がすべての統計の基礎であること，②「人文開け政府を組織する」ところ，特に欧米では，どこでも人口調査を行っていることの2点を論拠として，統計局に人口調査の実施を迫っている．統計の専

2) 総理府統計局編(1976) 193頁．

門家たちによる働きかけは，以後も請願や建議等，数多くなされているが，論拠は，若干のニュアンスの違いこそあれ，どれも共通している．

この2つの論拠は，統計の専門家の間での議論においても，本質的に変わらなかった．この点について，1898年に第四回統計懇話会で幹事の日下義雄が行った演説を例に取ろう．

> ……(前略)……唯々其一隅に拠ッて全国各種類の方面から集ッて来るのを統計すると云ふのみでは恐らくは統計事業の前途進むことは甚だ困難なことでは無いかと考へる，……(中略)……甲斐国をやッてから二十年にもなるが其後に日本の「センサス」と云ふものは一つでも明かになッて居らぬ……(中略)……此の如く条約改正もやり十三師団も兵を有ツと云ふ国で「センサス」の明かでないと云ふことは甚だ耻ずべきことゝ考へる……(中略)……「センサス」と云ふもの丈けは日本でやる，統計熱心の諸君の御尽力を以て成立つと云ふことは矢張り国の面目であらうと考へる……(後略)……[3]．

統計の専門家の集まりだけあって，ここでは，記述的にではあるが，当時の統計資料編成方法に関する痛烈な批判が見られる．すなわち，各官庁の業務データおよび表式調査の寄せ集め[4]では統計としては不充分なので，個票による全数調査(センサス)が必要であるというのである[5]．しかし，それと同時に，あるいはその主張の前提として，強烈に前面に出されているのは「条約改正もやり……云々」のくだりであろう．「一等国」の一員として，「国の面目」を世界に示すという意識は，統計家たちの間にも抜きがたく存在した．これは，欧米列強による侵略を恐れるという，明治期の国家指導者たちに特徴的なメンタリティと表裏一体となった感覚である．先進各国ではセンサスに代表される調査統計を実施することが一般的なの

3)　総理府統計局編(1976) 445，447頁．

4)　引用文で「統計」という語を動詞として用いている点に注意せよ．この漢語は元来“statistics”の意味でなく，“summing up”の意味である．

5)　統計家たちの間でセンサス型人口調査の必要性が痛感されるようなった理由として，戸籍にもとづく人口統計の不備があげられている．この点については第3章を参照のこと．また実際のところ，戸籍にもとづく統計がどの程度不正確であったか，また，1920年に実施された国勢調査が戸籍からどの程度独立していたかという点については，別途検討を要する問題である．

に，日本でこれを行わなければ，野蛮国と見なされるという危惧である.

統計家の主張はどう受け止められたか

統計家たちのこうした認識にもとづいて，統計家以外の人々の説得もなされた．ただし，相手は知識階級といっても調査統計の実務を知らない人々であるから，センサス型の統計調査の他のタイプの統計に比較した先進性という，統計家の間で論拠となった論点は後景に退き，国勢調査が先進国の証明であるという論点が強調されることになった.

そのひとつの典型的な例を，時期的には少々下るが，1905年1月に，第一回国勢調査の実施時期の延期に関する貴族院での論議の中で，柳沢保恵が行った発言に見ることができる.

> 苟も国家と云ふ体面を維持する以上は東洋の文明国と云はれて居る日本国で国家を組成する分子がどう云ふ情態にあるかと云ふことを知らないではなるまいと思ふ，是は実に我々一個人のみならず又統計家としての意見ではない苟も愛国の士の最も必要と考へる所であらうと思ふ……(後略)……[6].

こうした議論を受けて，統計を専門としない人々の間にも，国勢調査の必要性が認識されていった．ここで，そうした人物の代表として，谷干城(たにたてき)が，柳沢と同じ会議で行った発言を見ておこう.

> ……(前略)……凡て此国勢調査を行ひますに就きましても，一家の我財政にして行きますに就きましても，大小の差はございますけれども，我一家の財産はどの位ある，又我が田地より生ずる物はどの位である，我が山林より生ずる物はどの位であるかと云ふ，其一家の財産の力，一家の政治の有様を能く調査して，それから初めて此家政の整理と云ふものも出来まする，それでないと自分の財産でありながら，自分の一家でありながら，少しもどれだけあるものやら分らない，先づ間に合せにどんどん或は借り或は使って行くと云ふことになったならば，一家は紊乱どころではない所謂闇になる訳であります，それと同じこ

6) 総理府統計局編(1976) 563頁.

とで堂々たる国家を構造してからに我国家の力と云ふものがどれ程あるやら分らぬ，実に明治元年より既に三十八年と云ふ星霜を経るに，まだそれを必要としないと云ふものは，果して是が文明国と誇称せらるゝや否や我々は甚だ信用は出来ない……(中略)……土耳其の如き塩梅にもし之を明にしやうとしてもする人もなし，又それを明にしてみると却って世界の信用を失ふと云ふやうな事情がある，で我国にはさう云ふことは無いであるからして一日も早く是は調査せねばならぬ……(後略)……[7].

谷は，高知の出身で，国粋主義的かつ農本主義的な，保守派の政治家である．ただ，彼の経歴では，政治家としてのそれよりも，西南戦争に際して，熊本鎮台の司令長官として，西郷軍に包囲された熊本城を焼き払い，その後陸軍士官学校長，学習院長を務めた人物としての方が有名であろう．この人物にして，国勢調査を「文明国」であることの証左ととらえているのである．

「外圧」の効果

時代は前後するが，1895年9月，万国統計協会(スイス連邦統計局長ギョーム博士)から1900年に各国と歩調を合わせて日本でもセンサス型の人口統計調査を実施してほしい旨の要請があった．内閣総理大臣はこれを統計課長に回送すると同時に，翌年2月に外務大臣に対して「右協会之計画せる人口調査の件は欧米各国に関渉し重大之計画に有之猶詳細確実に其経過承知致度と存候間貴大臣より瑞西駐剳帝国公使へ御訓令相成右に関する事項取調報告相成候様致度」と，照会を出している．また内閣統計課長は同じく2月，ギョーム博士あてに「右調査の儀は統計上極めて重要なる問題に付拙者よりは我政府へ申立協会の決議を採納候様可致尽力候」と返事し，さらに2か月余り後には協会と各国統計局との協議の進行状況について知らせるよう，要請している．

国際機関とはいえ，統計という，比較的地味な主題を扱う機関からの要

7) 総理府統計局編(1976) 574頁.

請を，政府はなぜこのように重要視したのだろうか．この問題に直接答える資料は，管見のかぎり見あたらないが，当時の日本の置かれた状況を考えると，答えは自ずから分かるように思う．

当時の日本では，安政の不平等条約の改正をめざして，鹿鳴館から外交使節の派遣まで，種々の方策が試行されていた．治外法権の解消については，ちょうど前年の1894年に列強にこれを認めさせた(発効は99年)ところであったが，関税自主権についてはまだ実現していなかった．その一方で，ギヨーム博士からの要請に先立つ4か月前には，遼東半島の領有をめぐって，いわゆる三国干渉があり，日本は列強との力の差をまざまざと見せつけられる形になっていた．こうした時代状況の中にこの要請をおいてみると，引用文中にも窺われるように，伊藤博文総理大臣が，これを我が国が欧米各国と対等の文明国であることを自己主張する好機と考えたとしても何ら不思議ではない．

こうした状況に勢いづいて，1896年から何年かの間に，統計家たちから，いくつかの建議や請願，私案等が発表されている．その主なものをあげるなら，次のようである．

① 渡辺洪基ほか18名から貴衆両院議長宛の請願書(1896年3月11日)

② 東京統計協会会長花房義質より総理大臣伊藤博文宛の「民政大調査に付建議」(1896年3月)

③ 呉文聰の講演「国勢調査私議」(1898年3月)

このような中で国勢調査の実施の機運は高まり，1902年には法律第49号として「国勢調査に関する法律」が議会を通過した．それによると，第1回の国勢調査は1905年に実施されることとなっていた．もっとも，この第1回目の調査は，たまたまその実施時期に日露戦争が勃発し，国力を消耗したため，延期されてしまう．この延期をめぐる議論は，ここでは省略する．

2.3　国勢調査の基本設計をめぐって

「国勢」調査の一般的イメージ

ここで，先に引用した谷干城の発言に改めて注意を促しておきたい．谷が「国勢調査」というとき，具体的に思い描いているものは，必ずしも人口調査ではない．彼は，国家経営を家政にたとえ，「一家の政治」が，田地，山林等の財産を把握してはじめて営めるのと同様，国家経営に関しても「国勢」をつまびらかにする必要があるとしている．漢学者の息子で，土佐藩校で漢学を修めた谷はもとより，当時の指導者たちの多くは，儒教的な教養を備えていた[8)]．「修身斉家治国平天下」ということばがあるが，当時の指導者たちにとって，国家経営を家政になぞらえて理解すること自体は，ごく自然なことであったし，さらに，その経済思想は一種の農本主義的なもので，物産の増殖(当時のことばでいえば「蕃殖」)に大きな価値をおいていたと考えられる．このばあい，「国勢」の語が，今日でいう「国富」に近い意味に受け取られるのは，自然な成り行きであろう．我が国では前代未聞の “population census” を実施させるために，統計家たちは，こうした常識を有する人々を説得しなければならなかったのである．先にあげた1886年の建議が明快に「人口調査」と称していたのに対し，後にこれを「民政調査」「国勢調査」と，多義的な解釈が可能な名称に変えたのも，実は人々のこうした常識に配慮してのことであった[9)]．この点について，

8)　もっとも，この演説は，国勢調査実施時の延期に関する論議の中で，延期に賛成する立場から述べられたものである．

また，谷干城の素養をもっぱら漢学に限ってしまうのは誤りである．東京大学付属図書館の「谷文庫」は，残念なことに一般図書と混排されており，独自の目録もないので，その内容を窺うことができるのは，わずかに特別展示のために編集された漢籍目録のみである．これを見ると，基本的な漢学の文献がそろっており，彼の教養人としてのベースがここにあることが知られる．しかし，谷の知的関心は，これにとどまっていたわけではない．彼の日記には，アダム・スミスとフリードリヒ・リストの比較論がなされているなど，洋学に対する並々ならぬ関心を窺わせる．また，彼の視野は国際的で，欧米列強と東洋の関係については特に深い関心を持っていた．エジプト独立運動に失敗し，セイロンに流罪となっていたアラビー・パシャを訪ね，その談話にいたく共鳴していることなどからも，それはわかる．以上のような教養や，メンタリティのあり方は，多かれ少なかれ明治期の指導者に共通のものであろう．

9)　この点に関しては，松田泰二郎(1948)を参照．

1910年の東京統計協会評議員会議における横山雅男の発言を見ることにしよう.

それ迄と云ふものは英語の「センサス」を人口調とか人口大調査とか人別調とか民勢調査とか若くは人口定期調査と云ふやうな文字を用いて，殆ど一定しなかったのでございますが，併し三十五年の春国勢調査の法律案が帝国議会に顕はれぬ前吾々有志の者が私案を拵へますに当たって「センサス」を殊更に国勢調査と云ふ文字に致しましたことは，抑々大いなる訳があるので此ことを此処で説明しますると……(中略)……世界の「センサス」の実質を尋ねて見まするると云ふと，約二つに分れるのであって欧州諸国に於いてやります「センサス」は人口を主眼と致しまして，さうして国の事情によって若干の附帯調査を致すのでありますから，民勢学的の観察は殆ど揃うて居るも国情を経済的方面から見やうとすれば只僅に職業の条で幾分の望を充たすに過ぎないのである，是に反して北米合衆国並に植民地に行はれる所の「センサス」は人口の外に経済上の事情を調べる……(中略)……「センサス」に付いても欧羅巴諸国のやうな古いやり方でなしに北米合衆国のやうな新しい国若くは植民地に於けるやうな社会の状態若は国家の形勢が日々変化することを見らるゝやうにやるのが今日の日本には至極適当と信じます……(中略)……数千円や数万円の費用で出来るものなら調査の結果が世人の渇望を医することがなくても我慢が出来ませうけれど少くも二三百万の金を投じてからに此国家的大事業を実行致しますのに只是までの戸籍簿上から算し来った人口調に比して二割か三割か確かになった位では私は少し世間の期待して居る所のものに違背せぬかと考へて居る，若し日本の国勢調査と云ふものに莫大な費用を投じまして，単に人口の数が確実になったことだけであったならば，帝国議会でも世間の人も許すまいと思ふ[10,11].

10) 総理府統計局編(1976) 644頁.

11) ここで，横山のいう「二三百万の金」が，当時の日本の国家予算にとってどの程度の意味を持つ金額であったか，統計資料で確認しておこう．内閣統計局(1908)によると，第一回国勢調査の実施が当初予定されていた1905年の歳出(決算)総額は経常部1億5668万円，臨時部2億6406万円で，合計4億2074万円であった．横山のいう額の多い方をとって300万円を，合計額と対比してみると0.7%となり，また国勢調査が属した臨時部との

このような認識から導かれるのは，国勢調査を人口調査に限らず，米国式に経済調査も合わせて行うべきであるという方針である．

次に掲げる発言には，日清日露の両戦争に勝って大陸への侵略を開始した当時の日本の社会の雰囲気と，その雰囲気の中の人々による国勢調査の受け止め方が如実に反映されている．1909年の衆議院における清崟太郎（せいきんたろう）議員の質問である．

> 此国勢調査のことは一国の状態を知ります上に於て最も必要のことであると云ふことは本員が申すまでもないことでございまして，欧羅巴の各国並に北米合衆国に於きましては古くから実行せられて居る……(中略)……唯世界の著名なる国に於て未だ国勢調査と云ふことを実行しませぬのは三つあるのであります，即ち露西亜と支那と我日本であるのであります，本員は此世界の一般的事業が他の二国と共に未だ我国に於て実行をせられて居らぬと云ふことに付いては甚だ遺憾に存す

対比では1.1％となる．また経常・臨時を問わず，この年度の支出各項目の中からいくつかの額を例示すると，陸軍省の軍事費が44万円，海軍省軍事費が1220万円，文部省の経常支出が総額463万円，農商務省が同じく266万円，逓信省が同じく2186万円，陸軍省の臨時支出が総額257万円，海軍省が同じく1107万円である．海軍省や逓信省には及ばないものの，300万円という横山の見積もりは，農商務省や文部省なみの予算追加を意味したことがわかる．

さて，それでは，実際に第一回国勢調査が実施された1920年の歳出(決算)にしめる国勢調査費支出の位置はどのようなものであったろうか．内閣統計局(1923)に，1920年の決算をみると，国勢調査費は歳出臨時部の大蔵省所管に計上されており，331万円である．この年度の歳出(決算)総額は，経常部7億931万円，臨時部6億5066万円で，合計13億5997万円である．国勢調査費は歳出合計の0.2％，臨時部の0.5％となり，1905年についてみたばあいに比して，大幅にその比重を下げていることがわかる．他の支出項目との関係でみても，陸軍省軍事費1億5949万円，海軍省軍事費1億1054万円，文部省2766万円，農商務省1504万円，逓信省1億4492万円，陸軍省の臨時部8706万円，海軍省臨時部2億9212万円と，いずれも1905年より大幅に伸びているのに対し，国勢調査費は明治30年代の横山による予想額とあまり変わらず，相対的な位置は大きく後退している．

以上のような極めてきめの粗い観察からも，おそらく1905年当時の国家財政にとって，国勢調査の実施はそれなりに重い負担と感じられたであろうことは，容易に想像がつく．これに対し，1920年時点での330万円は，遥かに軽微な負担になっているといえそうである．日露戦争にともなう戦費調達によって国家財政が逼迫したため，国勢調査費の支出が困難になったと当時の国家指導者たちが述べるとき，彼らの脳裏には，一面で国勢調査をさして必要とは認識していなかったという事情が確かにあったとしても，他面で，300万円という支出が国家予算に対してそれなりに大きな影響を及ぼすという認識があったことも，おそらく間違いない．日清日露両戦争の戦後経営期と，第1次大戦にともなうブームを経て日本経済が大きく発展した結果，国家財政の規模も膨張し，国勢調査費300万円ほどの支出に対する負担感が大きく軽減されたこと，このことが国勢調査実施に踏み切る際の意思決定の困難さを，大いに和らげたことは疑いないところであろう．

ることでございます……(後略)……[12].

谷の発言の中で野蛮国扱いされたトルコは，かつて後進ヨーロッパ諸国を震え上がらせた文明国であった．そのトルコに勝ったロシアと，長い期間にわたって文明の先達として仰ぎ続けた中国の双方に勝利をおさめ，当時の日本には，国民各層にわたり日本優越主義とでも呼ぶべき気分が強かった．清の発言は，そのひとつの反映である．国勢調査の位置づけも，この空気の埒外にはなかったのである．この発想からも，調査が単に人口のみでなく，経済活動をも対象とし，もって富の豊かなことを示そうということになるのは自然である．国勢調査は元来 "population census" なのだから，もっぱら人口学的な調査を行えば足りるとする発想が，これと真っ向から対立することはいうまでもない．

調査の作業量に関する認識

ここで大きな問題となるのは，当時数千万人あった全国民を対象に調査を行う際の，具体的な作業量に関するリアリティの有無である．統計家たちが説得しなければならない多数派――当時のインテリであり常識人――は，明らかに，そのリアリティを欠いていた．それだけではない．彼らは江戸時代に行われた村単位の諸調査(村明細や宗門人別改帳など)について承知していただけに，個人単位で行われる国勢調査についてもその延長線上にあるものとしてとらえ，調査に伴う困難を過小評価する傾向があったと推測される．村を単位に，識字階級である村役人層が自然言語で回答し，人口を除いては集計作業も行われない江戸期の諸調査に比べ，全国民を対象とし，厳密な定義を経た用語法を用いて調査する国勢調査は，実施に伴う労力に格段の差がある．集計担当者が処理すべき個票の量ひとつをとっても，センサス型の調査では，当時で約1000万世帯分と，膨大なものになる．実際，規模ではこれに遠くおよばないものの，1879年に『甲斐国現在人別調』を行った杉亨二らも，いざ記入された数十万枚の個票が収集され送られてくる段になって，その量のあまりの多さに呆然としたという．

---

12) 総理府統計局編(1976) 593頁.

人口の調査というと，一見，いかにも単純にして容易な作業のように思われる．そのため，実際の調査に伴う作業の困難を体験しない者の間に，ややもすれば「人のアタマ数を調べるためだけに膨大な国家予算を使うことは無駄であり，どうせ調査を実施する以上は，人口調査のみでなく，他の経済指標も含めた「国勢」の調査にすべきである」という考えが存在したのは当然であった．谷の議論は，このような状況を反映している．彼にとって，おそらく調査を人口に限るなどということは，考えだにせぬことであって，家産の調査と同様，調査が人口以外の国富に及ぶことは，自明だったのである[13]．

調査の基本設計をめぐる二潮流

統計家たちは，こうした空気の中で，国勢調査の実施を説得していった．このことは当然，調査項目設定の基本方針にも影響を及ぼした．

1902年2月の衆議院で，「国勢調査に関する法律案」について，提案者である内藤守三議員が行った説明は，この状況をよくあらわしている．

> ……(前略)……苟も一国の政治を執るに於ては，其国の形勢を審に致して，施政上の基礎を造って置かうと云ふのが，趣意でございまする此国勢調査の必要と申しますことは，既に疾に諸君の御悉知あらせらるゝ如く，我邦に於ては，未だ以て此国勢の調査を致したことがないのみならず，政治上基礎とし標準として見るべきものは，未だ材料として一つもないのでございまする……(中略)……仮に一例を挙げて申して見ますれば，一見鑑定の付き易き農業の収穫，或は肥料金統計の如き，殆ど是等はまるで嘘でありまする，又人口統計の如きも，現住調査又本籍調査と云ふものゝ間に於ては，常に百万人近くの相違を生じて居りまするのである，又内務省の民籍戸口表，内務の統計表と，此二つを較べて見ますると，数字の上に於て常に大変の間違を生じて居ったのでありまする……(後略)……[14]．

13) こうした認識は，統計調査の実際について詳しくない，一般の知識人の間では，ずっとあとの時代まで根強く抱かれていた．第9章3節に紹介する高島米峰による『東京朝日新聞』への投書等にも，それは，あらわれている．

14) 総理府統計局編(1976) 456頁．

表 2-1　調査項目に関する諸案

	①	②	③	④	⑤	⑥	⑦	⑧
氏　　名	○	○		○	○		○	○
言語・国籍						○		○
族称(華士族平民)					○			
世帯内の地位	○	○	○	○	○		○	○
性　　別	○	○	○	○	○	○	○	○
配偶の関係	○		○	○	○	○	○	○
年　　齢	○			○	○	○		○
生年月日		○	○		○		○	○
出生地(生国)	○	○	○					○
常 住 地		○					○	
本 籍 地			○		○			
往住・来住						○		
各地方滞在の種類						○		
職業(本業)	○	○	○	○	○	○	○	○
職業(副業)			○					○
勤 務 先			○					
宗教(宗旨)	○	○	○			○		
精神・身体の障害	○	○		○	○	○	○	
教育程度		○		○	○	○	○	
財産の有無・種類				○				
住家(所有賃借の別)	○			○	○	○		
住家以外の建物					○			
建築物種類						○		
建設・解体						○		
土地所有(地目面積)					○			
宅地地価						○		
耕地面積				○	○	○	○	
耕地種類				○	○	○	○	
耕地利用の種類(自小作の別)				○	○	○	○	
耕地の権利関係(抵当等)					○	○		
農家種類(本兼業別，自小作別)						○		
農 産 物						○		
作付け内容(米・その他)							○	
家　　畜						○	○	
大小工業の別						○		
工業の種類						○		
機 械 力						○		
職 工 数						○		
購入資料の価額						○		
商業・交通業の種類						○		
従事する人員						○		
機 械 力						○		
需要供給						○		
特　　許						○		

注) 1. 調査項目が多重集計表の形になっているばあいは，適宜分解したものもある.
2.「耕地」には山林を含むばあいがある.
3. 出典は以下の通り：①『甲斐国現在人別調』の「家別表」(1879)，②東京統計協会による人口調査草案のうち「人別票」(1886)，③万国統計協会回章第二号(1896)，④呉文聰による『国勢調査私議』(1898)，⑤横山雅男による東京統計協会の「国勢調査審査報告」(1899)，⑥衆議院における内藤守三議員による説明(1902)，⑦国勢調査に関する法律施行の為に要する勅令及び閣例案(1903)，⑧第一回国勢調査.

この説明では，調査の範囲は人口調査を大きく超え，後の農家経済調査などと重なるようなものになっている．

そこで次に，杉による『甲斐国現在人別調』も含め，第一回国勢調査が実施されるまでの間に出されたいくつかの調査項目案について調べてみることにしよう(表 2-1)．

表示したのは数多く出された案の中の一部にとどまるが，ここからも，国勢調査にあたって，大きく異なる 2 つの方針があったことが理解される．その第 1 は，国勢調査を人口調査に限ろうとするものであり，第 2 は，国勢調査を人口調査のみならず，農家経済，工業，商業，交通業にまでわたる経済調査と合わせて実施しようとするものである．後者は，今日の調査でいえば，世帯を対象とした国勢調査の系列と，事業所を対象とした事業所統計調査の系列とを一挙に行おうとするものであったともいえよう．特に⑥は，「国勢調査ニ関スル法律」が，議員立法として提案された際，提案者である内藤守三議員が行った趣旨説明に盛り込まれた項目であり，人口の他，各種産業の経営に立ち入った調査項目が網羅されている．もちろん，内藤自身，すべてを一挙に調査せよとしているわけではないのだが，いずれにしても，こうした形で提案していることは事実である．統計の非・専門家集団である国家指導者たちをしてセンサス型の人口統計調査に賛成させ，国家予算を獲得するには，こうした形で彼らを説得する必要があったのである．

2.4　むすび——統計家内部の対立

これまでのまとめ

ここで，本章で見てきたことについて，簡単にまとめておこう．

専門家集団としての統計家たちが，センサス型の人口調査を必要と考えるようになったのは，第 3 章にも述べるとおり，戸籍にもとづく統計が不備なためであったとされている．ただ，この論拠は，専門家の学術上の興味のあり処を示すものではあっても，統計の専門家以外の人々を説得する論拠としては，薄弱であったといわざるを得ない[15)]．なぜなら，当時，徴兵や徴税，公教育等の重要な行政事務は，統計家によって不正確と決めつけられた戸籍システムにもとづいて，特に重大な支障もなく運用されていたからである．そこで，統計家たちによる説得は，センサス型の人口調査が，欧米列強を中心に行われる「文明的国家事業」であるという点を強調する方向で行われた．

ところで，統計家たちによって説得される側の人々はというと，彼らの多くは江戸時代以来の漢学の伝統を引き継いだ教養人であり，江戸時代の書き上げ式の調査に親しんでいたと同時に，国家経営を家産経営になぞらえて理解しようとする傾向を持っていた．それとともに，彼らは，日本のおかれた国際環境にも重大な関心を抱いていた．統計家たちにより，国勢調査実施に向けて説得が行われていた時期(明治10～30年代)には，この人々の間には，日本が欧米列強と対等の文明国であることを，あらゆる手段を用いて示したいという，強烈な欲求があった[16]．国勢調査もこの文脈の中で「文明国の証」と位置づけられることによって，国家の指導者たちに受け入れられたのである．これに際し，1895年の万国統計協会からの要請は，強い促進要因となった．かくして1902年，議員立法の形で「国勢調査に関する法律」は成立した．

ここで改めて注意を促しておきたい．

統計家が説得しなければならない相手は，江戸時代の諸「調査」に関してリアリティを有する人々であった．この人々が，文明国の証としてセンサスを行うというばあい，彼らは当然のこととして，それを人口調査のみであるとは理解していない．彼らは，なまじ江戸時代の書き上げ調査について知るだけに，西欧式のセンサス型調査で，調査項目が増えたときにどれだけの手間暇が余分にかかるかということに関しては，リアリティを欠いていた．同時に，家の経営のためには家産の状態を知る必要があるのと同様，国の経営のためには国の経済状態を知ることが当然と考える傾向が

15) 例外として，生命保険業界の関係者がある．彼らはその業務上，できる限り正確な生命表を必要とするため，人口統計に対する要求水準は，一般の官僚よりもはるかに高い．
16) これは，日本が欧米列強によって侵略され，植民地化されることに対する恐怖感と裏表の関係にある．また，急速な産業化を目指した殖産興業政策や，これとセットになった強兵政策も，同じ意識の別の表現である．

あった.

統計家たちは，こうした人々を説得するために，“population census”を，「人口調査」や「戸口調査」ではなく，あえて国富の調査を連想させる「国勢調査」と訳し，帝国議会等でのその説明にあたっても，人口ばかりでなく，明治維新以来各府県等を通じて行われてきた農商務系の調査等でも実現できなかった，極めて広範かつ詳細にわたる経済調査を含むものとして，提示した．いいかえると，統計家たちは，「国勢調査」が，江戸時代以来かつて行われたことのない新事業と，人々の目に映るような姿で，説明を組み立てたのである.

経済調査派——横山雅男

ところで，経済調査と人口調査の2方針の対立は，実は統計の専門家の間にも存在した．最後に，この点について見ておこう．1910年に行われた東京統計協会評議員会議は，はじめ1905年に予定されながら日露戦争によって延期された第一回国勢調査の実施時期を「明治48年」(1915＝大正4年)にすべしという『国勢調査施行期限ニ関スル建議』に関する討論を中心に行われた．ただ，これと並んで，国勢調査を実施する際の調査項目の選定についても激しい議論が戦わされた．ここではその討論の詳細を紹介する余裕はないので，両方の主張の代表と目される見解の一部を引くにとどめたい．はじめは経済調査を含むべしとする意見の代表として，横山雅男の例をあげよう.

> ……(前略)……既に御承知のことゝは存じまするが二十七八年戦役後各地方の状態と云ふものが変動して参りましたが，三十三年の北清事変殊に三十七八年の日露戦役後に於きましては地方の状態が非常に変化し就中衣食風俗等のことより都会村落の盛衰に至るまで状態の激変は実に予想外であります，つまり日本の日本が東洋の日本となり東洋の日本が世界の日本となりました結果日本の経済財政までが世界的となった結果である斯う云ふ次第ゆへどうしても「センサス」と経済を結び付けねばならぬ，然るに消極論者の如く経済事項を止めては何れの日に於て全国を掌上に見らるゝやうな調べが出来ませうか……(中

略)……斯う云うふやうな国家の大切なる問題を全国一斉に調査すると云ふことはどうしても国勢調査実行の時を俟つより他はあるまいと私は考へて居ります……(中略)……吾々は「センサス」を国勢調査と意訳して天下の法律とした以上は飽までも其結果が国勢調査てふ名義と違背せぬやう施行すると云ふ本会の主義と致し吾々統計家の信念と致したいと云ふことであります[17].

かつて杉の下僚の一人であった呉文聰も，耕地所有を調査項目に含め，これについて一定期間をおいて追跡調査をするよう提案している．さすがに彼は，統計実務を知る者として，非専門家を説得する際の言説とは一線を画しており，彼が調査に含めるべきだとする経済的項目はごく厳選されたものに限られている．日露戦後の未曾有の社会変化を目の当たりにした社会科学者として，項目増加に伴う作業量の増加を知りつつもなお，最低限の経済調査を行いたいという欲求は，当然のことであったといえよう．

人口調査派——高橋二郎

次に，国勢調査を人口調査に限るべしとする意見の例として，高橋二郎の発言を取り上げよう．高橋は，杉と共に『甲斐国現在人別調』の集計にあたり，調査票のあまりの多さに，どう処理すべきか呆然としたという回想を残した人物である．

……(前略)……「センサス」の来歴は……(中略)……何処までも欧羅巴式で人民調査を主として居る，然るに何時の間にか衆議院に於て国勢と云ふ文字の現はれたのは実に不本意のことでありました，……(中略)……経済上の事項を段々御入れになると云ふ御話がございましたが，それは今は国勢調査と云ふ法律になって居りますから，入れて入れられぬことはない，又財政に余裕があれば従来の調と重複せぬ事は名義上入れても宜しいかも知れませぬが，諸君今日我邦国家の財政は如何でございます，この際に人民の事丈けですら調べるのが容易でない所に持て来て何じゃかじゃと百般の注文を出し到底云ふべくして

17) 総理府統計局編(1976) 646頁.

行ふべからざる大袈裟なことを望み益々調査を困難にすると云ふことは愈々以て此問題を不可能にすることである……(中略)……「デモグラヒー」の調でも経済を決して度外視して居る訳ではない……(後略)……[18].

以上のような討論が行われたが，ここに紹介した総論部分の後，調査項目に関する逐条的な検討の際，経済調査を主張する人々の意見は，人口調査に限るべしとする人々によって，激論の末ことごとく否決されてしまう．上に紹介した横山雅男などは，憤懣やるかたなく「甚だ失礼のことを云ふやうでありますけれども自説を固守するに急なる為め他の人の説を容れる余裕の無い人が多いのでありますから「エコノミカル」の意味を含ませうとする積極的の国勢調査は迚もこの評議員会では成立が覚束ないのであります」と，捨てぜりふを吐いているほどである．

こうして統計の専門家の間で，国勢調査の基本設計について一応の方向が打ち出されたこともあって，同じ年に国勢調査準備委員会に提出された資料でも，1918年の国勢調査評議会に提出された資料でも，想定されている調査項目はほぼ人口統計に限られている[19]．そして結果的に国勢調査が人口調査として行われたことは，第一回国勢調査の申告書を見ても明らかである．

ここに紹介した高橋，横山のいずれも，センサス型人口調査の実際の事務量に関しては，かなりはっきりした感覚を持っていたと考えられる．高橋は前述の通り，30年以前に『甲斐国現在人別調』の実査に加わった経歴の持ち主である．また，『甲斐国』以後にも，1905年に予定された第一回国勢調査が日露戦争のために延期となったことを主なきっかけに，各地で地方センサス等が行われており，これらの調査の経験を，統計家たちは共有していたはずである．それにもかかわらず，国勢調査の基本設計に関

18)　総理府統計局編(1976) 648頁．

19)　ただし，この評議員会の後に開かれた国勢調査準備委員会の主査会における議論では，牛馬や土地所有に関する調査項目を追加すべしとする主張が強硬になされ，これらの項目が，いったんは追加されることになった．このうち，特に馬の調査に関しては，陸軍の強い希望があったようである．このように，調査項目を人口学的なものに限ることに対しては，項目の追加を求める意見が繰り返されており，1919年の国勢調査評議会でも同様の議論が見られる．

して，このような意見の違いがあらわれる理由は，一方で，経済関係の調査項目にどの程度重きを置くかという認識の違いであるとともに，『甲斐国現在人別調』以来この時期に至るまでに蓄積されたセンサス型調査の技術およびそれに伴うノウハウに関する認識の違いであるかもしれない．そこで，本書では，この問題について，第 4 章で改めて調べていくことにしたいと思う．

また本章は，冒頭に述べたとおり，国家指導者レベルでの合意形成プロセスに議論を絞ったが，国家による住民把握の実態を解明するには，調査対象となった人々が，国家の働きかけにいかに反応したかということに関する検討が不可欠である．この問題については，本書第 3 部で取り上げることにしたい．

第3章　センサス導入前史
——認識の相違はなぜ生じたか？——

3.1　はじめに

第2章で述べたように，“population census”の必要性をめぐる認識において，また，この語が「国勢調査」と訳された際，その意味の理解のしかたにおいて，統計の専門家と，それ以外の国家指導者ないし知識人との間には，大きなずれが存在した．本章の目的は，認識のこのずれが生じる原因について調べることにある．本論にはいる前に，ここでもう一度この「ずれ」の内容について確認しておこう．

すでに述べたとおり，遅くとも明治20年代末までに，統計家は現行の人口統計を，ほとんど使いものにならないと認識し，これに代わるものとして，センサス型人口統計の実施に向けた活動を続けていた．

このとき，統計の専門家でない人々の間では，「国勢」調査を行うとすれば，その中心は当然経済調査であって，人口調査はその一環にすぎないという認識が普通であった．これに対し，統計家は，内部にさまざまのニュアンスの違いを含むものの，全体としては，調査項目を増やしすぎれば，調査自体が実施不可能になるという認識を持っていた．この点は，第2章で「人口調査派」とした高橋二郎も，「経済調査派」とした横山雅男や呉文聡も，基本的に異ならない．統計家と非統計家との間に存在した認識の大きなずれとの対比でいうなら，彼らの意見対立は，この共通認識の上に立って，追加的項目の是非をめぐる比較的小さなものであった．

以上のような事実を踏まえ，本章では次のような問題について考える．

第1に，統計家以外の人々は「人口調査」といわれたとき，なにを想起したか，またそれはセンサス型の調査とどう異なるかという点である．彼らの多くは江戸時代の行政システムになじんでいたと考えられるので，この問題の解明には，江戸時代の人口把握方法について調べる必要がある．

第2に，統計家たちが明治20〜30年代の段階で，現行の人口統計に対して極めて低い評価しか与えず，巨額の国費を要するセンサス型調査を，あえて人口学的な調査に限定してでも実施すべきだと考えた根拠である．ただ，ここで「根拠」といっても，それは統計家たちによる主観的な認識であって，その同じ事実が統計家以外の人々にとっても同様であったという保証はない．数値データを日常的に取り扱う統計家たちには，はたから見れば許容しうる誤差でも，致命的な欠陥であると認識されることがあり得る．しかし，その認識が統計家たちを突き動かし，結果的に統計家以外の人々をも説得して国勢調査の実施に至ったのだから，これを一概に「主観的」だとして無視することはできない．

3.2 非統計家の常識の基礎——江戸時代の人口把握

人口把握の原理

江戸時代には，いわゆる「統計」という概念はなかったのであるが，今日でいうならば事実上の業務統計に相当する資料は作成されていた．ここでは，江戸時代の人口把握に固有の原理について一瞥しておこう[1)]．

当時，地方（じかた）においてもっとも基本的な資料とされたものに，検地帳，村明細帳，宗門人別帳などと呼ばれるものがある．検地帳は今日の土地台帳であり，課税の基礎となる土地の面積，収益率，所持者について，一筆ごとに調査を行って記録したものである．村明細帳は，今日でいえば村勢要覧のようなもので，土地，水路，作物その他さまざまな事項について書き上げたものである．宗門人別帳は，元来は人々が仏教のいずれかの宗派に属すことを証明するために作成された．これは周知の通り，徳川幕府の切支丹禁制政策にともなって作成されたものである．しかし，後にキリスト教徒が表面上はほとんど跡を絶ったこともあって，事実上は戸籍ないし人口調査としての役割を果たすのみになった．

---

1) 江戸時代の住民支配システム全般の中に人口把握を位置づけることは，本書の課題ではないし，著者の能力を超えてもいる．本章の記述は，あくまでも，近代日本における人口調査史の観点から逆に江戸時代のあり方を振り返ったものであり，極めて限定された視点からこれを見ているにすぎない．

「宗門人別帳」は，徳川幕府による次のような触にもとづいて作成されたといわれている(下線引用者，以下同じ).

諸国領知田畑町歩并人数可書出旨御書付

諸国領知之村々田畑之町歩郡切ニ書記并百姓町人社人男女僧尼等其外之者ニ至る迄人数都合領分限ニ書付可被差出候奉公人并又者ハ不及書出候……(後略)……(享保6年6月21日)

一百姓町人社人男女僧尼等其外之者共迄惣人数書出候ニ付是又被改候にハ不及候其所々ニ相知レ有之候帳面之人数可被書出候尤二重ニ不成又不洩様ニ可被相心得候

一人数之儀去年分成共当年分成共委く相知レ候人数高認メ可被差出候左候ハゝ何之年之人数高ニ候ト之儀可被書載候且又何歳以上認め候と申訳書加へ可被差出候但奉公人并又者書出に不及候旨相達候は勿論武家之方針之儀ニ候……(後略)……(享保6年6月29日)[2)]

幕府からは以後も，人別帳作成に関する触れ書きがたびたび出されているが，基本的な変更はない.

ここで，この法令の下線部分に注意しよう．この「人口調査」は以下の3点を編成の原則としていた．①「百姓町人社人男女僧尼等その外の者に至るまで」と，武士以外の平民階級を対象とすること(身分別把握)，②「人数を総計し領分ごとに書付けて差し出すべく」と，領主の支配圏を単位とすること(支配別把握)，③「改められ候には及ばず候．其所々ニ相知れこれ有り候帳面の人数書出さるべく候」ただし「何歳以上認(したた)め候と申訳書加え」と，対象になった年齢を明記した上で，各地の慣習に従った把握をすればよいとしている点，以上である.

これらの原則にもとづいた結果，得られるデータは，どのような特性を持つことになるのだろうか.

まず，第1の原則は，この帳簿に登録される対象となるのが，原則として当時百姓・町人と呼ばれた平民階級のみであることを意味する．支配階

2)　総理府統計局編(1976) 125-126頁.

級であった武士は，かりに地理的に同じ地域内に混住していたとしても，領主の家臣団として別系列で登録されていた．

つぎに第2の原則に従うと，1か村が複数の領主による支配を受けている村，すなわち「相給」の村では，宗門人別調は村単位ではなく，領主が異なるごとに何冊も作成されることになる．

第1および第2の原則から，江戸時代の人口把握は，身分別かつ支配別であり，一見「村」などの地理的な編成に従っているように見えても，その実これとは異質な原理によっていたことが理解される．この違いは，越中，土佐などのように，1領主による支配領域が広く，かつほぼ1か所にかたまっているばあい(領国的地域)には，あまり表面に現れない．しかし，関東地方や畿内のように小領主の支配が入り組んでおり，個々の領地が経済圏として完結しないような地域(非領国的地域)では，人口の推計等を行うにあたって，大きな影響を持たざるを得ない．

第3の原則からは，たとえば次のような問題が発生する．江戸時代，人々の年齢は原則として「かぞえ」であり，暦法は太陰太陽暦によっている．また，比較的多くの土地で，新生児(当歳児)はかぞえで2歳になるまで人別帳に記載されなかった[3]．また，事実上の婚姻が成立し，女が婚家に入っていても，第一子の誕生までは実家に記載されるなどの慣行も存在した．こうした慣行は，土地によって様々だが，江戸時代の人口調査では，そうした点をあえて統一していないのである．

人口把握が第3の原則に従うということは，各地で調査対象となる人口の定義が異なり，結果的に得られる数値の全体としての「確からしさ」も，それだけ低いことを意味する．江戸時代の住民把握のシステムは，いわゆる村請制と呼ばれる年貢徴収システムに対応したものであった．このシステムの下では，課税は「村」を単位とした．個々の百姓への負担の割当ては，原則として村に任されていたのである．領主階級にとって，支配下の村の生産年齢人口が大幅に減り，このために年貢徴収に支障を来すようなことがない限り，各村の人口に誤差があっても，彼らの支配にとっては特

3) なかには，紀州のように，子供がかぞえで7歳になるまで人別帳に記載されなかった例もある．

段大きな問題とはならない．結果，江戸時代の人口把握は，各地で定義も，調査方法も統一されないまま行われ続けたのである．

明治期に入っても，ごく初期の間は宗門人別帳とほとんど同じ形式で戸籍が編成された．1870 年には民部省より達がだされ，戸籍に盛り込まれる項目が示されたが，この中には，戸籍が従来の人別帳をもとにして編成されるべきことが規定されている．1871 年に戸籍法が布告されるまでの間，この達に従って，各地方で過渡的な形式の戸籍が編成さた．このように，維新政府は発足当初，江戸時代の人口登録システムをそのまま利用し，その加工法のみ新しく改編して支配下の人口を把握しようとしたのである．

この時期までの人口調査では，その編成に直接かかわるのは村役人，僧侶，神官などの識字階級のみであった．登録すべき内容も，その土地土地の慣習に任され，全国的に統一された定義によるものではなかった．以上が「人口調査」に関して一般的な識字階級が抱くイメージの内容だとすると，彼らがなぜ「国勢調査」を人口調査に限定することなど思いも寄らなかったのかが了解される．彼らにとって，全国の住民のあたま数の把握など，200 年来問題なく行われてきた事業だった．なにを今さら，人口調査だけのために巨額の資金を投入する必要があろう．

他方「人口」の厳密な定義にもとづき，全住民に直接回答を求め，調査者が全国の個票をすべて直接に集計するというのが，近代的人口センサスであり，とりもなおさず統計の専門家たちの抱くイメージであった．これらを対比して見れば，両者が，基本的な考え方の面でも，調査に伴う実務の面でも，いかに遠く隔たっているかが理解されよう．

人口統計としての「戸籍」

1871 年，太政官第 170 号布告をもって，「府県一般戸籍ノ法」が定められた．この「戸籍法」には，国家による人口把握の原理という観点から見て，革命的な転換が含まれている．

第一則　戸籍旧習ノ錯雑アル所以ハ族属ヲ分ツテ之ヲ編成シ地ニ就テ之ヲ収メサルヲ以テ遺漏ノ事アリト雖モ之ヲ検査スルノ便ヲ得サルニ依レリ　故ニ此度編成ノ法臣民一般　華族士族卒祠官僧侶平民迄ヲ云

以下準之　其居住ノ地ニ就テ之ヲ収メ専ラ遺スナキヲ旨トス　故ニ各地方土地ノ便宜ニ従ヒ予メ区画ヲ定メ毎区戸長並ニ副ヲ置キ長並ニ副ヲシテ其区内戸数人員生死出入等ヲ詳ニスル事ヲ掌ラシムヘシ

第五則　編成ハ爾後六箇年目ヲ以テ改ムヘシト雖モ其間ノ出生死去出入等ハ必其時々戸長ニ届ケ戸長之ヲ其庁ニ届出テ　支配所アルモノハ支配所ニ届支配所ヨリ其庁ニ届ク　其庁之ヲ請ケ人員ノ増減等本書ヘ加除シ毎年十一月戸籍表ヲ改メ十二月中太政官ヘ差出スヘシ　加除ハ生ルヽモノト入ルモノヲ加ヘ死者ト出ルモノヲ除ク類ヲ云フ

第二十則　六箇年目毎ニ戸籍ヲ改ムルニ当リテ其戸籍集取シ上ハ日限ヲ定メ其区々ニ於テ長並副区内一戸毎ニ其差出ス処ノ戸籍ト現在ノ人員ニ突合セ相違ナキヲ点検スルヲ以テ法トスヘシ……(後略)……

第一則では，人口把握の原理としての身分制度を明確に否定し，身分の別なく，その居住する地区に従って戸籍を編成するものとする．もっとも，第五則には「支配所」を単位とするという規定があり，この限り，江戸時代の人口把握のもうひとつの特徴，すなわち領主支配圏(この時期には，「県」として存続していた)[4]を単位とする方式は存続した．また具体的調査方法は，第一則に見えるように，旧村ではなく戸籍区を単位とするというものであった．

---

4)　ここで，領主の支配圏と，当時の府県制の関係，ならびにその後の変遷について，簡単に触れておくことにしよう．

今日，私たちは，都道府県というものを，地理的な単位として意識することが多い．しかし，このような認識は明治の初めから一般的であったわけではない．設置当初，「県」は，地理的区画としてではなく，旧領主の支配領域を単に呼び換えたものであった．「県令」の語も，実は「代官」を意味する漢語風の言い換えとして，江戸時代から用いられていた．この結果，1871年の廃藩置県の直後には，3府302県と，膨大な数の県が成立した．このときの区分では，現在は北海道に属する奥尻島が，福岡県に属したり，現在の東京都の領域内に，品川県，韮山県，熊谷県などいくつかの県が含まれるなど，地理的配置としては錯雑をきわめている．明治10年代頃までの郵便の宛名を見ると，しばしば「**県御管下○○国××郡△△村」などと書いたものを見受ける．梅村又次教授のご教示によれば，これは，当時の人々が「県」を行政上の所属(すなわち，支配)として，そして「国」を本来の地理的な単位として区別して認識していたことを物語る．1871年の戸籍法に「支配所」というとき，これは，いま述べた意味での「県」単位という意味であろう．しかし，この後，県は急速に統廃合され，1888年には今日と同数になっている．この統廃合の結果，支配所(＝県)が，地理的にみて互いに入り組まない形で，ほぼ旧「国」の大きさ(大雑把にいえば人口100万人程度を単位とする)になったため，わずかな例外を除いては，原理的に地理的編成と変わらなくなったのである．

つぎに第五則と第二十則を見ると，戸籍簿自体は6か年ごとに更新し，その中間年においては出生死亡・転入転出，すなわち自然増減と社会増減の加除により人口を把握しようとしていた．ここで，少なくとも制度上は，当歳児を記載しないような慣行は否定されている[5)]．さらに，この布告では，本籍および族籍，氏名，世帯内での地位，年齢等を記した通常の戸籍としての記載のほかに，年齢別人口，職業(身分)別人口，出入り寄留人員などが集計されることとされている．静態調査と動態調査をワンセットとした統計調査として設計されていたといえる[6)]．

以上のように，1871年の戸籍法にもとづく「戸籍」は，今日われわれが想像するものと異なり，職業調査を含む人口統計調査として設計されていた．この法律にもとづく制度は，少なくとも条文の上では，全国で調査されるべき「人口」の定義を一律にした．ただし，調査方法の面では，いったんはそのための調査区(戸籍区＝大区小区)を規定したものの，うまく機能せず，最終的には江戸時代以来の人的結合関係である旧村を基礎的な単位として編成された「行政村」ごとに人口把握が行われるようになった．このため，調査の実際の運用面では，江戸時代以来のやり方が，少なくとも共同体的人間関係の枠内では，継続していた可能性が高い．このように江戸時代の制度との間で断絶，継続の両面があるが，明治国家にとって，この戸籍制度は，全体として有効に機能したと見るべきであろう．なぜなら，この戸籍による人口把握にもとづいて，徴税や徴兵，学事など，行政の根幹をなす事務が，おおむね支障なく運営されているからである．行政事務一般に携わる者の観点からは，戸籍による人口把握以上のものを望む動機は稀薄であったと考えられる．

---

5)　ただし，現実にはこれに類する慣行は，庶民の間には根強く生き続けた．就学年齢になって初めて届けられるような例も，そう珍しいことではなかったのである．

6)　この静態調査と動態調査との組み合わせという制度は，その後非常に形骸化しながら，今日の戸籍簿(本籍)と住民基本台帳(住民票)という，2本建ての住民登録制度に受け継がれている．

3.3 統計家の戸籍不信

「戸籍不信」の根拠

統計家の判断は，これとは違っていた．彼らの目には，戸籍にもとづく人口統計は不正確かつ不充分なもので，一刻も早く「近代的」なセンサス型人口調査に置き換えられるべき存在と映ったのである．次に，統計家のこの感じ方の根拠となった現象，ならびにその現象が生じた原因について推定することにしたい．

統計家たちにとって，戸籍簿にもとづく人口統計でもっとも大きな問題は，出入りの「寄留」記載の不備であった．人々は，一時的に自分の本籍地以外に居を移しても，寄留届を出さないことが多かったのである[7]．寄留届のこの不備を大きな要因として，戸籍による人口データは，年代が下

7) ここで，出入寄留の不備という現象があらわれた社会背景について触れておこう．寄留届が人口統計にとって重要な問題になり得るということは，人々の生活がひとつの「村」の中では完結せず，その境界を越えて移動が生じる事態を反映する．具体例をあげよう．「明治三年庚午十二月　武蔵国多摩郡金井村平民族戸籍」(町田市金井，草薙佐市氏所蔵文書．この資料は，本章第2節で触れたように，宗門人別帳の形式をそのままに人口統計に転用しようとした例である．各々の住民に関する記載事項は宗門人別帳と同じであるが，巻末には職業別人口や，平均死亡年齢など，若干の人口学的な事項が記載されている)には，奉公，婚姻，養子縁組などで人が出入りしたばあいに，相手先の住所氏名が記入されている．その相手先の地理的分布を見ると，奉公，婚姻，養子縁組のいずれでも，村から出ない者が本籍人口の50% 前後を占め，これに居村から5キロメートル圏内の地域との関係を含めると90% を超える(なお，出入り寄留者は，本籍人口の5% 未満である)．安澤秀一(1963)も，同じ地域(日野宿組合38か村)の「平民族戸籍」を用いて，同様の結論をえている．また，松浦昭(1973)は，近世後期の畿内農村に関する研究の結果，人口移動が，全体としては農村から都市に向かっているものの，細かく観察すると，個別の農村住民の長距離移動の形をとるのではなく，個々のケースでは近郷での移動であるものが，全体としていわばトコロテン式の論理で，都市に向かうベクトルを合成する結果になっていることを明らかにした．速水融(1976)も，濃尾地方の宗門人別帳の分析から，松浦と同様の結論を得ている．これらの結論は，武蔵の国を対象とした佐藤正広(1985)の結論とも矛盾しない．限られた地方の事例なので，確定的な結論を導くのには慎重でなければならないが，当時，村役人などを除く一般的な人々にとって，日常的に移動する範囲が居村を中心にほぼ徒歩1時間の圏内に納まり，人々の約束ごとは文書でなく口頭で行われるのが常であった．逆に，少なくともこの範囲では，そこにいる人々は常日頃顔見知った連中なのであり，人々にとり，他郷へ出かけるという感覚(届を出さねばならぬほどに)は強くなかったと推測される．いいかえると，これは人々にとって江戸時代以来つづいている生活圏——必要とあればその日のうちに声が届く範囲——だったのである．その移動にまで届を要求されるということに対しては，強い違和感があったに相違ない．たとえていうなら，今日われわれが自分の居住する都道府県外に旅行する際に，ビザの取得とパスポートの所持を義務づけられるようなものであろう．

るにつれて不正確になる傾向があった．この点が，当時の統計家たちによってゆゆしい事態として認識されており，国勢調査推進のための大きな根拠として取り上げられることになるのである．このことをもっとも顕著に表す例として，少々長文になるが，1910年12月に東京統計協会で横山雅男評議員が行った「「国勢調査事項建議」に関する説明」の一部を見ることにしよう．

……(前略)……此建議案の中の事柄に我邦の人口の目下信憑するに足らない所の実例として，内閣統計局の調査と東京市勢調査の結果を対照して置きました……(中略)……内閣統計局の昨年末の現住人口は東京市に於きまして二百十六万八千百五十一人であります，それから警視庁が調べた数に依りますと，同じ時の調でありまするが，百四十六万八千四十八人であります，是は建議書には書いてありませぬ，それから東京市勢調査の原表第一巻が此間出来ましたが，それを見まするとど，僅々三箇月前即ち十月一日の調に依りまする百六十二万六千百三人と云ふ調になって居る，それから陸軍省の徴発物件表は，丁度昨年末の調で統計局と同一調査法でありますが，此調に依ると東京市の人口が二百十六万三千八百二十四人と云ふ数であります……(中略)……統計局の数と東京市勢調査との結果を見ますと，五十四万二千四十八人の差がある，それから統計局と警視庁の差を見まするとと云ふと，七十万〇〇八十三人の差があります．それから東京市勢調査と警視庁の差を見ますと，少い方でありまするがそれでも十五万八千〇三十五人の差があります……(中略)……実に七十万と云ふと北陸の大都金沢市を七つ程集めた人口の差であります，東京市の中に金沢程の大きな市が七つあるか，ないかと云ふことは，諸君実に統計の問題に付て由々敷ことゝ御認めではありませぬか……(後略)……[8]．

200万人程度の人口を調査して，70万人の食い違いが出るというのは，たしかに信頼性を欠くというものだろう．もっとも，このような結果は，人口の社会増減の激しい大都市であるからこそ観察された現象であった可能

8)　総理府統計局編(1976) 611-612頁．

性もあり，そのばあい，農村部では，戸籍にもとづく調査であっても，さほど大きな誤差はなかったかもしれない．とまれ，こうして，戸籍にもとづく人口調査の不正確なことは繰り返し指摘され，少なくとも統計の専門家たちにとっては，疑問の余地のない認識になっていったのである．

追試不能の推計――乙種現住人口

データのこうした不備に関して，統計家たちも手をこまぬいて見ていたわけではない．可能な限りデータを補正しようと，推計に工夫をこらしている．ここで，統計家による工夫を示すものとして，『日本帝国統計年鑑』(国勢院編 1921)に載った注を見よう．ここでは，統計家たちが，どのような方法で戸籍による現住人口を補正したかについて説明している．

……(前略)……斯の如きは要するに入寄留の重複と出寄留の脱漏とに起因するものにして人口移動の頻繁なる今日に於ては国勢調査を俟つに非ざれば此の誤謬を匡正するの策なし．仍て国勢院は甲種現住人口に加工を施し一種の現住人口を推計し之を乙種現住人口と名け，地方別観察の基本に供することと為せり，此の乙種現住人口も亦素より姑息の推計に過ぎずと雖も，之を甲種現住人口に比すれば比較的事実に近きものと推測せらる，其の加工方法下の如し．

一　出入寄留の差引上入寄留の超過は出寄留者の出寄留届を怠るに依りて出寄留に脱漏あると，入寄留者の退去届を怠るに依りて入寄留に重複あるとに基くものとす，但し出寄留届の脱漏と入寄留届の重複とが何程あるべきやは知るべからずと雖，要するに双方に誤謬ありと仮定す．

二　各府県に就て此の脱漏重複が何程あるやは之を知るべからずと雖，各府県悉く此の脱漏重複あるものと仮定す．

三　出入寄留の多きに従ひ双方向同一の程度を以て脱漏重複も亦多きを加ふるものと仮定す．

四　依て各府県の出入寄留数に脱漏重複より生ずる全国の誤謬を按分し，先づ各府県の誤謬を算出せり．

五　右算出の誤謬を某府県の甲種現住人口より控除して茲に其の府県

の乙種現住人口を算出せり．其の算式下の如し．

(某府県甲種現住人口)－{(全国入寄留－全国出寄留)／(全国入寄留＋全国出寄留)}×{(其の府県の入寄留)＋(其の府県の出寄留)}

而して右人口は推計なるを以て末位を百に留め以下四捨五入せり．

然るに人口調査を行ひたる年以外には此の推計法を施す能はざるが故に前二回の調査年に於て算出せる乙種現住人口を対比し其の間に於ける一箇年の幾何学的人口増加率を算出し，之を近き調査年の乙種現住人口に乗じ逓時各年の人口を推計す．……(後略)……(4-5頁)

最後の人口静態調査年[9]である1918年の甲種現住人口(全国)は約5809万人であったが，これに対して乙種現住人口(全国)は約5566万人であり，その差は約243万人である．また，人口増加の年率を乗じて求められた1920年末の乙種現住人口(全国)は約5686万人である．これに対し1920年国勢調査の結果判明した10月1日現在の内地の総人口は約5596万人であ

9)　本文中にも述べたとおり，統計家は戸籍にもとづく人口統計に対して不信感を強めていたが，これに油を注ぐできごとが起こった．戸籍業務の，内務省から司法省への移管である．

1898年に，法律第12号として「戸籍法」が公布された．これにより，戸籍業務は内務省から司法省へと移管された．同時に，戸籍自体は人口統計としての性格を弱めて，身分登録としての性格を強めることとなった．一例をあげるなら，従来戸籍業務の一環としてとられてきた「職分」は，この「戸籍法」による規程には含まれていない．

そこで，内閣は，明治31年内閣訓令第1号および第2号をもって，「人口統計ニ関スル材料ハ左記甲号及乙号ニ依リ統計表及統計小票ヲ以テ内閣統計局ヘ進達相成ヘシ」と，統計局独自の調査によって人口統計を編成することとした．

内閣統計課長であった花房直三郎によれば，その理由は次のようなものであった．内務省の事務は，警察，救恤，土木など，各地の人的ならびに物的資源を把握する必要があるものを中心としている．そのため，内務行政にかかる行政資料として戸籍が編成されている限り，それを人口統計に転用することも可能であった．しかし，司法省の業務としての人口把握では，身分登録が中心となり，人口の諸属性は関心事ではなくなってしまう．そのため，戸籍はもはや，そのままでは人口統計の資料としては利用できないというのである．

戸籍業務の司法省移管に伴って，具体的には，1898年12月31日を第1回として，以後5年に1回「人口静態調査」を実施すること，「人口動態調査」を毎年実施することが決定された．このうち，人口動態調査については，市町村長にたいして「出生死亡婚姻離婚死産」に関する「小票」に記入し，毎年4回報告することとされた．

こうして，1898年以降，戸籍業務と人口統計業務との2つの業務系列は，少なくとも所轄官庁のレベルでは分離した．しかし，それが戸籍簿の記載事項に依拠する点には変わりない．自己のテリトリーにこだわる官僚の認識とは異なり，調査される対象としての一般住民にとっては，この制度変革は，実質的には何らの変化も伴わないはずである．また，統計家の観点から見ると，これはセンサスも行えない状態の上にさらに課された二重のくびきと受け止められ，彼らをして国勢調査実現のための運動に駆り立てる促進要因となったのである．

る．これを 1920 年末の乙種現住人口と比較すると，90 万人ほど後者の方が多い．これは国勢調査人口の 1.6% に相当する．結果的には「素より姑息の推計に過ぎず」という彼らの謙遜にもかかわらず，かなり的を射た推計であったというべきだろう．

しかし，当時の統計学者たちは，こうした推計結果を検証する手段を持たなかった．社会科学者である彼らには，自らの推計結果を追試・検証できないことは，耐え難い欠陥と感じられたに相違ない．この感覚が，彼らの国勢調査実施への期待を，いやが上にも高める効果を持ったことは疑いない．また，当時の統計学には，後年人口学として独立した学問領域となっていく分野が，未分化のまま含まれていたと考えられる(第 5 章参照)．この学問領域では，各種人口の千分率(‰)単位の変化を問題とする．彼らの認識においては，こうした尺度での変化が，強いリアリティを獲得し，とても大切な，意味ある実体として存在しはじめるのである．この観点からは，出入寄留の不備により東京市の例のような誤差が出る「人口統計」など問題外で，存在しないのと同じに見えるだろう．彼らにとって，近代的な人口調査の実施は，こうして悲願となった．そこで，第 2 章に挙げたようないくつかの論拠をもって，統計家たちは，国勢調査実施の必要を，統計の専門家でない人々に説得することに力を注いだのである．

第4章　地方センサスの経験
——統計家によるノウハウの蓄積——

4.1　はじめに

一般に，技術と技能との関係について，次のようなことがいえる．

あるシステムが円滑に運営されるためには，そのシステムが依拠する技術体系を前提に，これを実際に動かす人的資源の側において，具体的作業に関する技能の蓄積，すなわち習熟が必要である．技能は，与えられた技術の下における諸道具の配置や身体の動きの合理性にかかるものであるから，技術体系が変われば，自ずから別なものに置き換わる．技術と技能のこの関係は，理論的に掌握できる部分と「体で」憶えなくてはならない部分との関係であり，職業訓練における，いわゆるOFF-JTとOJTとの関係に相当するものである．

国家が国民を掌握する際に統計調査という技術を用いるばあいにも，調査の設計・実査・集計にあたる人々に関して，このことが当てはまる．ある統計調査事業において，調査のおおよその方針が決定したとしよう．次に問題になるのは，具体的に，一定の人数に対して，特定の調査項目が与えられたとき，一体どれだけの手間と費用がかかるかというイメージの問題である．つまり調査の具体案の策定と，実行可能性に関する見積もりの問題である．これがなされない限り，計画を実施に持ち込むことは不可能である．そのイメージをつかむためには，机上の理論でなく，実際の経験を積む必要がある．仮に同じく1万人からなる人間集団の属性について調査するとしても，その1万人を母集団としてそこからサンプリングによって調査を行うのと，全数調査を行うのとでは，必要な経費も手間も大きく異なる．また，同じく全数調査であっても，筆書きの個票を算盤で集計するのと，パンチカードに転記してカード読みとり機で集計するのと，マークシートで記入させてコンピュータで直接読みとるのとでは，必要とする時間も，手順も，作業上要求される技能も，全く異なるのは自明であろう．

本書では，これまで，国家が国民を掌握する手段として人口調査を取り上げ，その具体的な技術のひとつとしてセンサス型の統計調査の有効性ないし必要性を，統計の専門家たち(第1章の区分に従えば，「統計家」)がいかに宣伝したか，統計の素養を特に持たない政治家や官僚(おなじく，「非統計家」)をいかに説得していったかということを見てきた．

本章と関係する限りで，論点をもう一度確認しておこう．1902年には「国勢調査に関する法律」が成立して，国勢調査を実施することが公認された．ただし提案者である内藤守三議員による趣旨説明を読むと，この時点では，調査内容はいわゆるアメリカ型で，人口調査とならんで経済調査も含むものとされていた．しかし1910年の東京統計協会評議員会議では，国勢調査のグランド・デザインをめぐって激しい応酬の後，経済調査を含まない人口調査とすることで大勢が決した(第2章)．その論拠は，当時日本の国力から見て，人口調査だけでも精一杯であり，これ以上の項目は無理だというものであった．本章で明らかにしたい問題は，このような判断が可能なだけの，調査の具体的な手順に関するイメージを統計家たちがいかにして獲得し，また，調査の実務にあたる地方官吏たちが，調査のノウハウを，いかにして身につけたかという点である．

4.2 地方センサスの経験とその総括

明治後半から大正中期にかけて，こうした意味でOJTの役割を果たしたと考えられるものに，次の3種がある．①明治30年代後半以降，いくつかの地方で実施された地方センサス，②同じころに各地で盛んに行われた農商務系の個票調査，③前田正名の提唱によってはじめられ，明治中後期には全国的な運動となった町村是調査，以上である．本章では紙幅の関係上，①の地方センサスに絞って調べることとし，他の2者については別の機会に譲ることとしたい．

さて，1902年法律第49号「国勢調査に関する法律」で予定されていた1905年の第1回目の調査は，日露戦争のため延期された．これを受け，いくつかの市や郡で地方単位のセンサスが実施されている．また，大分県では，県の統計講習会で実習としてセンサス型調査を実施している．実施された人口調査は，規模も，調査の方法も多様で，結果刊行物の内容も精粗さまざまである．ただひとつ共通して指摘できるのは，統計局が，こうした調査が計画されるたびに局員を派遣し，または調査の担当者に対して講習を行い，あるいは文書のやりとりをするなどの形で，きめ細かな指導を行うとともに，調査の実務に関する情報の収集を行っていることである．統計調査のような膨大な，しかも厳密さを要する実務を伴う事業を実施するには，相応の経験の蓄積が重要である．当時の日本では，最後の人口センサスである『甲斐国現在人別調』から，すでに四半世紀を経過していた．つまり，その経験は経常業務の中で受け継がれることなく，断絶しかかっていた．これらの地方センサスの，事後的に見た歴史的役割のひとつは，正規の国勢調査に先立って，調査に必要な経験を身につけた人間集団を再形成し，その技能を継承することにあったといえる．調査にあたって必要な技能を調査設計者および実査の担当者が修得する過程という，本章の観点からは，これはきわめて重要である．そこで本章では，取り扱う対象をこれらの地方センサスに限定し，これらに統計局がどう関わり，調査回数が重ねられるに従って，どのように調査のノウハウ(技能)が蓄積されていったか，調べてみたい．

考察の第一歩として，地方センサスがいつ，どこで行われたかについて，概観しておこう．

ここで問題にしている地方人口センサスは，今のところ各地で13回行われたことが知られている．調査項目も，方式(自計式，他計式の別)も，また調査区や調査員の決め方もさまざまである．統計局としては，このように種々の方法を試みる中で，調査の規模と実施可能な方法に関する知識を獲得していったに違いない．また，地方官僚(当時の府県は内務省直轄なので，彼らは内務官僚でもある)の間でも，他府県の経験から情報を得，自府県で調査を実施することを通じて，調査に必要な知識と感覚を身につけていった．

表 4-1　地方人口センサスの実施状況

年月日	地域	方式	調査区	調査員	対象人口	調　査　項　目
1903. 5	大分町	不明	不明	県統計講習会受講者	約 4 万人	不明(統計講習会の実習として実施)
1904. 5	別府町,浜脇町	不明	不明	県統計講習会受講者	約2万8千人(別府町)	不明(統計講習会の実習として実施)
1905. 5	大分町	不明	不明	県統計講習会受講者	約 4 万人	出征軍人家族の状況調査(県統計講習会の実習として実施)
1905. 10. 1	台湾	他計式・現在	警察管轄地？	日本人警官	約 360 万人	住家の有様・氏名，所帯主との続柄，種族性別，出生年月日，緑事上の身分，本業名，地位，副業名，地位，常用語，常用以外の語，読み書きの程度，不具の種類，原因阿片吸引食者，纏足者，出生地，原籍，国籍，渡台の年，常住地
1905 年末	鹿児島県肝属郡	不明・常住	不明	不明	約14万5千人	不明
1907. 4. 25	熊本市	自計式・常住	約50戸	商業学校生徒	約 7 万人	氏名，所帯主との続柄，男女別，出生年月日，緑事上の身分，本業および其地位，副業および其地位，市内に有する営業場の数
1908. 10. 1	東京市	他計式・現在	戸口調査区域	警察に依頼	約 160 万人	氏名，所帯における地位，生年月日，男女別，婚姻関係，縁組関係，本業，副業(第1～第4)，本籍地，出生地，一時不在者の行く先，一時現在者の常住地(注:戸口調査区域は警察実施のもの)
1908. 10. 1	神戸市	自計式・現在	衛生区	衛生区長	約 35 万人	氏名，所帯主，所帯主との続柄，生年月日，男女別，緑事上の関係，職業，出生地，一時不在者の行く先地，一時現在者の常住地
1909. 3. 1	札幌区	自計式・現在	20～50戸	区内篤志者	約 10 万人	住家の状態，氏名，所帯主との続柄，男女別，出生年月日，緑事上の身分，結婚の年，本業名とその地位，副業名とその地位，読書力，不具の種類および原因，宗教，出生地，原籍地または国籍，来札の年，一時現在者の常住地
1909. 12. 1	佐渡郡	他計式・現在	大字	教員吏員など	約 10 万人	氏名，所帯主との続柄，男女別，出生年月日，緑事上の身分，職業および職業上の身分，勤柄，出生地，読み書きの程度，一時不在者の行先地，一時現在者の常住地
1911. 11. 1	京都市	自計式・現在	不明	不明	約 60 万人	男女別，氏名，所帯主との続柄，年齢(数え年)，宗教，一時不在者の行先地，一時現在者の常住地，職業およびその地位(本業・副業)
1914. 3. 31	徳島県名東郡	他計式・現在	小字	不明	約5万5千人	氏名，所帯主との続柄，男女別，出生年月日，緑事上の身分，職業および職業上の身分，勤柄，出生地，読み書きの程度，病気，不具の種類および原因，一時不在者の行先地，一時現在者の常住地．住家票(7 項目)，家畜票(10 項目)，耕作票(12 項目)
1915. 10. 1	台湾・第二次	他計式・現在	警察管轄地？	日本人警官	約 360 万人	第一回に同じ

注）1. 対象が町レベル以上のもの．
　2. 1903 年大分町の調査は『統計集誌』266 号に結果表と共に掲載．1904 年別府町他の調査は『統計集誌』277 号に掲載．1905 年大分町調査は『統計集誌』290 号に掲載．1905 年鹿児島県肝属郡の調査は『統計集誌』293 号に掲載．

外国模倣の時期(初期)

大分県と鹿児島県の例は，『統計集誌』に簡略な報告が載っているだけなので，とりあえず措く．台湾(第一回)，熊本市，東京市などの初期の調査と，佐渡郡，名東郡など，比較的後の時期に行われた調査とでは，当事者による準備にあたって情報の収集の仕方に若干の違いがある[1]．

初期の調査で特徴的なのは，いずれも直接外国(特にドイツ・オーストリア)に調査実施の方法を学んでいることである．『甲斐国現在人別調』からすでに25年を経過し，調査の実際について知る者が少なくなっていたのだから，具体的な手順に至るまで直接の範を外国に求めることになったのは，自然ななりゆきであろう．

まず，一連の地方センサスで最初期に属する台湾では，ドイツ留学の経験を持つ民政局長後藤新平が調査の責任者になり，統計局と密接な連絡の下に調査の設計を行っている[2]．また，調査の設計がある程度進んだ段階で，特定の行政区画(桃園庁)を選んで試験調査を行い，その結果を基に最終的な方法を決定している．地方センサスとはいえ，一国家に準ずる人口規模を持つ台湾のばあい，事前の実地試験を必要としたのである[3]．

熊本市もまた，計画立案の段階では，先行する調査が存在しない条件の下にあった．この調査に関する『統計集誌』記載の報告は簡単なものなので，あまり細かなことまでは分からないが，ここでもモデルをドイツとオ

---

1)　京都市および札幌区については，詳細な情報を得ていないので判断できない．

2)　「本邦より独逸帝国統計局に見学又は視察を為したる者許多ありと雖，真に統計の事を理解して其の目的を達したりと思はるゝ者は独り後藤男爵あるのみなりとは，先年渡欧の際花房博士の同局長より聞き得たる所なりとて，後藤民政長官が如何に統計の事を解し居らるゝやを裏書するに足るべし．要するに人の長たる者は能く其の事業を知るか否らざるときは専門家に一任するの雅量あるを要す．一知半解は上下の共に苦痛とする所なり．此の一点より見るも当時の総督，長官は双璧と謂ふべし」以上，水科七三郎(1918)による．ただし句読点は引用者が適宜補った．以下の引用はすべてこれに同じ．

3)　今三十八年十月一日に至るまでに為したる準備の重なるものを列記せむに左の如し

一　一般統計の知識と国勢調査に必要なる知識を得せしめむ目的を以て東京統計講習会に講習生を派遣したること

二　同上の目的を以て更に総督府に前後二回の統計講習会を開催したること

三　同上の目的を以て更に地方庁に統計講習会を開催せしめたること

四　諸立案の適否を験し其の疑問を決せむが為桃園庁桃園街に試験調査を施行したること

五　多数警察官を調査委員に任用するの必要あるを以て警察官及司獄官練習所の教科目に臨時特に国勢調査法を加へたること(水科七三郎 1911)．

ーストリアに採らざるを得なかったことが明記されている．

人口の構成と職業の組織とを審にする必要が出来たので，其処で職業調査を執行しやうと云ふことになり，先づ調査の方法様式等の立案に掛かったが，当時他の市では未だ此の種の調査を行ふた処がなかったので，範を独逸国の職業調査に採ったのである．こゝに云ふ迄もなく該国は国勢調査の他に大仕掛な職業調査を既に二回程行って居るので，同調査に就ては最も進歩して居るからである，尚ほ職業の分類に就いては墺国の分をも参酌した．併し何分国状を異にするから直に適用し難き点も亦尠くない[4]．

つぎに東京市は，当時の世界でも有数の人口を持つ大都市における調査(当事者の言い方に従えば「都府統計」)であるという点で，これまでの２例と質的に異なっている．そのため，台湾の経験があったとはいえ，やはり直接の範を外国に採らざるを得なかったようである．大都会であるが故の特殊な問題の中でも，最も心配されたのは，今日の統計調査でも都市部を中心に増加傾向にある調査拒否である．

四十年八月丁抹国コッペンハーゲン市及九月独逸国伯林市に於て開催せらるべき万国統計協会及万国民勢会議に本市の統計顧問柳沢伯爵は政府を代表して参列せらるべきを以て，市は之を好機として特に都府統計に関する調査の方法，機関の組織其の他製表技術に関する取調の件を依嘱せられたり．

元来此の事業は本邦に於ては甚だ経験尠なく，殊に本市の如き大都会に於ては調査に際し或は調査委員に対し申告を拒み或は調査を忌避し又は調査を妨害するが如き者なきに限らず[5]．

当時，すでに学理としての統計は日本に定着していた．したがって，台湾の例で，留学中の後藤新平がドイツの統計局に行って見聞し，また東京市の例で柳沢が各国の統計担当者に会って「都府統計に関する調査の方法，機関の組織其の他製表技術」に関して調査したというとき，彼らが持ち帰ったのは，統計学の理論ではなく，統計実務に関する情報であったと考え

4) 島大四郎(1911)．
5) 関三吉郎(1911a)．

て差し支えなかろう.

ここで「製表技術」という語の中身が何を指すのかを調べておこう.『統計集誌』に「東京市々勢調査の概況」を発表した関は，これを製表準備事務および製表事務に分け，次のように整理している.

製表技術

製表技術に就ては頗る綿密なる手続きありと雖ども之を今説明するの余地がないから只其の大体の順序を示すことゝせん

第一　受附の事務及製表準備事務

内訳

一　監督長より送付の材料受付の事務

一　送致目録と材料括との突合の事務

一　調査区台帳に依り各調査区括の検査事務

一　各調査区小票括を解き一所帯毎に人別票枚数を検査するの事務

一　所帯票及人別票記入事項の大体当否の検査及人別票の種類に従ひ其数を所帯票に記入する事務

一　各区の監督区，調査区及所帯票の各番号を「スタンプ」を以て人別票に押捺せしめ及所帯票と人別票とを爰に初めて分離せしむる事務

一　本所帯と準所帯とを区別し準所帯の種類を類別整理する事務

一　調査区括を存しながら人別票を各町，丁目毎に男女の二種に撰別し其計数を所定の中集表に計上する事務

一　各町丁目毎に申告書の仮なる職業名を其侭類集し所定の中集表に記入する事務

一　人別票記入の職業名に一定の符号を附する事務

一　人別票記入の生年月日を年齢に改め記入する事務

以上が大体製表準備事務に属するもので次は第二の製表事務であるが此事務は単に製表すべき原表の題号を左に掲げ其「頁」数及関数を掲ぐるに止めたり[6].

ここからも窺われるように，「製表技術」とは，集められた個票をいかに

取り扱うか(個票審査，転記，符号の付与など)，また，どのように集計原表を作成すれば最終的な結果表にうまくまとめられるか等々，きわめて実践的な技術ないし手順に関わる事柄である．繰り返しになるが，これらのことは，いわゆるOJTによってのみ修得可能な技能に属する事柄である．いいかえれば，頭で解っていても，実際に体で覚えなければ役に立たないという性質を持つ作業である．

内務官僚間の経験交流

東京市の例でもう一点特筆しておきたいのは，当事者である市の官吏ら自身が，これを国勢調査の準備過程の一環と位置づけ，統計局との連絡はもとより，各地方長官や市区長とのあいだで積極的に経験の交流を図ろうとしていることである[7]．

市勢調査は明治十二年山梨県の人別調及三十八年台湾の戸口調査を除き，我国各府県郡市町村に於ては全く経験なき新事業に有之，且つ近き将来に於て施行せらるべき国勢調査の先駆とも云ふべき関係ありて自然参考ともなるべきに付，此際相当職員派遣の上其実況を視察せられ度き旨の意味を以て，四十一年九月中旬に於て右の案内状を各地方長官及市区長に発した，今其箇所数を示せば

北海道庁長官府県知事宛	四十七通
各市区長宛	六十三通
合　計	百十通

右の結果十月初旬に於て各地より上京したる市勢調査実況視察員を府県別にすれば左の通りである

京都	四人	茨城	一人	岩手	一人	徳島	一人
大阪	六人	愛知	二人	青森	一人	愛媛	一人
神奈川	三人	静岡	一人	福井	一人	熊本	一人
埼玉	三人	山梨	三人	富山	一人	台湾	二人
群馬	二人	滋賀	三人	鳥取	一人		
千葉	三人	長野	二人	山口	一人	**合計四十四人**	

6)　関三吉郎(1911a).
7)　関三吉郎(1911a).

各地方長官が人を派遣して学ばせた内容については，この資料には明記されていない．今の段階では推測にとどまるが，おそらく関のいう「製表技術」に属することであろう．なお，東京市と同時期の，神戸市の市勢調査においても，同様の交流の事実が記録されている[8]．

蓄積された経験の活用

以上に見てきた初期の調査と異なり，後期に属する調査では，調査実務に関する経験の交流・蓄積の結果，留学や視察等の形で外国に直接の範を求めることはなくなり，統計局の指導や，他府県の例を参考にした旨の記述が見られるようになる．

後期に属する例として，「新潟県佐渡郡勢調査」および「徳島県名東郡臨時郡勢調査」についてみることにしよう．

佐渡郡では，当時郡長であった深井康邦が，次のような回想を残している．彼は，花房直三郎(統計局長)の本を読み，統計調査の有効なことを知った．そこで前任地の千葉県香取郡で個票による養蚕および麦作の調査を実施，さらに，東京における統計講習会に参加した後，同郡でセンサスを計画した．しかし，これは転任のため果たさなかった．明治39年に佐渡郡長になった彼は，さっそく郡勢調査に着手したという．

> 前任地(千葉県香取郡: 引用者)に於ける郡勢調査の計画は，自ら其任に当るの覚悟なりしを以て，調査費用は予算を設けたるも，之を実行する主任者の養成には注意を払はざりき．之が為め，余の転任は其郡に於ける計画を中止するの不幸に遭はしめたり．現任地に在りては，之に鑑み，先づ調査の主任を任命し訓練し，若し余が転任を命ぜらるゝことあるも為に事業の進行に妨げなからんことを期せり．此に於て郡内小学校教員中より一名を抜き，其任を授け，本県知事を経て内閣統計局長に郡勢調査に関する実務の訓練を申請せり．幸に其指導の下に高橋相原両審査官及関属の懇切なる訓練を受け，期間は僅かに六十日なりしも，大体の知識を学び得て郡勢調査の主任として其任務を果さ

8) 神戸市役所(1909)．

しむることを得たり[9].

当時の日本全体を見渡したときに，深井のような地方官僚が，どの程度の厚みを持って存在していたかは，今後解明されるべき問題である．ただ，当時の内務官僚の間には「牧民官」の発想が根強い．この発想は，自己の管轄する地域の全体像を把握しておきたいという欲求と結びつきやすい．この点から考えて，深井が，花房直三郎の著書を読んで，センサスが人口把握の有効な手段であるという認識を持つに至ったという，その経過自体は，さほど特殊な事例ではないだろうと，筆者は推測している．

ここで大切なのは，以下の2点である．第1は，深井が，自分の転任による事業の中断を懸念し，主任者の養成に意を用いていることである．これは，統計調査を担当する地方官僚のあいだに，実務遂行の技能を継承し，そうした技能の担い手を継続的に養成しておく必要が自覚されたことを示す．第2は，その養成に内閣統計局が直接にあたり，3名の担当者が2か月ほどの期間で養成にあたっていることである．『甲斐国現在人別調』から四半世紀を経過し，調査のノウハウを外国に求めざるを得なかった初期の地方センサスと異なり，わずか5年ほどの間にではあるが，内閣統計局は，自前で調査の実務に関する教育を行って，充分に地方センサスが実施できる状態にまでこぎつけているのである．杉亨二らの経験とその記録もあり，センサスに関して文字通りの白紙の状態ではなかったとはいえ，統計局による，調査実務に関するノウハウの修得の急速さは注目に値する．

佐渡郡勢調査からさらに4年以上を経て実施された徳島県名東郡の郡勢調査からも，同様のことは窺われる．この調査は，これら一連の地方センサスの最後に位置する(第二次臨時台湾戸口調査を除く)もので，統計局が，郡に対してこと細かなアドバイスを行っているようすを示す資料が残されている．

この調査の対象となった名東郡は，世帯数約1万，人口約5万5千人で，1町10村からなる比較的規模の小さな郡であった．「徳島県名東郡勢調査規程」によれば，この事業は大正天皇の即位式典である「御大典」を記念

9) 深井康邦(1911).

する行事として企画された[10]．その根拠法となった郡の告示を掲げれば次のようである．

名東郡告示第五号

御即位大典の記念として，大正三年三月三十一日午前零時の現在により郡勢調査を執行す．

郡勢調査委員は，三月十五日以後に於て各受持区内の各戸に対し調査番号票を貼付し，並に其所帯，住家，家畜，耕作の現況を調査すへきに付，各戸の家長若は所帯主は調査委員の尋問に対し現況の事実を申告すへし．

大正三年三月七日

名東郡長　天野雨石[11]

調査内容は，国勢調査や他の地方センサスの多くとはことなり，人口調査にかかる「所帯票」の他に，経済調査である「住家票」「家畜票」「耕作票」を含む，いわゆる米国式であった．調査方式は他計式である．このように詳細な経済調査を含む調査は，この郡が比較的小規模であり，調査区の設定も平均20戸あまりと細かかったために可能になったものであろう．

同じ結果刊行物に，天野郡長あてに内閣統計局属，関某から出された手紙の一部分が紹介されている[12]．そこからは，以下の諸点が読みとれる．

---

10)　徳島県名東郡役所(1917)．

11)　ここに名前の見える郡長天野雨石は，調査後に広島県安芸郡長として転出し，第一回国勢調査の時もこの地位にあった．本書第8章で紹介する安芸郡戸坂村行政文書の多くは，この天野郡長の名の下に発せられたものである．

12)　関の手紙は長文であるが，当時の雰囲気をありありと伝えているので，以下に紹介しておこう．

前略　此度は貴郡に於て，我々が最も歓迎致候郡勢調査を，御大典の記念として御執行相成候趣，実に此上もなき御壮挙と存候．右に付御送付の書類一応拝見仕り，且つ一両日中に貴県統計主任なる答島氏上京来局すべき来書有之候に付，自然右の書類に付又は御執行に関する事を詳細承知せらるべきを期し相待申候為めに，御返書差出可申事延引と相成候段，御宥恕被下度候．

一，御書面に依れば，右御立案に就ては佐渡郡勢調査及兵庫県神戸市勢調査執行に関する書類等に付専ら御立案相成候趣，目下の所にて右等書類を参考とする外に玉書なき勿論の事と存候．大体御立案の点に付ては間然する処無之様被存候．

二，右調査に付，小生等の甚気掛りと相成候点は，調査の結果を表章する点に於ては大分の調査費を要すべし．此点に就ては御見込は勿論可有之候得共，為念此事を左に申上候．

(1)佐渡郡勢調査に就ては，調査に関する多数の調査員並に之に伴ふ工手間は，一切

① 名東郡では，調査の立案にあたって，佐渡郡と神戸市の例をもっぱら参考にしている．また統計局でも，これらによるのが適当であるという指導をしている．

② 調査員の選任等に関して，佐渡郡勢調査の例を引いて具体的な提案をしている．

③ 集計，印刷等に必要な予算についても，具体的な数字をあげて助言している．

④ 製表の手順等に関しては，担当者を統計局に派遣して 20〜30 日程度の「御見学又は御教習」を勧めている．

⑤ 世帯ごとの個票を，集計にあたって個人単位に切り離して個人単位の集計に利用するという郡の案に対し，特にその危険性(散逸及び破損)を指摘している．代案は，個人票に転記することである．

⑥ 世帯単位の集計に関しても，個票をそのまま集計に用いるのは，取り扱う個票が大きすぎて不便であると指摘し，専用の所帯票を作成するよう勧めている．

⑦ 他の地方センサスで例のない耕地，家畜等に関する調査については，

費用を要せず，町村内の学生有志青年会員等の手にて調査執行せる趣なり．
(2)所帯票より単名表に移し取り，又は所帯票の検査要計表との突合等に要する工手間より順次費用を必要とする事と相成候．
(3)右所帯表検査を始として，製表費及結果表印刷費等が費用を要すべきものなれども，之れを二大区分にすれば大体製表工手間と印刷費との二区別にすぎず．御地に於ては東京と異なり，製表に要する人員も比較的に安く使用せられ，高等小学校卒業者抔を用れば安く上るべく，佐渡郡勢調査の結果表位を印刷するとせば(其上に貴郡の分は持地持家調，家畜家禽耕作調ありて増加すれば勿論なりとす)尠くとも日給弐拾銭位の者を使用するとしても，此全部の調製工手間約六千人の延工手間を要すべく，然る時は印刷を為す迄の費用としては壱千弐百円計りを要する計算を為すべく，此外に結果表の印刷費として一冊弐円とすれば，五百冊分壱千円となる計算なり．依って之を合計すれば弐千弐百円となるなり．右は大体の計算なれど．
(4)次は製表．製表は佐渡郡調査の結果，即ち二十二表の形式ならばなるべく愚考仕候得共，是に伴ふて持地家調，家畜家禽調，耕作調等を此本調査事項と結付けて製表する事，又は各特殊の分のみ表章する様式は勿論御心算のあるべき事とは存候得共，其様式御出来相成候得ば一覧支度候．
(5)右製表の順序分類の計算等，又様式の製定等に付ては，御主任の方を本局へ二三十日間御上京せしめられ，其要処々々を御見学又は御教習相成候方，尤も得策と存候得共，其は経費等の関係からして決行相成難き次第なれば，製表に関する様式等並に製表の順序等御送付被下候へば，夫れ々々各専門の係に付て協議可致候間右為念申進候．
(6)次に答島氏より承り候処に依れば，所帯表蒐集之上は直ちに所定の手続を経て，

情報を提供するよう求めている．

以上のように，統計局の関は，先行する地方センサス(具体的に名のあがっているのは佐渡郡勢調査)の経験をふまえて，個票の処理，集計技術，予算面その他，きわめて具体的なアドバイスを与えている．その内容を見る限り，関は，この規模の自治体でこの内容の調査をするばあい，どの程度の手間と予算が必要かということに関して，かなりはっきりとしたイメージを持っていた．また，地方の統計担当者を育成することにも，充分な自信を持っていた．こうしたノウハウの蓄積をもって，彼らは第一回国勢調査の設計にあたることができたのである．

4.3　むすび

1879年に杉亨二らによって実施された『甲斐国現在人別調』は，わが国初の近代的人口センサスであった．杉らのもくろみ通りに運ぶならば，これ以降，人口静態と人口動態の2種類の調査が組み合わせられ，調査対象となる地域も，将来は全国に拡大した形で，近代的人口センサスが定期

然る後は所帯票各人の行を切断して帯形票として製表に着手せらるゝ趣に承知致候．右は尤も避くべき事には無之候哉と存候．第一に万一の事ある時は其材料(所帯票の事なり)を得る事能はざるものなり．第二帯形票は片切の安く製表中必ず此事あるべきを思ふ．第三製表上取扱頗る困難なり．第四取扱上頗る困難を感ずる丈，夫れ丈工手間に大影響を及ぼすべし．第五是が為め自然製費に又額を増加する畏れあり．右数項によりて帯形票は面白からざる様に被存候．右等弊害の分を単名票に移す時は遥かに利あるべく間，右御一考を相煩度．尤も答島氏の説は貴郡に於て已に確定したる訳には無之事と存候に付，旁以て切角の御注文故，小生等の考へたる点は腹蔵なく披列して御参考迄供候．

(7)単名票を御使用相成候と同時，尚又所帯単位票は所帯を単位として製表する場合にのみ使用する票にして，貴郡此度の調査大分に此票を使用する場合多かるべく存候．右は持地持家の各票より製表するもの又家畜家禽票より取る各表，又耕地に関する表等皆此票を必要より尤も取扱上甚不便なる様なれども，所帯票より単名票へ謄写後に所帯票を其侭使用せらるは不出来にあらず，出来得るべき事あれども票が大きすぎて製表者に甚だ迷惑なり．所帯は貴郡に於いても僅かに(この部分，『臨時郡勢調査』のままであるが，意味が通らない．おそらく原資料からの転記の際脱落したのであろう：引用者)壱銭五厘内外なるべきに付，所帯単位票として之れに謄写して，之れに依り製表せば，単位印刷費用却て工手間中より相償て余剰あるべきを信ず．

以上，徳島県名東郡役所(1917)所収．なお，この関某が，先に佐渡郡勢調査の実施にあたって，郡長の依頼を受けて調査主任の教育にあたった「関属」であることは，ほぼ間違いないであろう．東京市勢調査に関して『統計集誌』に報告を書いているのは「関三吉郎」で，同姓であるが，今のところ，これが同一人物であるかどうかは未確認である．

的に実施されるはずであった．しかし現実には，細谷新治(1976)が述べるとおり，官庁同士のなわばり争いや政争に巻き込まれ，その取引の道具とされたため，実際の統計編成業務は，杉らの考えとは大きく異なった方向に進むことになった．結果，甲斐国に続くべきはずの「人口所静の調」も「人口所動の調」も，ともに日の目を見ず，明治国家による人口把握は，戸籍にもとづいてなされることとなったのである．

このことの意味は，たんにわれわれが，明治期について，近代的人口センサスにもとづくデータを持ち得ないというにとどまらない．明治30年代後半に地方的な人口センサスが実施されるまでの間，実に四半世紀にわたってこの種の調査が行われなかったことは，センサス実施に必要な技術および技能を担う専門家集団が，甲斐国の調査で形成の緒についた段階で，その技能を次世代に伝えるべき実地訓練の場を失ったことを意味する．

地方センサスの実施は，こうして途絶えようとしていた技術，技能の継承を，復活させる効果をもったものと思われる．このような評価を下すにあたり，ここでは，その効果が現れる基礎となった3点に，改めて注意を促しておきたい．

第1は，初期の地方センサスに見られるように，外国の経験に直接学ぶ姿勢である．これは統計学の学理を学ぶというよりも，「製表技術」すなわち個票処理の具体的な手順，方法を学ぶところに意味があった．

第2は，地方官僚相互間の，また，中央の統計局と地方官庁との間での，活発な情報流通である．当時の地方官庁は，すでに触れたとおり，今日と違って中央官庁である内務省の直接の出先機関であった．地方官庁間には人事面でも業務面でも密接な交流が存在した．彼らは，自らの業務に関し，県は県同士，郡は郡同士といったぐあいに，他地域の同レベルの官庁との間で，横並びの意識を強くもっていたと思われる．こうした環境の下で行われた情報交換の結果，明治末から大正初期までには，統計局も，地方官庁も，人口センサスにともなう諸業務に関して，相当程度に具体的なイメージを抱けるようになっていたのである．

第3に，本章では正面から取り上げなかったが，この当時，かつて『甲斐国現在人別調』を実施した杉亨二や高橋二郎らがまだ健在であり，第1

および第2の要因が作用して調査技術，技能を人々が再修得するプロセスが始まったときに，さまざまな形で助言したことがあげられよう．その助言は，たとえば統計家の会合における懇談や，『統計集誌』などへの回想録の執筆などの形で行われた．

以上のように，明治末期から大正初期に各地で行われた地方的な人口センサスは，きたるべき国勢調査の際に，それを担う専門家集団を再形成するという歴史的役割を，結果的に担うことになった．また，同時代の統計実務家たちも，この役割を自覚していたことを付言しておきたい．

第5章　補論：異民族支配とセンサス
——臨時台湾戸口調査——

5.1　問題の所在

本書では，これまで，考察の対象を第2次世界大戦後の日本本土に相当する地理的広がりにほぼ限定して，国勢調査の実施に至る過程を調べてきた．このばあい，国家に包含される人々の民族の人口構成は，日本民族が圧倒的多数であり，アイヌ，漢，朝鮮[1]などの諸民族は少数派となる．自然，これら諸民族に固有の属性は，日本本土では「例外的」な事項とみなされることになる．このために，本土の行政資料からは，日本人とこれら諸民族との関係を窺わせる事実は，北海道のアイヌ民族に関する断片的な記述をのぞいては，ほとんど見られない．しかし第2次世界大戦前の日本は，日清戦争の結果領有することになった台湾を始めとし，朝鮮，樺太などの植民地を領有した．結果，日本人は，各地で，自らとは異なる言語，習慣，歴史を持つ異民族を支配することになっていた．これら民族を支配するにあたっても，日本国家は，その一環として統計調査をおこなった．日本人は，西洋から輸入して，自民族に応用してきた技術を，今度は異民族に対して「輸出」したのである．日本の支配下にある諸民族にも，日本人と同じ物差しがあてがわれたわけで，本書第1章で問題としたような物差しのずれの問題は，いっそう大きかったであろうと考えられる．これは，いいかえれば，異民族支配がどのような内実を伴っていたかということを示す手がかりでもある．この点からも，日本が植民地で実施した統計調査は，詳細に調べる価値がある．

この問題を本格的に明らかにするためには，当時の植民地政府が作成し

1）本書では日本語を母語とする読者の読みやすさを考えて「朝鮮」の語を用いたが，これはあくまでも，同半島の民族自身が統一的な民族・地域の呼称を決めるまでの便法であり，何ら政治的な意図を含むものではない．同様の事情は，程度を異にするとはいえ，北海道や台湾など，各地の先住諸民族について論及する際にも存在する．

た行政文書を仔細に調べる必要がある．しかし現状では，台湾，朝鮮で，旧総督府文書が，ようやく少しずつ利用可能になり始めた状態であり，さらに下のレベルの地方政庁の資料に関しては，その所在，利用可能性とも不明の状態である．したがって，この問題に関する全面的な調査・検討は，今後の課題として残さざるを得ない．この補論では，第4章で取り上げた「地方センサス」のうち台湾で実施された「臨時台湾戸口調査」の結果刊行物を取り上げ，植民地における調査の状況に関して一瞥しておきたい．

第一回臨時台湾戸口調査は，第一回国勢調査が当初予定されていた1905年に実施された．第2回目は10年後の1915年であり，さらにその5年後に行われた第一回国勢調査は，台湾では「第三回臨時台湾戸口調査」と副題がつけられている．

第1回目の臨時台湾戸口調査が実施された1905年は，日清講和条約により日本が台湾を植民地化してからわずか10年後であり，唐景崧（とうけいすう）を総統とする「台湾民主国」を始めとし，漢民族系の住民による武装蜂起が繰り返されていた時期である．一説には，植民地化後この時期に至るまでに，日本軍との戦闘で死亡した蜂起住民の数は1万人を超えるという．このころまでに，漢人は自分が清国に帰属するか日本の支配下にある台湾に帰属するかの選択を迫られた．前者を選択した者は「外国人」として扱われ，台湾からの退去を強いられることもあった．したがって，彼らは戸籍調べに関しては，そのうたい文句がなんであろうと非常に警戒心を持たざるを得ない状況にあった．台湾の先住民族[2]も，その多くが台湾中央部の山岳地帯に立てこもって，支配者に対する抵抗を続けていた[3]．また，日本人(当時の呼称は「内地人」)には日本の民法その他の法令が適用されたが，漢民族系の住民には「大清律」が適用されるなど，法制度も未統一であった．また，漢民族の中には閩南系の住民と，客家系の住民とがあり，両者は言語，習慣ともに大きく異なるうえ，長年にわたる対立抗争を繰り返してきた歴史もあった．「第一回臨時台湾戸口調査」は，こうした複雑な構造を

2）戦前の呼び方によると「高砂族」，戦後は「高山族」ないし「山地同胞」などと呼ばれる．

3）彼らは「文明に「帰順」しない野蛮人」という意味の蔑称である「生蕃」をもって呼ばれていた．これに対して，「帰順」してきた者は「熟蕃」と呼ばれた．

持つ台湾社会に対して実施されたのであった.

5.2　根拠法と調査組織

第1回目の臨時台湾戸口調査の経過を簡単に追ってみれば，次のようになる．まず，根拠法として，「明治三十八年府令第三十九号　臨時台湾戸口調査規則」「明治三十八年訓令第百三十二号　臨時台湾戸口調査事務取扱規程」および「明治三十八年訓令第百三十五号　所帯票記入心得」が公布された．これにともなって，所帯表その他の諸様式も決定されている．

その様式，特に「所帯票」を見ると，後出の第一回国勢調査の例に較べて調査項目が非常に多く，複雑なものになっている．これは明らかに，植民地という台湾の特殊事情を反映したもので，土地調査や臨時台湾旧慣調査などを実施してきた後藤新平が，これらと対をなすものとして臨時戸口調査も設計した意図を読みとることができる．

以上の法的根拠にもとづいて，臨時台湾戸口調査は実施されたわけであるが，これは「地方センサス」といっても，他の例と比較すると実施地域の規模も大きく，調査対象である住民の構成も複雑であるという意味で，全体としてはるかに大がかりなものになった．したがってその準備も，15年後の第一回国勢調査に似て，多くの手順を踏んだ周到なものとなっている．いま，その主なものを列挙するなら，表5-1のようなものである．

この簡単な年表からもうかがわれることであるが，この調査においては，実査に当たるのは日本人官吏，特に各地の警官とされていた．具体的な数値を上げると，台湾では調査組織として，調査区の上に監督区がおかれていたが，その監督委員(500名)のうち属97名，警部110名，警部補162名など．また，調査委員(4240名)ではやや官等が下がり巡査2476名，雇445名，属官303名で，以下教諭，巡査補などが多かった．

調査委員がこのような構成をとった理由は何であろうか．実はここに，領有以後間もない台湾における異民族支配の実態が顔をのぞかせている．

表 5-1　臨時台湾戸口調査実施のプロセス

年	月　日	記　　　事
1902		統計講習会(東京)に講習生および傍聴生を派遣.
1903		統計講習会(東京)に講習生を派遣. 統計講習会(台湾総督府主催)を開催. 対象は所属官衙の吏員.
1904		統計講習会(台湾総督府主催)を開催. 対象は同上ならびに陸軍省幕僚の吏員. 修了者は, 前回と合わせて 169 名. 以後各地で地方統計講習会実施. 1905 年までに参加者 540 名.
	2 月以降	警察官および司獄官練習所の科目に「国勢調査」を加える.
	3 月 22 日	児玉源太郎総督が「国勢調査に関する要件」を決定.
	6 月〜	地方官会議の諮問中に国勢調査の調査事項および実施時期に関するものを含む.
	8 月〜	桃園庁で統計講習会実施を機会に「試験調査」実施.
	11 月〜	各庁警務課長会議で, 戸口調査規程中にない調査事項(国勢調査)については予め調査して置くよう注意あり.
	12 月〜	実地調査に関する事項について協議のため, 内閣統計局に担当者を派遣.
1905	1 月〜	台北庁で戸口調査(1905 年 1 月 1 日現在の人口).
	2 月〜	内閣統計局長が渡台し, 実況を視察.
	5 月〜	各庁税務課長会議で国勢調査の要領について解説すると共に, 所帯票記入の心得につき読会を開く.
		地方官会議で調査施行に関し訓示(後藤民政長官).
		臨時戸口調査に関する諸規則講習会. 参加者は各庁より吏員各 2 名, 各医院, 税関および監獄より各 1 名.
	7 月〜	各庁警務課長会議・総務課長会議で民政長官より訓示.
	8 月〜	臨時戸口調査に関する諭告およびその漢訳を発し, 島内各所に貼付.

5. 3　調査設計者の認識

日本人官吏が調査員となった理由

調査委員がこのような構成をとったことにつき, 1905 年の警務課長・総務課長会議の席上, 臨時台湾戸口調査部主事祝辰巳は次のように述べている.

欧羅巴抔に於ては何人も広く此仕事に対して従事し, 苟も其の国に現在して居るものは，独り自国の人ばかりでなく外国人も，進んで国勢調査員となり監督委員となりて，是れに従事して取纏めると云ふ意事に成って居るのでございます[4]．

しかし，祝によれば，台湾ではヨーロッパ諸国のように，人々が進んで調査に協力するほど，日本の施政に対して参加意識を持っていない．そこで，現実には次のようなことになる．すなわち，調査の実施にあたっては，日本人官吏の手によらざるを得ない．

成るべくは同日の中に早く調べ上げて了ふ主意でありて，一時間なり二時間なり経てば経つほど間違ひを生じ易いので，其の日の中に調べ上げて了ふのを良とするのでありますが，台湾の戸口調査に於て十分なることを謂はしむれば，全島に七千人内外の調査委員監督委員を使用するに止まらず，此の四倍五倍を用ゐたいのであります．併しながら其れ丈けの人を用ゐて調査をすることは，台湾の事情が許さぬので，余儀なく官吏部内丈けに限りて従事せしむる事にして，其の調査を纏めるのを三日以内と極められたのであります．然ういふ訳でありますから，将来台湾の人が進歩して参りますならば，今日行ひます人員に限らず一般人民に広く従事せしむると云ふ事に成るのであります[5]．

統計調査の原則からいうなら，ある時点(幅を持たない)に関して調査をすべきであり，それが正確に行われるには，決められた調査時点以後，できる限り速やかに，かつ一斉に個票が回収されなくてはならない．そのためには日本人官吏だけではとうてい人員が足りないが，「台湾の人が進歩」していない現状では，台湾人からは人員が確保できないというのである．この発言の意味するところは，当時の台湾支配の一面を示すという意味で，なかなか示唆的であるから，少し詳しく取り上げよう．

総督府当局者の認識

祝発言にあった「台湾の事情が許さない」あるいは「台湾の人が進歩」するとは，当時の日本人官僚の意識では，どういうことを意味するのだろ

4)　台湾総督府(1908) 17頁．
5)　台湾総督府(1908) 17頁．

うか．この点を考える手がかりとして，臨時台湾戸口調査諸規則講習会で，臨時台湾戸口調査部副部長大島久満次が行った発言を見よう．

元来本島に於て下級行政機関としては街庄社長あり，一面に警察機関としては保正甲長と云ふものがあり，若其の保正甲長と云ふものが十分の働きを有するものでありますならば，此の度の戸口調査に於ては，実に有力にして最適当なる機関であらうと考へるのであります．併しながら，如何せむ此の街庄社長なる者並保正甲長なる者は，御承知の通，未だ之に依りて戸口調査を為すべき知識の程度に達して居りませぬ……(中略)……又調査さるる所の人民が無知なる為，戸口調査の何物たるを知らざるのみならず，却て種々の浮説流言を放ちて忌避妨害を為す事がないとも限らぬのであります[6]．

ここで「人民」といっている中には，文字通りの一般大衆と共に，律令制の末端行政組織である保甲の公吏まで含むと考えてよいだろう．ここから窺われるのは，植民地化されて間もない台湾で，日本の行政組織や統治手法に現地の末端行政組織の長が対応しきれていないか，あるいはもう少し積極的に，日本の植民地化に対して街庄社長[7]・保正甲長といった人々がサボタージュを行っている姿である．このように住民の自発的協力が得られない状況があったとすれば，臨時台湾戸口調査が，調査の基礎を警察の業務上の台帳である「戸口調査簿」においたことも理解できる．調査組織が主として日本人官吏からなることに関して，祝は，戸口調査簿の取り扱いに絡めて，つぎのように述べている．

此台湾に於きまして今の調査委員なり監督委員なりを官吏丈けに限ったと云ふのは，戸口調査簿を土台に取りたるが為にて，一般人民に此の戸口調査簿を見せると云ふ事は不都合なる故に，斯の如き組織に成った訳であります[8]．

「戸口調査簿」という資料の性格が，この発言からも推し量れよう．植民支配者が作成した，被支配民族に関する個人記録を，当の被支配民族に

---

6)　台湾総督府(1908) 24頁．

7)　淡江大学歴史系副教授林呈蓉氏のご教示によれば，街庄長は漢民族の役職であり，社長は先住民族の役職であろうとのことである．

8)　台湾総督府(1908) 18頁．

見せては治安上好ましくない．これは，当事者としては自然な発想であろう．まして，一方で武装蜂起の余韻さめやらぬ時期であれば，彼らがこのように考えるのも当然である．

また「国勢調査」ということばを使わずに「戸口調査」と呼んだ理由については，次のように指摘されている．

> 此の度の国勢調査は，戸口調査と云ふ文字を用ゐて居りますが，此の戸口調査は，調べる実際の点に於ては，所謂純然たる国勢調査であります．併し国勢調査と云ふ文字を用うるときは，左なきだに猜疑の念に深き本島人に於ては，文字の大なるが為に種々の事を附会して流言を放ち，調査の実行に阻害を来す虞ありと認めたのであります[9]．

> 殊に本島に於ては此の度始て行はるる国勢調査であって，調査する機関は十分でなく，調査を受くる人民は欧米に比して文明の程度低き人民であり，流言に惑はされ事実を隠蔽し猜疑心に富むだる（ママ）人民を相手にしてすることなれば，本島の戸口調査は余程の困難を前に控へて居る次第でございます[10]．

ここで「文明の程度低き」といわれている人々は，決して「未開人」であったわけではない．彼らの多くは，日本人にとっては長年の師である漢民族に属していたのであるから．しかし，問題は，その彼らが，日本人官吏からは「文明の程度低き」と見えた事情である．理由は，ひとつには，そのころの日本がすでに中国から西欧へと大きく「文明」の価値基準を転換させており，その物差しからアジアを測り始めていたということであろう．また，日本人がそれまで理解してきた中華文明が，基本的には文字の上だけのものであり，ちょうど明治以降西欧社会を「理念型」として，理想化して捉えたと同じことが，漢人社会についても行われていたかもしれない．「文明」とは，その社会に属する人々の生活から抽象されてくる，一種の様式の体系であり，本来は当然，日常的な身振り，仕草，言語表現，衣食住など，きわめて具体的なもののあり方と不可分の関係にあるはずである．

9）台湾総督府（1908）13頁．
10）台湾総督府（1908）19頁．

しかし，明治以降の「西欧文明」や，江戸時代までの「儒学」のように，こうした日常的なものから抽象された論理が，文字面だけで伝えられると，こうしたリアリティはおおよそ抜け落ちてしまい，残るイメージは，聖人君子ばかりが暮らすような，生活臭のない「理想社会」になってしまう．この「理想社会」が，初めて直接にふれる漢民族の生活実態と，かけ離れているのは当然である．このギャップもまた，当時の日本人官吏をして「文明の程度低き」と言わしめた原因のひとつであろう．

こうしたことの結果，日本人の少なくとも一部は，台湾住民に対して差別的な態度をとることが往々にしてあった．

> 人民が虚偽の陳述を為して事実の答を避けると云ふ事は，調査に往く人が権柄づくで，無闇に普通日本人が土人に対してするが如き挙動をして，傲慢なる態度を以て調査に臨むに於ては，大いに感情を害し，夫が為に真実を告ぐべき事柄を殊更に偽りを以てすると云ふことは間々有りがちの事である．故に成るべく調査委員として取る所の必要なる態度を以てし，徒に人民の感情を害せぬやうに致したいのであります．是れは特に監督委員調査委員の練習の折りに，諸君に御注意を願って置く一箇条であります[11]．

日本人官吏，特に警察吏が被征服民族にいかなる態度をとる傾向があったか，また，そうした日本の統治機構に対して台湾の人々がどんな対応をしていたかをうかがわせるに充分であろう．「真実を告ぐべき事柄を，殊更に偽りを以てする」という対応は，台湾住民の側からいえば，征服民族に対する，ある意味で自然な自己防衛である．しかし，それが日本人官吏の眼には「文明の程度低き」もしくは「猜疑心に富む」人々であると映ったであろうことは想像に難くない．

北海道の先住民族であるアイヌを除いては初めて，大規模な異民族集団を支配下に抱え込むことになった日本国家は，彼らをどう把握し，組織していくかという難問を突きつけられた．当事者である官僚たちは，植民地支配の経験がある外国の例にならい，支配下に入った異民族集団の実態を，

---

11) 台湾総督府(1908) 20頁．

調査により把握しようとした．また，上述のように台湾住民を「文明の程度低き」人々と見る見方からは，彼らを教化し，「文明化」するという，今日の我々から見れば傲慢な，しかし当時の彼らの観点からは誠実な，行政目的を生んだ．統計調査も，かくして，人々の「文明化」の度合いを測るという意味を与えられることになったのである．「臨時台湾戸口調査」には，実はこうした意味合いが濃厚にあるものと考えられる．そのことは，以下のような言説からもうかがうことができる．

> 即ち第一期第二期第三期と比較して，斯の如き変遷を生じたりと云ふことを知ることが出来る．元支那の民族が，日本政府の施政の下に在って，如何なる変遷を来たしたか，始て明瞭に統計上の数字に表はれて参るのであります．此の事は，日本帝国の新領土に対する施政の上に於きまして，非常なる重要の意味を有する結果を生ずる事であります．即ち支那の民族が，日本政府の下に治められる結果が，始て判然と分って往くのであります[12)]．

こうした意識を反映して，臨時台湾戸口調査の調査項目は，表4-1にもみられるように，他の地方人口センサスに比して非常に複雑なものになったのである．

5.4　異民族支配の困難

地方当局者の論議より

調査にあたって存在が予想される問題については，各庁の警務課長および総務課長会議の席上で，非常に詳細な疑問が多数提出され，それに関する会議の席上の討議ならびに臨時台湾戸口調査部からの回答の記録が『臨時台湾戸口調査諸法規問答録』として刊行されている[13)]．ここに載せられた数百の質疑応答のかなりの部分が異民族支配にともなう固有のものである．これを分類するなら，①漢人の慣習に関するもの，②「蕃」人と漢人の関係，③日本人と漢人の関係，④その他と，以上4種類に大別できそ

12)　台湾総督府(1908) 15頁.
13)　臨時台湾戸口調査部(1905).

うである．ここでは①について，簡単に紹介しておこう．

漢人の慣習については家族制度，住家をめぐる習慣，固有の職業名称などに関する質疑があるが，中でも家族制度に関するものは，調査にあたる人々の困惑ぶりを示す形となっている．漢人の家族制度は，日本人のそれに較べたとき，精緻かつ複雑な体系をなしている．調査の基本方針は，とりあえず漢民族の呼称をそのまま受け入れ，例外的に日本人の呼称の方が細かい区分をしている場合のみ，日本の呼称を記入させるというものであった．しかし，問題は，その親族呼称をどう理解するかである．漢民族のような家族システムを持たない日本人にとって，その理解は難しい．このことを示す典型的な例を以下に挙げておこう．

問　螟蛉子とは如何なるものを云ふや．

答　相続せしむべき子なきとき，聘礼銀(俗に売買と云ふ)を出して，異姓又は異宗より貰ひ受けたる嗣子を云ふ．

答　貴見の通[14]．

問　聘礼銀なくして異姓又は異宗より貰ひ受たる嗣子は，何と記入すべきや．

答　聘礼銀なく異姓又は異宗より貰ひ受けたるものは，過継子と称し居れるに付，過継子と記入せば可ならん．

答　過継子は同姓の子に限るを以て，貴見とは意味全く別なり．過継子は，過房子に比して少しく疎遠なるものなり．兄弟近親の子は過房子にして，同姓にても少し遠きものを過継子といふ．本問の如き場合は極めて稀なれども，親しき朋友等にて子を只与ふるものなしといふ可らず．其の場合，其の子が生家の姓を称ふるときは義子と称すべく(義子は多く生家に住するなり)，養父の姓を称ふるときは「聘礼銀なき螟蛉子」と記すること正当なるべし[15]．

漢民族の家族制度では，日本で「養子」と呼ぶものを，姓の異同，縁組の際の金銭の授受の有無などによって，一次名詞による区別をしている．調

14)　臨時台湾戸口調査部(1905) 50頁.
15)　臨時台湾戸口調査部(1905) 50頁.

図 5-1　台南州嘉義における一家族の実査

出所）恒次九水編(1922).

注）これは第一回国勢調査(台湾では「第三回臨時台湾戸口調査」と称した)の際の写真である．漢人の大家族を，日本人警官が調査している．

査者である日本人にとっては，これは繁雑を極めるものであり，正確に理解しようとすれば，否応なしに四苦八苦させられることになる．ひとつの問に対して答の複数あるものが見られるのは，問に対して居合わせた地方官庁からの参加者が自らの理解するところを述べ，最後に総督府側が最終的な見解を述べたものと推察される．漢人の助言者を招いていたのであろう．同じような問答は，住家の独立性や，所帯の独立性をどう評価するかということなど，漢人の日常生活に関する事項に集中して見られる．

5.5 むすび

このような準備を経て実施された調査への，人々の反応はどんなものだったろうか．実はこの点に関して，『顚末』は，極めて簡略に，一部の「蕃害」を除いては全島平静であったとしか記していない．しかし，これから10年後の1915年に実施された第2回目の臨時台湾戸口調査の『顚末』には，次に見えるようなさまざまな反応が紹介されている．

本島人が臨時戸口調査に対する観念は最も之を重要視し，殆ど国籍得喪に関係せるものの如く思惟し，俗に「大調査」と称し，万一にも本調査に漏るる事あらんか，忽ち本島民籍を失し支那人の取扱を受くるに至るべく，調査後編入願出づるも殆ど絶対的に編入を許されざるべく，従って旅行，出寄留者等も如何に官庁より現在地に於て調査を受け差支なき旨説示すと雖，決して斯る軽易の業に非らざれば，本拠地に於て受くるの万全に如かざるべしと誤信せるものと，一は官庁に於て多大の経費と労力とを費し万難を排し全島同一時に住民全部の調査を行はるるは，如何に本調査が重要なるかは推知するに難からず，従て調査に際し誤謬の答を為さんか，厳罰に処せらるるの虞あり，此の際戸口抄本の下付を受るか，或は保甲事務所の戸口簿に依り氏名年齢は勿論，必要事項を暗記し置かざるべからずとて，庁支庁に抄本下付を請求するもの平日の三倍乃至五倍に達し，保甲事務所は早朝より深更に至る迄，保甲民を以て埋むるの奇観を呈せしより直に之が誤解を除去することに努めたるも，人民は容易に安心するに至らず[16].

ワ　臨時戸口調査終了後は本島人も立派なる国民と認められ内地人と同地位に立つに至るべしとの風説ありたり(以上員林支庁管内).
カ　調査の目的が課税にありとの風説は他支庁に同じ.
ヨ　準備調査開始間際に至り，東螺堡渓洲庄附近民中，今回の調査は名を臨時戸口調査に藉り，各人に就て調査を為すは，南部地方に於ける匪徒残党の捜査を行ふものなり，或は南部匪徒蜂起地方に於けると同様，人民を一地に集め，一挙に之を討滅するものなりとの聞込みあり，果して真なりや否と巡査補に内密に問ひたるものあり……(中略)……(以上北斗支庁管内)[17].

台中庁参事呉鸞旂は十月一日実地調査当日は一家族全部礼装にて調査委員を迎へ，誠意を以て調査を受けたり．其他本島人中，各地に於て

16)　台湾総督府官房調査課(1918) 72頁.
17)　台湾総督府官房調査課(1918) 74頁.

国旗を掲揚し，家業を休み，特に水牛，犬等を縛し置き，調査委員の順路の支障を除きたるもの，若は道路を補修し構内を洒掃し茶菓を進め供応の準備を為せるもの等，一般調査委員の労苦を多大なりとし，誠心誠意礼を以て迎へたるが如き，一々之を枚挙し能はざるものあり．要するに，本島人が如何に臨時戸口調査を重視し，如何に敬意を表せしかは，右に依り推知するに難からずと信ず[18]．

ここに紹介されたように，戸籍上不利な条件をつつきだされるのではないかという不安は，日本の本土でも存在した．しかしそれが台湾籍の喪失への不安につながっているところが植民地台湾の特殊性であり，深刻さであるといえよう．「匪徒」を掃討するための調査であり，その結果によっては殺害されるかも知れぬという風説があったという記事は，当時の台湾における日本支配が，いまだ不安定であったことを物語る．また最後の引用に見られるような，調査への協力，調査員への歓待は，「本島人」の間に，こうした不安が根強く存在した上に，調査員の多くが日本人の警察吏であったという事情を考え合わせると，ある意味で当然のことといえる．支配される側は後難を恐れてていねいに応対し，心ならずも歓待することもあったろうが，その心情は支配する側にはなかなか理解されないのが通常であろう．

18)　台湾総督府官房調査課（1918）79頁．

第6章　明治期地方レベルの統計講習会
——統計データの生産者たち——

6.1　はじめに

なぜこの時期の統計教育に注目したか

本章は，明治後半を中心に，全国各道府県で行われた統計講習会に着目し，①こうした地方レベルの統計講習会で統計学者が受講生に伝えようとした内容，②受講生がそれをどの程度理解したか，③同時に地方レベルの統計講習会がこの時期，どの程度の頻度と規模(受講生の数)をもって行われていたかという，以上の3点の解明を直接の目的とする．

一般に，明治末から大正期に至る時期は，日本で近代的調査統計が確立してくる時期であるといわれる．近代的統計調査の「近代的」であるゆえんは，一般に，ひとつには調査の用語が明確に定義されていることであり，さらに，統計調査が他の行政事務(例えば徴税や徴兵など)とは独立して，それ自体として行われることだとされる．この理解は，統計調査の制度史の観点から見る限り，今なお有効である．ただ，統計データが生産される現場の実態に関する理解，ないしはそこで生産されたデータの資料批判に関わる観点からは，充分とは言えない面がある．統計調査制度がひとつの仕組みとして与えられたとき，実際にそれを運用した人々が，いかなる社会関係の中で，またそこで用いられる概念に対するいかなる理解のもとに，調査を実施したかという観点が，統計データの評価にあたっては必要だからである．

明治後半から大正期，統計数値データの確からしさを，調査の現場で下支えしたのは，農商務省関係では「統計調査委員」，国勢調査では「国勢調査員」などと呼ばれる調査員であった．彼らの社会的属性については第10章で触れるが，統計に関する彼らの素養，すなわち彼らがどの程度「近代的統計調査」や，その理論的基礎となる当時の統計学の諸概念を理解していたかに関しては，全く未解明である[1]．本章の目的は，この点の解明にある．

視角——統計教育のあり方

本章では，上記のような理由から，問題を，地域で統計調査を実際に担った人々，すなわち生産統計調査員や国勢調査員を直接監督する立場にあった市町村役場の吏員たちに対する統計教育・訓練の実態に絞る．

統計調査という事業は，統計学という理論的バックボーンをもって実践されるひとつの応用技術である．生産技術など他の技術一般と同様，その応用に際しては訓練と習熟が必要とされる．したがって，その教育にも，他の諸々の分野の技術と同様，OJT と OFF-JT の関係が存在する．この点についても触れておくことにしたい．

まず，日本の統計調査史上，大規模なセンサス型統計調査実施のための OJT の役割を担ったできごとには，管見の限り，国勢調査実施に先駆けて行われた諸調査の中で，①地方人口センサス[2]，②農商務系のセンサス型調査[3]，③町村是調査[4]の 3 種類がある．これらの調査は，調査の担い手である地域の名望家や市町村吏員に，自己の所属する地域の数量的把握という観念と共に，調査の運用に関する経験を身につけさせた．また，調査される側の人々にも，統計調査に答える訓練の役割を果たした．

調査に理論的裏付けを与える OFF-JT には，次のような手段があった．①大学や高等専門学校などの高等教育機関における統計学講座の開設，②初等・中等教育機関での統計教育，③統計調査を現場で担う人々のための実務的教育，以上である．

はじめに高等教育機関での統計学講座の開設状況について．『統計集誌』

1) 佐藤正広(1998)は，栃木県庁と各郡市の統計担当者とのやりとり(照会と回答)の分析を通じ，このことについてある程度の見通しを得た．また小牧恭子(1998)は，村の行政文書の丹念な分析を通じて，明治大正期の統計調査の在地における担い手が，江戸時代の村役人の系譜に連なる人々であった可能性を示唆している．
2) 本書第 4 章など．
3) 府県レベルや郡レベルで実施された家禽調査や麦作付調査など．
4) 町村是調査の内容と地理的・時代的分布については大橋博(1982)，佐々木豊(1986)，祖田修(1973)，佐藤正広(1999a)などを参照．

第126号の記事によれば，1893年2月当時，統計学の講座がある高等教育機関は10校で，その内訳は，帝国大学法科大学，慶應義塾大学部，東京専門学校，高等商業学校，専修学校，東京商業学校，陸軍経理学校，名古屋商業学校，横浜商業学校，学習院であった．この後も，1900年4月に陸軍大学校で講座が設置されるなど，統計学の講座を開設する高等教育機関は増加していった．これらにより，幕末から明治初期にかけて輸入学問として出発した日本の統計学も，その理論的担い手を国内で養成できるようになったのである．

初等中等教育においても，明治末年になると，統計学がトピックスのひとつとして取り上げられるようになった．1910年の『高等小学読本　巻三』の中に「統計」と題する1章が加えられたことは，その一例である．取り上げられたといっても全体で30章ほどある中の1章であり，これによって児童が統計的発想に慣れ親しんだとはとうてい考えがたい．しかし，詳しいことは理解しないまでも，社会的事象を数量化してとらえるという発想法が存在することは，少なくともこれ以後高等小学校で教育を受けた人々は，ある程度，知識として持つようになったはずである[5)]．

最後に統計調査を現場で担う人々の教育である．これは，道府県や郡市町村などの内務省系列の行政機関や，農会，学校，監獄，裁判所，鉄道など各種機関の書記，また，銀行や新聞社等各種会社の統計担当者など，現場にあって統計編成業務に携わる人々を対象に，随時行われた．そうした講習会のひとつのさきがけとなったのは，東京統計協会のメンバーが中心となって東京で開催された中央統計講習会である．この講習会は1899年7月に第1回を開催，1906年の第6回まで行われたところで，資金難から中止となった．この間の講習人員は第1回100名，2回120名，3回231名，4回188名，5回130名，6回140名で，多くは道府県レベルの統計担当者であった[6)]．この講習会をきっかけとして，明治30年代には，各

5)　当時高等小学校を出ることができたのは，地域でも比較的社会的・経済的地位の高い家庭の子弟に偏っていたから，高等小学読本で統計が取り上げられたことの意味は，在地で統計調査を実施する際に地域の人々の理解と協力を得るという観点からは，大きなものだったと考えられる．

6)　関三吉郎(1911b)．

地の道府県で地方レベルの統計講習会が盛んに開催されるようになる[7].

対象の限定

以上，一口で統計教育といっても，その範囲は広く，全容を明らかにすることは筆者の能力を超える．そこで，本章では，取り上げる対象を，府県レベルの統計講習会に限定する．理由は以下の2点である．第1に，府県レベルの講習会参加者は，郡市町村の書記等，調査を実際に運用する立場にあった人々が中心であり，統計調査を調査現場にあって支えた人々の資質を調べるという本章の目的にかなう．第2は資料の特性である．調査の最末端である郡市町村のうち，郡役所資料は今日ほとんど残っていない．また市町村レベルの行政資料は各地に分散している上，地域的な特殊性が反映されやすく，得られた結論を一般化することが難しい．これに対し，府県レベルの資料は，府県という比較的広い地域の状況を反映している上，保存状況もよい．また当時の府県が内務省の直接の出先機関であった関係上，府県と中央の間や府県同士の間で，官吏の人事交流や，業務上の交流が今日以上に密接であった．結果，ある府県の講習会を個別事例として取り上げても，かなりの程度まで全国に当てはまるものとして一般化することが可能である．

以上の理由から本稿では府県レベルの統計講習会を中心に取り上げ，その広がりと内容，受講生による理解の実態に関して調べることにする．

---

7) この点について，松田泰二郎(1948)は，次のような評価を下している．

> この統計講習会というのは明治三十二年七月統計界の有志特に東京統計協会及統計学者の人達の発起で設立されたものである．その目的はあらゆる統計の改善発達を図るため，統計の実務に従事する者に対し，統計の理論と実際とを授けるというのであったが，また一つにはこれを以て国勢調査の準備事業にしようとしたことは第一回講習会の際における阪谷会長の挨拶によって明らかである．同会は明治三十二年から三十九年にいたる間，前後六回講習会を開き，八百十七名の講習員を出している．中央統計講習会に呼応して地方でも講習会が催されたが，その都度本会から費用負担の上，講師を派遣してこれを援助した．国勢調査はその後十数年を経て実施されたので，本会が直接国勢調査事業に寄与したということはできないかも知れないが，当時の統計有志家が国勢調査の実行に関し，如何に用意周到であったかを推知することができる(171頁)．

6.2　府県レベルの統計講習会

統計講習会の概観

明治後半に行われた各種の統計講習会について見るため，東京統計協会の機関誌である『統計集誌』の「雑報」に掲載された講習会の回数と参加人員について，地域や地域のレベルによる分布を調べた(表6-1).

『統計集誌』に統計講習会の記録が現れ始める1899年から，1911年までの13年間に，統計講習会は156回記録されている．うち「中央統計講習会」や，陸軍などの中央官庁が実施したもの(表中「中央」と分類)を除く，府県レベル以下の地方統計講習会は，147件である．表6-2に参加者数をみると，この13年間に1万9000人強で，「中央」を除くと約1万8000人となる．単純平均で毎年約1400人が，地方レベルの講習会で訓練された計算となる．年次的な変化を追うと，受講生数は増加傾向にあり，1909年以降は，毎年3000人ないし4000人のレベルに達する．地域レベル別には，開催数，参加者数共に府県レベルのものが圧倒的に多い．

講師の顔ぶれをみると，最も回数の多い横山雅男をはじめ，呉文聰，相原重政，岡松径，高橋二郎，花房直三郎，水科七三郎，柳沢保恵，渡辺洪基など，日本の統計学および官庁統計の草分けともいうべき人々の名前と共に，神戸正雄，財部静治，田島錦治，広部周助，藤本充安などの帝大系の学者も名を連ねている．統計講習会は，地方行政機関の事務が比較的少い夏から秋に集中して開催される傾向があった[8]．

これらの講習会は，多くのばあい，さらに下の地域レベルである郡市などの講習会と有機的に結びつけられた．これにより，いっそう広い範囲の人々に統計教育が授けられることになったと推定される．その一例として，

---

8)　とくに横山雅男は地方統計講習会を熱心に推進した．一例として1911年7月以降の横山の行動を跡づけてみると，7月11日佐賀，同19日香川，同27日徳島，8月1日宮城，同14日三重，同21日京都，9月4日沖縄，同17日大阪，10月4日北海道，同27日愛知と，ほとんど休む間もなく全国を行脚していることがわかる．幹線鉄道網がほぼ完成に近づいていたとはいえ，今日と較べればまだ交通機関が未発達であった当時，このような過密スケジュールをこなすのは，われわれが想像する以上に大変な作業であったに相違ない．

表 6-1 統計講習会開催件数の変化(地域レベル別)

年	中央	道府県	郡市	町村	その他	合計
1899	2	1				3
1900	2	5	1			8
1901	1	2	1			4
1902	1	5				6
1903	1	8	8		1	18
1904		7	4		2	13
1905		4			2	6
1906	1	10	1		1	13
1907		6			1	7
1908	1	11	2			14
1909		15	1		1	17
1910		14	2			16
1911		25	2	1	3	31
合計	9	113	22	1	11	156

注) ①『統計集誌』記載のもの.
②「中央」には，東京統計協会主催の中央統計講習会の他，中央省庁主催のものを含む.
③「その他」は，商業会議所，農会その他の各種団体によるもの.

表 6-2 統計講習会参加者数の変化(地域レベル別)

年	中央	道府県	郡市	町村	その他	合計
1899	141	n.a.				141
1900	156	551	35			742
1901	228	87	59			374
1902	185	476				661
1903	151	1,044	60		n.a.	1,255
1904		781	80		103	964
1905		445			116	561
1906	111	1,161	246		45	1,563
1907		874			55	929
1908	95	1,465	182			1,742
1909		2,961	96		46	3,103
1910		1,963	262			2,225
1911		4,397	324	n.a.	130	4,851
合計	1,067	16,205	1,344	n.a.	495	19,111

注) ①「n.a.」は，『統計集誌』に講習会を開催した旨報告があって，参加人数の記載がないもので，その年にはその 1 件しか開催されていないばあい.
②数値が記入されている年次であっても，①と同様，参加人数の記載のない講習会が含まれるばあいがある．したがって，実際の参加者数は，ここに表示したよりもいくらか多くなるはずである.

1909年の第2回福島県統計講習会の例を挙げておこう．

福島県では県主催の2回目の講習会を，1909年に開催した．会場は，福島市公会堂，会期は8月28日から9月6日までの10日間であった．講師は，横山雅男と宮本基の他，県属の渡辺安之助を含め3名で，横山が「統計の理論方法および技術」「経済統計論」，宮本が「人口統計論」「国勢調査法」，渡辺が「人口統計小票実地取扱心得」を，それぞれ担当した．講習員として登録したのは199名で，職業別では県の官吏，郡の書記が多いが，この他，町村吏員が92名参加していた[9]．

注目したいのは，このとき県が，県の講習会に町村吏員の参加が少ない郡市は別途講習会を開くよう，各郡市に対して指導したことである．結果，県の講習会に町村吏員の参加が少ないか，もしくは皆無であった郡市のうち，安積郡，北会津郡，耶麻郡，大沼郡，西白河郡，石川郡，石城郡，双葉郡，相馬郡で，郡レベルの統計講習会が開催された．これらについて，内容の概略を一覧表の形にまとめたのが，表6-3である．

郡レベルの講習会に参加した町村吏員等の数は130名である．原資料に参加者数が明記されず，表中「不明」としたものが3郡あるので，これらを含めると，実際には200名弱程度の参加者があったものと推定される．また，当時の講習会では，正規の登録人員の他にも傍聴を認める例が多いので，そこまで含めると人数はもう少し増えよう．

ここで講師となっている人々は，石城郡を除くと，すべて県の講習会の受講者であり，そこで用いられた教科書は，県の講習会の講義筆記録と横山雅男の『統計通論』である．前者は，講師らの話をほとんど細大漏らさずに書き取った速記録である．また，後者についていえば，横山は，自分が講師として出向く先では必ず自著を教科書に指定している．前述のように地方レベルの講習会の講師として横山が最も派遣回数が多いことを考慮に入れるなら，彼の『統計通論』は，明治大正期において，地方で統計行

9)　その内訳は，信夫郡14名，伊達郡21名，安達郡10名，岩瀬郡13名，河沼郡16名，東白川郡11名，石川郡3名，石城郡3名，双葉郡1名である．この他に個人参加のものが，福島市2名，信夫郡6名，伊達郡2名，安達，安積，相馬郡各1名ある．なお，ここで明治42年統計講習会について述べる際の史料はすべて，『明治四十二年　第二回統計講習会関係書類』(福島県行政文書1663および1664)による．以下同じ．

表 6-3　福島県下各郡の統計講習会(1909年)

郡名	講　師	開催期間および日数	教科書	受講生の数	備　考
安積	岩名昇(県属),阿久津巳之吉(郡書記)	12月6〜8日(3日)	県統計講習会の筆記録および参考書	20名	町村吏員
北会津	石渡寅之進(郡書記)	11月24〜27日(4日)	県統計講習会の筆記録および『統計通論』	不明	
耶麻	山西政吉(県属),矢部久平(郡書記)	11月16〜18日(3日)	同上	25名	町村書記，助役
大沼	岩名昇(県属),白井清(郡書記)	11月6〜9日(4日)	同上	17名	町村吏員．毎日9時から16時
西白河	秋田浅吉(郡書記),増田忠(郡農会書記)	10月6〜8日(3日)	同上	不明	
石川	山西政吉(県属),若林富太郎(郡書記)	10月20〜22日(3日)	同上	16名	郡書記，町村吏員．県講習会に出席の町村はこれには不参．毎日9時から16時
石城	岩名昇(県属)	10月6〜10日(5日)	同上	33名	町村吏員．県講習会に参加の町村はこれには不参
双葉	岩名昇(県属),猪狩元近(郡書記)	1月24〜28日(5日)	同上	19名	町村吏員
相馬	猪狩雄祐，青田政巳(いずれも郡書記)	11月4〜6日(3日)	不明	不明	

出所）福島県行政文書により作成.

政に携わる人々にとり，教科書として，いわば「デファクト・スタンダード」であったと述べても過言ではあるまい[10].

1909年の福島県の例からは，県当局が統計講習を町村レベルまで広げる意図を持ったことがわかる．実際，県レベルの講習会に参加しなくとも，郡レベルの講習会まで含めれば，ほぼ県下の全町村から最低1名の吏員が,

10)　清川雪彦教授のご教示によると，横山の『統計通論』は，中国語にも翻訳され，20世紀初頭の同国において，統計学の教科書として広く用いられたという．この点については佐藤正広(1999b)も参照.

横山ら中央から派遣された統計学者たちの講義を，直接間接に受けたことがわかるのである．

6.3　統計学者が伝えたかったことと伝えられたこと

講習会テキストに見る当時の統計学

統計学者は，府県レベルの講習会で何を伝えようとしたのか，その具体的内容についても一瞥しておこう．以下に掲げるのは，明治42年の福島県統計講習会における，横山雅男による講義の章立てである．ただしこれは，講師自身の原稿ではなく，講習会に参加した郡書記の講義筆記録によるものである．

●横山雅男『統計之理論方法及技術』

第一節　統計の定義　　第二節　統計の学派　　第三節　統計の学説　第四節　統計の範囲　　第五節　統計学関係の諸学　　第六節　大数観察　　第七節　大数の法則　　第八節　観察の目的　　第九節　観察の性質　　第十節　観察の区域　　第十一節　観察の順序　　第十二節　観察の方法　　第十三節　観察の時　　第十四節　観察の場所　第十五節　観察の機関　　第十六節　気脈の疎通　　第十七節　観察の結果　　第十八節　結果の正否　　第十九節　材料の審査　　第二十節　材料の整理　　第廿一節　中央集査及地方分査　　第廿二節　製表の方法及功用　　第廿三節　統計の算法　　第廿四節　統計図　第廿五節　時及場所　　第廿六節　綜合分析及比較　　第廿七節　原因の捜索　　第廿八節　現象の斉一及法則

ここから窺われる当時の統計学の姿は，今日のそれと異なり，素朴なものである[11]．すなわち，横山が担当した統計学の一般理論では，その中心

11）　横山雅男(1915)をみると，大沼郡書記によって筆記されたこの項目立ては，『統計通論』の「第二篇　理論方法及技術」の項目を，ほとんどそのまま踏襲している．同書はこの第二篇の他，「第一篇　統計の沿革」「第三篇　統計の機関」「第四篇　人口統計」「第五篇　経済統計」「第六篇　政治統計」「第七篇　社会統計」「第八篇　道徳統計」「第九篇　教育及宗教統計」および「補遺」「附録」からなり，1冊で当時の統計理論および実務の全体が通観できる，レファレンス・ツールとしての体裁を持っている．

をなすのは大量観察と大数法則の説明であり，この観察が正確に行われるための調査方法(個票方式の採用，調査区域および時期の設定，調査担当機関，調査対象の信頼を得る方法)および集計方法(個票審査，中央集査の採用など)，さらに得られた情報の表現方法(図や表の作成法)などである．横山による大数法則の説明は，講義筆記によれば，次の例のように，ごく直観的な経験則の記述である．

> 凡そ物を観察するに当りて注意するは
> 単分子と集合体は単分子のみのものと多少異なる現象を呈することがある一掬の水は色なきも大海の水は碧く少量の大気は色なきも天を仰げば蒼々たるが如く社会及国家の事物も肉眼では見えぬが統計学ちう鏡に照らせば立派に其何物かが判る
> 物には常因と変因とがある常因とは普通の原因で変因とは変わった原因である
> 所謂常因は適法変因は不適法である
> 観察が少数なるときは変因が多く常因以上に渉ることがある故に観察を大にして変因を圧倒せなければならぬ[12)]

また主題別の講義である宮本の人口統計では，内容はほぼ今日でいう記述統計に限られる．彼が人口の変化に関する系列を気候や経済，軍事その他の諸系列と関係づけてみること(当時の用語によるなら「関係人口」)を繰り返し述べている点は，当時の統計学者たちの関心の所在を物語る．管見の限り，他府県の講習会も，その講習内容には大きな隔たりはない．

---

12) 福島の講義録を見る限り，横山の講義は，落語の「くすぐり」を使うなどして，かなり砕けた口調で話したようである．また，本文に引用した「一掬の水は色なきも云々」の喩えは，横山は地方レベルの講習会のみならず，高等教育機関の統計学講義でも使用したらしい．日本統計学会編(1983)の中で，寺尾琢磨教授は，本稿の例より四半世紀以上も後の慶應義塾における講義を評して，次のように述べている．「私自身横山先生に教わったんですが，これは全く統計の話なんていうものは出やしないんですよ．落語なんですよ．寄席なの．……(中略)……いまでも覚えているのは，大量観察のことを説明するときに，「少量の水は色なきも，大海は常に蒼々たり．少量の空気は色なきも，大空は常に青々たり．これが大数法則だ」それだけなの」(88 頁)．このネガティブな評価は，おそらく地方レベルと高等教育機関のレベルの差というより，日本の統計学者として杉亨二に続く第二世代である横山と，それより若く，その後の統計学の発展を学び取っていた人々の，世代の違いによる感覚のずれなのではないだろうか．なお，横山の略歴および慶應義塾における位置づけ等に関しては，西川俊作(1991)を参照のこと．

1902年福島県統計講習会の修了試験問題

これらの講習会で，統計学者たちは何を重要なポイントとして把握させようとしたか，また，受講生の理解の度合いは，どうであったか.

ここで利用する資料は，1902年に開催された福島県第1回統計講習会に関する行政文書[13]である．この年の講習会は，横山雅男，水科七三郎，和田千松郎の3人の講師がそれぞれ，「統計史，統計の理論・方法・機関，国勢調査法」「政治・経済および社会統計」「人口および倫理統計」を担当した．講習期間は，8月17日から9月5日までの20日間，登録した受講生は各郡書記を中心とする40名であった.

行政文書の中には，会場の確保，講師の委嘱，資料の作成，受講生の募集など通常の事務文書のほか，講習会終了時に，3人の講師が出題した修了試験の問題と，それに対して提出された受講生全員の解答用紙，さらにその答案の採点結果の一覧表が含まれる．これらの資料に，以下の2点を見ることができる．すなわち，①講師たちが自己の講義で触れたトピックスの中で，いったい何を受講生に知っておいてほしいと考えたか，②それに対する受講生の理解の実態はどうであったかという点である.

はじめに，各講師の出題した修了試験問題を掲げておこう.

(横山雅男)

第1問：本邦統計の開祖は何人にして且つ今より約何年前なりや.

第2問：統計観察の性質に不能的不許的不利的の事項あり各其例を挙げよ.

第3問：茲に甲乙両県あり甲は人口百十万二千八百五十三人小学校生徒八千五百二十三人，乙は人口百六十四万八百二十九人小学校生徒一万五百人なり．右人口に対する小学生徒の比例を得べき等式を示せ.

(水科七三郎)

第1問　社会統計：住家の種別を列挙せよ.

13）『統計講習会』(福島県行政文書1661)による.

第2問　政治統計：予算より決算に至る町村費一覧表の様式を作成せよ.

第3問　経済統計：各郡の農産を大観するには産額のみを必要とするや或は其他の事項をも必要とするや其理由を説明せよ.

(和田千松郎)

第1問：犯罪統計に於て調査すべき関係事項を挙げよ.

第2問：単立人口と関係人口との区別.

第3問：早婚の弊につき述べよ.

以上の問題をその内容によって分類すれば，次のようになろう．a．統計史(横山1)，b．統計調査の設計(横山2)，c．各種統計の観察事項(水科1，和田1)，d．データ処理(＝複数系列の関連づけ．横山3，水科3，和田2)，e．統計の表章法(水科2)，f．見いだした事実の記述(和田3)である.

これらの問題と答案で，その採点の厳密さなどから，おそらく講師が受講生に実質的に修得することを期待した内容だと思われるのは，b，c，eである．残されたdとfについて言えば，これらは，受講生たちが自分らの持ち場に帰ったときに携わる統計編成業務の結果，生み出されたデータの用途について，一応の見通しを与えておきたいという程度のように思われる．ただしこれは筆者のかなり主観的な判断である.

受講生による解答

これらの問題に受講生はどう解答しただろうか.

はじめに得点の分布について．この講習会の修了試験は，各講師がそれぞれ100点分ずつ出題したので，満点は300点ということになる．表6-4に25点刻みの得点分布をみると，0点のもの4名を別とすれば，大体175〜250点近辺に山のある分布となる．試みにこの得点と，出席点との関係を見ても，明確な関係は見いだせない．そこで，得点と年齢との関係をみると，得点のもっとも高いグループが，どちらかというと30歳代半ばより若いところに偏っていた．この年齢は，だいたい学制発布前後の生まれなので，彼らが就学したころには，明治国家の教育制度が，まがりなりにも軌道に乗った時期だと見てよい．統計に関する教育こそ，明治43年以前はなされなかったとはいえ，この世代は，アラビア数字による算術の基礎を，公教育で習っている．その効果が，ここにも現れている可能性がある．これは別途解明すべき課題である．

表 6-4　統計講習会修了試験の得点分布

得　点	受講者数	備　考
0	4	
1～ 24		
25～ 49		
50～ 74		
75～ 99	2	受講生 F
100～124	1	
125～149		
150～174	3	
175～199	5	
200～224	7	受講生 Y
225～249	6	
250～274	7	
275～	4	受講生 A

さて，表6-4の得点分布の中から，最高点を獲得したグループに属する者(A)，最頻値に属する者(Y)，得点があるうち最低のグループに属する者(F)を選び，その答案の中から特徴的なものをいくつか例示することで，出題者の意図と，受講生の理解について，少し具体的に考えていくことにしよう．

まず，「a. 統計史に関するもの」と分類した横山雅男の第1問であるが，これは，解答者に点を与える意図で出題されたようだ．たとえば受講生Fの答案には「本邦統計の開祖は杉先生にして今より四十三年前なり」とあり，満点(40点)を得ている(この人物は，横山の問題ではこれしか得点していない)．残る二人も，ほぼ同じ解答である．ただ杉の活躍した年代については「殆ど三十年前」「今を去る凡そ五十年前」と，様々な答えを出している．いずれも40点なので，横山はこの問題に関しては，杉の名前が書かれていれば点を与えたに相違ない．郡書記等として，地域社会でそれなりに地位のある受講生の体面を考え，最低でも何がしかの点を取れるよう配慮したのであろう．

これに対し，同じ横山の出題でも，「b. 統計調査の設計に関するもの」と分類した第2問や，「d. 複数系列の関連づけ」とした第3問では，ようすが違う．まず，受講生Fはこれらの問題にはまったく解答できず0点である．受講生Yは第2問が満点で第3問が0点，最高点グループの受講生Aは，どちらも満点(30点)であった．これらの問題では，受験者の理解度に差があると同時に，出題者も厳密に採点したと見られる．

では，これらの問題にはどんな解答が求められたろうか．受講生Aの答案で見ることにしよう．まず第2問である．

> 統計観察の性質に不能的性質とは人の精神即ち意思を云ひ，不許的性質とは其行為として現はると雖も之を制裁すべき法律規則等なく為に数字的観察し得ざる行為，例せば家内不和なる事実等の如し．不利的観察とは国民に就き観察するに一々其身長又は強弱握力等細密のこと迄観察するは無用のことにあらざるも到底なし能はざることに属す之を即ち不利的性質のものと云ふ．

設問内容は，調査設計にあたっていかなる項目を選択すべきかということである．「不能的観察」とは信仰の強さや政治信条等，数量化が困難な事項に関する観察であり，「不許的観察」とは家庭内の不和や財産・所得の内訳等，正確な回答をすることに対して，回答者の側に強い負のインセンティブが働く事項に関する観察である．「不利的観察」は，必要以上に詳細な質問など，調査に投下した人的ならびに物的資源に対し，得られたデータの価値が相償わない事項に関する観察である．これらのいずれも避けなければ「適法的」な観察はできないと，横山は強調する．また，これらの点が，統計調査の設計時のみならず，実査段階で，調査対象に接する際にも心得るべきポイントとされている点には，注意を促しておきたい．

次に「d. 複数系列の関連づけ」に関する横山の第3問は，今日の眼から見ると，ごく簡単な比例計算である．しかし，この問題は受講生たちにとって，想像以上に難解であったらしい．0点をとった者が第1問と第2問でそれぞれ4人および9人であるのに対し，第3問では16名と，解答者の半数近くに達している．念のため，年齢別の得点分布を見ると，明らかに30歳代前半までの年齢層に得点が偏った(表示略)．先にも示唆したが，これは，西洋式の算術を学校で習ったか否かの差かもしれない．同様の現象は，同じく複数系列の関連づけについて問うた水科七三郎の第3問および和田千松郎の第2問でも認められる．ここに，受講生AとFの答案を図示しておこう．

講師たちが受講生に，実質的な理解を期待した内容の，少なくともひとつは，さきの分類で「e. 統計の表章法に関するもの」だった．水科の第2問では，満点3名に対して，5点減点された者は21名と多数である．それなりに厳格に採点していたことが窺われる．この問題は，町村費の統計

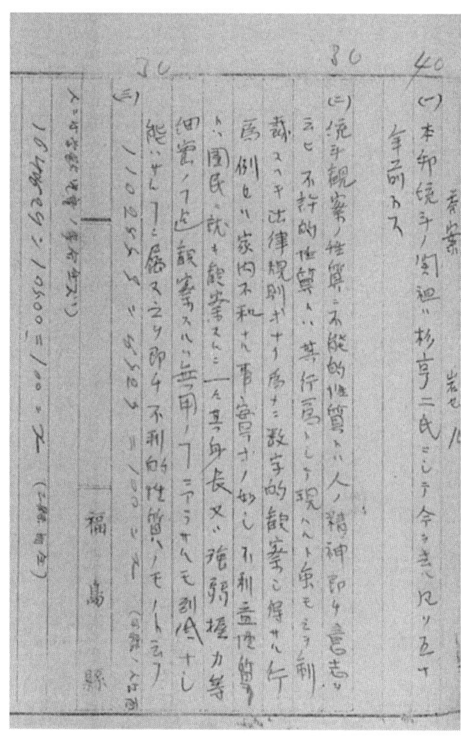
答案
(一) 本邦統計ノ開祖ハ杉亨二氏ニシテ今ヲ去ル凡ソ五十年前ナリ
福島県

図 6-1　横山雅男の出題に対する受講生 A の答案
出所）福島県行政文書 1661.

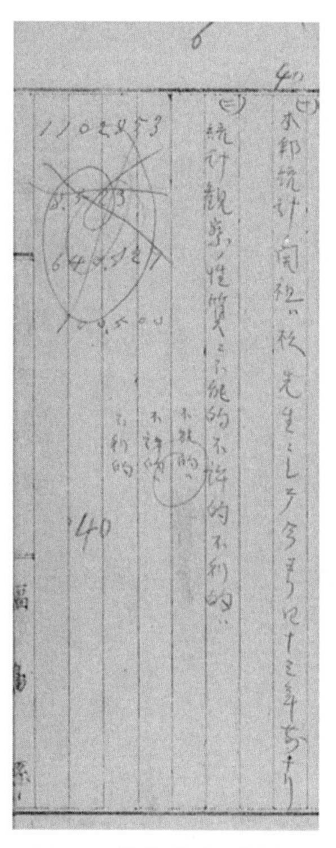

図 6-2　横山雅男の出題に対する受講生 F の答案
出所）図 6-1 に同じ.

町村費一覧表　明治何年度

費目	何々費	何々費	何々費	〃	〃	〃	〃
予算決算							
予算							
決算							
増減							

図 6-3　水科七三郎の第 2 問に対する受講生 A の解答
（ただし縦書きを横書きになおしてある）

表を作成する際，表頭，表側にたてるべき項目を問うたもので，町村で実務にあたる立場の人々に要求される基礎的知識のひとつであった．しかし，今日の眼からはさほどの難問とは見えぬこの問題も，一部の受講生には，答えに窮する難問であったらしい．この問題の得点が35点満点の半分に満たない0～15点の者が10人あるが，そのうちFの答案(5点)を見ると，とりあえず升目を書いてみたものの，文字は全く書き込まれていない．これに対し，受講生Aは，5点減点されて30点を取っている．この得点は上述の通り最頻値なので，一般的な解答と見倣しうる．おそらく，図6-3に見るように，費目に階層的な分類(款，項，目など)を立てず，並列的に配列したことが減点の理由であろう．

以上で触れなかった「c. 各種統計の観察事項に関するもの」「f. 見いだした事実の記述に関するもの」は，いずれもあまり厳密な採点をされていない．やはり受験生に得点を与えるための出題という意味合いが強いのであろう．

6.4 むすび

統計学者は講習会をどう見たか

最後に，府県レベルの統計講習会の意義づけについて触れよう．これは，2つの側面から見られる．①同時代人なかんづく統計学者による評価，②今日われわれの眼から見た評価である．

まずはじめに同時代人による評価として，横山雅男による1911年の「地方統計講習会に対する希望」と題する講演[14]を取り上げたい．

横山はまず，講習会参加者の資質について触れる．彼によると，彼らの大多数は町村吏員であるが，学力も年齢も一定しない．中には講義筆記すら困難な者もある．このように聞き手が均質でないため，講習会でも，どの水準の者に焦点をあてるべきか判断が難しい．それではなぜ統計関係吏員の資質が低いか．横山によると，理由は，地方行政機関で統計が「冷眼

---

14)　横山雅男(1911)．

視」され，年輩の判任官の，今日でいえば「窓際族」にあたる部分や，雇でも給料の安い人物を当てるケースが多いので，結果的に資質の低い者が選任される傾向があるからだという．

横山はこの認識をふまえ，きわめて具体的な11か条の提案をする．

① **教科書を拵えること**：150ページ以下の小冊子で，統計学の全体を平易に書いたもの．講習会は統計学者養成が目的ではないから，難解な帝大の講義録は不可とする．

② **講義要領を印刷すること**：教科書が編纂できない場合の次善の策．各自が講義内容を事前に書き送り，地方庁で印刷させる．全体としては簡便でよいが，表と図の作り方は「比較的詳密に」する必要がある．

③ **講義の要領を復習すること**：講義冒頭に前回の講義につき受講生に質問を発し，理解を確認することが教育上効果的である．

④ **挙例の適切なるべきこと**：参加者の教育水準や日常生活での関心の所在に配慮し，その実感からかけ離れた例を用いないこと．受講生をして講義に飽きさせないために是非必要である．

⑤ **宿題のこと**：受講生には，県庁所在地にくることを，物見遊山のように受け止める者が多い．結果，毎晩遊びまわり，翌日の講義がおろそかになる例もある．そうした受講生を寄宿舎から出ないようにするために，宿題を課すことが効果的である．

⑥ **答案講評のこと**：受講生から提出された答案の中から上中下の3種の典型を撰んで，講義のなかで講評する．「採長補短」の利益がある．

⑦ **講師姿勢のこと**：直立して，受講生の方に顔を向けて話すことを心がける．

⑧ **参考室開設のこと**：講習会に統計参考室または統計展覧室を設ける．これは，教場で各種の統計を見せて講評する時間的余裕がないためである．

⑨ **講壇の位置のこと**：講壇は少し高いところにあるのがいい．黒板の字がよく見えるように光線の関係に注意する．

⑩ **音声のこと**：後ろの席まで通る声で話すこと．

⑪ **弁舌のこと**：訥弁でよいが，語尾明瞭に話す．

以上の具体的な提案の後，横山は，地方講習会に講師として派遣された場合に，『統計集誌』もしくは『統計学雑誌』にその概要を報告すること，また，派遣先の土地では，できるだけ他の請求に応じて統計講話もすることの2点を求めて，講演を終えている．

横山は，以上のように受講生の質を現実的に把握した上で，その質にそくした内容・教授法に関して具体的なノウハウを示し，さらに従来は講師の個別の判断に任されていた内容を標準化することを提案している．教授法，教授内容双方に関するこうした制度化の提案は，1911年の時点で，地方レベルの講習会が表6-1や表6-2にも見たような広がりを見せており，当時の統計学者たちにとって，統計教育の場として無視できぬ重要性を持つに至ったことを示す．しかし，その一方で，横山の報告にもあったように，受講生の中には講義筆記もままならぬ者があったという事実には，改めて注意を促しておきたい．このように全体として決して教育水準が高いとはいえない人々が地方における統計調査の担い手であり，かつ受講生であったという事実に照らしてみるとき，横山が提案の中で，とくに「表と図の作り方」に重心を置くべきだとしたことや，福島県1902年講習会の修了試験でも，数学的素養を要する確率論や各種の演算方法などではなく，調査設計や，表章の仕方などに力点が置かれたことは，当時の統計学者たちの切実な問題意識から出たものと判断できる．

統計を利用する観点から

今日の観点から当時の地方レベルの講習会を評価するばあい，同時代人の評価と違い，暫定的なものにならざるを得ない．講習会を評価するには，これらの講習会への参加が，人々の，以後の統計調査業務にどう生かされたか，さらに，その結果，公表されたデータの質がどう影響を受けたかが解明されるべきである．同時代人であれば調査現場の観察や聞き取り等によって比較的容易に得られるその資料を，1世紀近くの時を隔てたわれわれは，文書資料の中に探さねばならない．残念ながら，それに役立つ資料は，充分には発見されていない．ために，現時点で，講習会の評価に関する議論は，どうしても推測による部分が大きくなるのである．

この留保をおいた上で，見いだした事柄の意味について述べておこう．

まず，受講生たちの数値データの処理能力は，前述の横山による評価にも見られたように，一般的にあまり高くない．また，講義要綱や修了試験などから見るかぎり，講師たちも，受講生に高度な知識を求めてはいないようである．

講師たちが受講生に求めた事柄は，基本的には次の3点程度に限られそうである．

a. 社会的事象を把握する上で，定性的な把握方法の他に，大量観察を基礎にした数値データによる定量的な把握方法，すなわち統計という方法があるという知識

b. その定量的な把握を正確に行うためには，データを採取する段階で，調査項目の選択，調査対象との接し方などの面で，「適法的」な観察が必要だという知識と，その実際の方法(調査項目の立て方，調査対象との接し方など)

c. 調査結果の表現方法．表とグラフがあり，いずれも調査結果を報告する際に必要だということ．そのための基礎的な方法(作図法，表の作成法など)

以上のような事項が，受講生に習得すべき課題として要求された．結果的に受講生がどの程度講師の要求に応えたか，全面的に明らかにすることは現段階では不可能だが，その一端は修了試験の答案を通じて窺われた．

講習会が受講生に直接及ぼした影響は，今日の眼からは，あまり大きなものとは見えないかも知れない．実際，金子治平(1998)は，1909年福井県における統計講習会の事例を取り上げ，当時の県会議員の発言を引用しながら，講習会参加者の資質が低く，内容をどこまで理解できたか疑問だと，否定的な評価を下している[15]．しかし，筆者は，アラビア数字による算術すら必ずしも一般的ではなかった当時，本章に述べたような形で講習会

15)　この講習会は，1909年11月7日から11月13日にかけて実施された．福井県としては第1回目のもので，聴講生は，市町村の書記130名を含む340名，講師は，呉文聰，河合利安他であった．なお，同県では，これに先だつ1902年に統計講話会(講師は呉文聰，田中太郎)を，また2年後の1911年には第2回統計講習会(参加者179名，講師は岡松径，河合利安他)を催している．統計講習会の開催に比較的力を注いだ県のひとつである．

が全国的に組織され，2万人にも上る人々が，自らの住む地域の状況の統計的把握のなんたるかについて，おぼろげながらでも知識を持ったことは，やはり，大きな意味があると考える.

さて，以上は，講習会の直接の成果であるが，筆者は，これらには，もうひとつ，より間接的ではあるが，非常に大きな効果が存在したと思う.

結論から述べると，それは，行政の末端で統計調査を実施する人々が，これらの講習会を通じ，標準的な参考書を得たことである．すなわち，横山雅男の『統計通論』や，講習会の講義筆記録である．特に前者は，横山が講師として全国の講習会に関係したことを考慮するなら，明治末までに，少なく見積もっても数万部以上は人々の手に渡ったものと推定できる．受講生たちは，講習会の場で理解できなかったことでも，その後，実際に統計編成業務の中で問題に直面したとき，これら参考書のどこを読めばよいかが判ったはずである．すなわち，講習会は，人々の間に，統計調査に関するレファレンス・ツールを，その使い方とセットで広める役割を果たした．また，横山の『統計通論』が広範囲に流布したということは，そのレファレンス・ツールが，この時代に事実上標準化されたことを意味する．この教科書は刊行物であるから，現在でも参照可能である．今日統計資料を利用するわれわれにとって，これらの意味は大きい.

本章の最後に，今後の課題を2点あげておきたいと思う.

第1は，こうした地方レベルの講習会が，本章で取り上げた時期以降どうなっていくかということである.

第2は，公教育における西洋式算術，統計に関する教育(『高等小学読本』などによる)の効果についてである.

以上の2点について，本書では触れることができなかった．しかし，これらの論点は，近代日本国家が，自己の言語体系の下に，その国民を組織していく過程を見る上で，きわめて示唆的な事実を含んでいると，筆者は考える.

第7章　国家意思の確定
――国勢調査評議会――

7.1　はじめに

問題の所在

本章の目的は，国勢調査実施直前における国家意思の最終的な調整過程について調べ，狭義の国家内部における合意形成に際して問題となった論点を，これまでの各章では不充分にしか扱えなかった部分を補いながら，もう一度整理することにある．

これまでに見いだした論点を，以下の3点に整理できる．

第1は，統計家と非統計家の間に存在した「国勢調査」のイメージの食い違いである．この食い違いは，国勢調査が対象とする調査項目の範囲から，実査にともなう事務量に至るまで，幅広く存在した．

第2は，調査を実施する際に取り結ばれた中央の官僚と地方官僚との関係である．地方において様々な形でセンサス型調査が実施される過程で蓄積されたノウハウを，中央の統計家たちは効率的に吸収し，さらにこれを統計講習会等の場を通じて全国の地方官僚組織に広めた．あたかも生産技術が博覧会，共進会等を媒介に普及したのと類似の手法である．両者の間には認識の食い違いも存在したが，この点については，これまでの章ではごく簡単に示唆することしかできなかった．本章で触れることにしたい．

第3は，以上の食い違いないし立場の違いが，国家意思形成の過程でどう克服され，全体としての合意が形成されたかという点である．1900年代初頭，国勢調査の基本設計に関しては，合意はなし崩しに形づくられた．すなわち，統計家たちは，“population census”を「国勢調査」と，国富に関する調査であるかのごとく訳し，帝国議会等でもそのような趣旨の説明をして大方の合意を得ておいて，国勢調査準備委員会などの実務的な会合では調査項目を人口学的なものに限定するという，「変化球」を用いたのである．しかし，それはあくまで「変化球」であり，リアリティを異にする人々のあいだで，充分な理解が得られた上での合意ではない．人間集団相互間の認識の相違は「合意」形成後も潜在したのである．

以上のような点をひとわたり鳥瞰し，まとめをする上で，1918年に設置された「国勢調査評議会」の議事速記録は，格好の素材を提供してくれる．この評議会には，統計家の他，各省庁の次官クラスの人々，地方官の経験者，経済人などが参加しており，まさに当時の「狭義の国家」の縮図をなしていた．また，後にも詳しく触れるとおり，評議会では申告書(調査個票)の設計や調査規程の制定，宣伝の方法など，調査実施に必要なことは基本的にすべて論じられている．その中で，統計家と非統計家，中央と地方などの立場の違いからくる見方の相違が，繰り返し観察される．以上のことを踏まえ，本章では国勢調査評議会の議事速記録を中心に，主要な論点にしたがって観察することにしたい．

評議会の構成

国勢調査評議会は，1918年勅令第136号によって総理大臣の諮問機関として設置された．会長は当初内務大臣が，また1920年7月からは新設された国勢院の総裁が務めた．評議員は「関係各庁高等官及学識経験アル者」の中から内閣が指名した．

評議員の顔ぶれは，表7-1の通りである．備考欄に，判明した限りで経歴や素養について記しておいた．ここには床次竹二郎，幣原喜重郎，宇垣一成などの官僚ないし政治家[1)]や，柳沢保恵，花房直三郎，高野岩三郎などの統計家等の顔ぶれがならぶ．評議員の大方は統計の専門家ではなく，各官庁の行政上の利害を代表する立場で参加した者である．また，矢野恒太のように，経済界を代表する者もある．いずれも国家の意思決定に影響力を持つ人物ばかりである．統計家と非統計家との関係を見るには理想的ともいえる構成であろう．一方，ここには地方官はそれ自体の資格では参

---

1) 彼らの多くはそのポジションに応じて，エクス・オフィシオで出席していたものである．また，一見して理解されるように，ここには，当時すでに長老とでも言うべき立場になっていた人とならんで，後の時期に中央政界ないし官界で重きをなす人物が若手として参加しているのも目立つ．

加していないが，島田俊雄評議員のようにかつて地方官庁にいた人物や，内藤守三のように地方選出の代議士なども入っているので，中央と地方との関係についても，彼らの議論を通じて，ある程度立ち入った観察が可能である．

諮問事項と評議の日程

国勢調査評議会の審議内容は，総理大臣による諮問の形をとり，全部で9号まであった．内容は以下の引用にも見えるとおり，国勢調査の実査および集計の基本方針にかかる事柄全般にわたっている．

本会に対する諮問案は前後九件にして，皆第一回国勢調査に関する基本的重要事たり，其の件名を挙ぐれば左の如し．

諮問案第一号　国勢調査施行令(勅令案)

諮問案第二号　第一回国勢調査施行に要する費用負担に関する件(勅令案)

右大正七年七月四日諮問

同年九月十七日答申

諮問案第三号　国勢調査施行細則(閣令案)

諮問案第四号　国勢調査地方事務取扱規程(内閣訓令案)

諮問案第五号　国勢調査員心得(内閣訓令案)

右大正七年十二月二十七日諮問

同八年五月二十一日答申

諮問案第六号　国勢調査申告書用紙様式(内閣告示案)

右大正八年十二月十日諮問

同年同月十八日答申

諮問案第七号　各世帯に配布すべき国勢調査宣伝書

右大正九年七月十二日諮問

同年八月一日答申

諮問案第八号　国勢調査の結果表章に用うべき職業分類(内閣訓令案)

右大正九年七月十二日諮問

表 7-1　国勢調査評議会の構成

役　職	氏　名	着　任	離　任	備　　考
会　長	水野錬太郎	1918. 5.18	1918. 9.29	**内務大臣**．のち産業報国運動の推進者
会　長	床次竹二郎	1918. 9.29	1920. 7.10	**内務大臣**．のち鉄道相，逓信相
会　長	小川平吉	1920. 7.10		**国勢院総裁**．政友会の代議士で，のち法相，鉄道相．東亜同文書院創立者の一人
副会長	有松英義	1918. 5.18	1918.10.12	**内閣法制局長官**
副会長	横田千之助	1918.10.12		**内閣法制局長官**．のち法相
評議員	幣原喜重郎	1918. 5.18	1919.10. 2	**外務次官**．外相を経て，のち首相
評議員	埴原正直	1919.10. 2		**外務次官**
評議員	小橋一太	1918. 5.18		**内務次官**．のち文相，東京市長
評議員	市来乙彦	1918. 5.18	1918.10.12	**大蔵次官**，のち蔵相，日銀総裁
評議員	神野勝之助	1918.10.12		**大蔵次官**
評議員	山田隆一	1918. 5.18	1918.10.12	**陸軍次官**
評議員	山梨半造	1918.10.12		**陸軍次官**．のち陸相，朝鮮総督
評議員	菊地慎之助	1918. 5.18	1919. 2.21	**陸軍参謀本部**
評議員	宇垣一成	1919. 2.21	1919. 5.12	**陸軍参謀本部**．のち陸相，朝鮮総督など
評議員	中島正武	1919. 5.12	1919. 8.30	**陸軍参謀本部**．陸軍有数のロシア通
評議員	武藤信義	1919. 8.30		**陸軍参謀本部**．のち関東軍司令官
評議員	栃内曾次郎	1918. 5.18	1920. 9. 1	**海軍次官**
評議員	井出謙治	1920. 9. 1		**海軍次官**
評議員	谷口尚真	1918. 5.18		**海軍省人事局長**
評議員	鈴木喜三郎	1918. 5.18		**司法次官**．のち法相，内相
評議員	田所美治	1918. 5.18	1918.10.12	**文部次官**
評議員	南　　弘	1918.10.12		もと内閣書記官長，福岡県知事．**文部次官**．貴族院議員(勅選)．のち台湾総督，逓相
評議員	上山満之進	1918. 5.18	1918.10.12	**農商務次官**．のち台湾総督
評議員	犬塚勝太郎	1918.10.12	1920. 7. 1	**農商務次官**，貴族院議員
評議員	田中隆三	1920. 7. 1		衆議院議員(秋田市)，**農商務次官**．のち文相，衆院議長
評議員	内田嘉吉	1918. 5.18	1918.10.12	**逓信次官**．のち台湾総督
評議員	中西清一	1918.10.12	1919. 4.23	**逓信次官**
評議員	秦　豊助	1919. 4.23		**逓信次官**
評議員	石渡敏一	1918. 5.18		**貴族院議員**(勅選)．もと司法次官，内閣書記官長等．旧幕臣
評議員	馬屋原　彰	1918. 5.18	1919.1.8死	司法官僚，**貴族院議員**(勅選)

評議員	仁尾惟茂	1918. 5.18		**貴族院議員**(勅選)
評議員	石黒忠悳	1918. 5.18		**貴族院議員**．**陸軍軍医総監**．日本赤十字社長
評議員	柳沢保恵	1918. 5.18		**柳沢統計研究所総裁**．**貴族院議員**．旧大和郡山藩主
評議員	酒井忠亮	1918. 5.18		**貴族院議員**．横浜正金銀行等の役員．旧越前敦賀藩主
評議員	西久保弘道	1919. 1.17		もと福島県知事，北海道長官，警視総監．**貴族院議員**．のち東京市長
評議員	根本　正	1918. 5.18		**衆議院議員**(茨城)．水戸瓦斯株式会社監査役．米国で大学卒．禁酒運動家，尋常小学校授業料撤廃を主張するなど，リベラリスト
評議員	粕谷義三	1918. 5.18		**衆議院議員**(埼玉)，のち議長．自由新聞主筆．ミシガン大卒
評議員	津田毅一	1918. 5.18		**衆議院議員**(千葉)，司法官僚
評議員	藤井善助	1918. 5.18		**衆議院議員**(京都)．京都織物株式会社ほか京都周辺 15 社の役員
評議員	内藤守三	1918. 5.18		**衆議院議員**(広島)．「国勢調査ニ関スル法律」提案者
評議員	島田俊雄	1918. 5.18		元東京市役所．**衆議院議員**(島根)．のち農相．戦後衆院議長
評議員	秋田　清	1918. 5.18		**衆議院議員**(徳島)．のち厚相，拓相など
評議員	山田珠一	1918. 5.18		**衆議院議員**(熊本)．熊本市長
評議員	添田寿一	1918. 5.18		もと大蔵官僚，もと鉄道院総裁．**中外商業新報社長**，**東京商業会議所議員**
評議員	矢野恒太	1918. 5.18		実業家．**第一生命社長**
評議員	金井　延	1918. 5.18		**東京帝国大学法科大学教授**，社会政策学者
評議員	高野岩三郎	1918. 5.18	1919.10.28	**東京帝国大学法科大学教授**，**内閣統計局顧問**
評議員	児玉秀雄	1919.12. 8		**臨時国勢調査局長官**．植民地行政官僚．児玉源太郎(陸軍大将，台湾総督)の息子，のち内相
評議員	花房直三郎	1918. 5.18		もと統計局長．**内閣統計局顧問**，**臨時国勢調査局参与**
臨　時	高橋光威	1920. 8. 9		**衆議院議員**(新潟)，**内閣書記官長**
臨　時	池田敬八	1919. 4.23		**大蔵省印刷局長**
幹　事	別府総太郎	1918. 5.18		**内閣書記官**(**兼国勢院書記官**)，のち栃木県知事
幹　事	鷲尾弘準	1918. 5.18		**臨時国勢調査局事務官**．のち東京市助役など
書　記	浮洲福雄	1918. 5.18		
書　記	竹田宇佐吉	1918. 5.18		
書　記	浜田富吉	1918. 5.18		
書　記	角倉祐二	1918. 5.18		

出所)『国勢調査評議会』(書誌事項不明) 402 頁．

注) 備考欄には，判明する限りで評議員着任時の官職(太字)を中心に記載した．
離任の日付がない者は，評議会解散時まで在任したものと考えられる．

同年十二月十五日答申

諮問案第九号　地方に於て申告書副本の作成並人口世帯数の公表に関する件

右大正九年九月二十六日諮問

同年九月三十日答申

本会は右の案件審議の為，総会を開くこと七回，特別委員会を開くこと十八回に及び，評議員は皆熱心に審議を尽くし特別委員の如きは，最も勤勉精励周到綿密に議案を研究討議し，此の如くにして各案期を移さずに答申せり，而して答申は殆ど全部採用実施せられ，各能く第一回国勢調査時行の基準たる作用を発揮せり[2)].

資料の中にある諮問の日付は，評議会が第1読会を行った日であり，答申は，たいてい，特別委員会を経て1〜2回後の評議会で決定されている．

諮問のうち，第1号から第7号までは調査実施にあたって，主として事前に処理すべき事務手続きに関することであり，第8号は調査終了後，調査結果を処理するのに必要な分類表に関することである．以上が調査実施にあたって当初から予定された案件であったのに対し，第9号は，調査実施の直前になって出された，緊急性の高い案件である．後に詳しく触れるが，記入済みの申告書を地方公共団体が独自に統計作成に使用することの是非を問うもので，国勢調査の基本的性格に関わる問題であった．評議会の開催は1918年7月から1920年12月までの間に7回におよび，この間，特に専門的な審議を要する案件については柳沢保恵を委員長とする特別委員会を18回開催して，その審議に当たっている．

以上が国勢調査評議会の概略である．本章では，次の5点について，論点を整理し，その紹介をすることにしたい．すなわち，①国勢調査の基本方針，②申告書の設計，③申告書の複製をめぐる問題，④国勢調査の宣伝，⑤その他の論点，以上である．

2)『国勢調査評議会』2-3頁.

7.2　国勢調査の基本方針

この評議会では，総理大臣の諮問にもとづき，主に国勢調査の具体的な方法に関する議論がなされたのであるが，それと同時に，国勢調査の基本的な調査方針に関する意見も折りに触れて出されている．その主なものをあげると，調査項目を人口学的なものに限ることの是非，現在人口主義を採ることの是非，自計式の是非，戸籍簿利用の是非などである．

調査項目増加の要求

調査項目を人口学的なものに限ることについては，第 2 章で紹介したように，明治末の段階で専門家の間では議論が決着し，国勢調査評議会のいわば前身に当たる組織「国勢調査準備委員会」でも，この方針が了承されていた．評議会への諮問案第 1 号「国勢調査施行令」(勅令案) にもこの方針が踏襲された．すなわち，第 2 条により，調査項目は，氏名，世帯における地位，男女の別，出生の年月日，縁事上の身分，職業および職業上の地位，出生地，民籍別または国籍別の 8 項目とされた．

しかし，この方針は，それを決定した当事者でない人々からは，必ずしも充分に理解されていたわけではない．たとえば，1918 年 7 月 10 日に開かれた第 1 回目の評議会における討論の劈頭に，添田寿一評議員は，「第二条に掲げてあります八つの事項よりもう少しく私は拡がった調査が願はれますまいかと云ふ御尋であります」と前置きをして，提案された 8 項目の外に，「宗教」「教育」「刑罰」「疾病」「収入並財産」の 5 項目を追加するよう要求している[3]．

これに対して児玉秀雄臨時国勢調査局長官は，外国の例をあげながら，日本の事情はこれらと異なるとして，次のように反論している．すなわち「宗教」については「普魯西に於ける宗教の問題と此日本に於ける宗教の問題とは其趣が大に異なって居る」，「教育」については「是等の国柄(プ

3)『国勢調査評議会』24-25 頁．

ロイセンおよびオーストリア：引用者）に於きましては国語の種類が多うございますので，是等の事柄に付きまして調査をする必要を感じたものと承知」しているが，日本では事情が違う，「疾病」については各国の調査の経験上「其調査の結果は余り参考にならぬ」，「収入」に関しては各国に例がないとした上で「此収入の調査を致しますると兎角確実なる調査を得ることが困難でございまするので，或は他の重要なる事項にまでも曖昧なる答申をすると云ふやうな虞れ」があるため，調査項目から割愛したと答弁している[4]．「刑罰」について，児玉は答えていない．

教育に関する調査を「国語」の問題にしたのは回答になっているか．また，収入に関する調査が各国に例がないという認識は正しいかなど，この答弁にはいくつかの疑問が残るが，全体としては，初めての調査なので最低限の項目について確実に調べたいという趣旨である．これに対し，文部次官の田所美治評議員が，盲唖者の調査を要望する旨を文部省から統計局に提出しておいたと述べ，添田支持を表明した[5]．児玉長官の答弁は，文部省からは書面で正式の申し出を受けていないという，いたって形式主義的なものにとどまった．

この討論は「国勢調査施行令」をめぐって第1回評議会で行われたものだが，詳細は特別委員会を設けてそれに付議しようという動議が出され，第2回評議会にもちこされた．2か月ほど後の1918年9月16日，第2回評議会で，その討議内容に関して柳沢保恵委員長が報告を行っている．それによると，席上「宗教」「教育」「刑罰」「兵役」「収入及び財産」について調査を希望する発言があったが，結果的には却けられたという．理由は次の通りである．まず，「不具」（添田評議員の発言では「疾病」：引用者）は，医学上定義が困難であり，諸外国でも調査に加えない方向にある．当然予算も余計にかかる．「刑罰」「収入及び財産」は，「余りに人の内部に立入って居る尋問事項であって」調査しても良好な結果が得られない．「兵役」は陸海軍が有する情報で充分である，以上．「教育」「宗教」に関しては，明示的に述べられていない[6]．こうして評議会では，調査事項に関する方

4）『国勢調査評議会』26-27頁．
5）『国勢調査評議会』37頁．

針は最終的に人口学的なものに限るということで決着を見た．しかし，第2回以降の調査で調査項目を増やしてほしいという希望は根強く，内藤守三評議員がその趣旨を盛り込んだ建議案を提出したところ，大方の賛成を得て採択された[7]．内藤は議員立法として「国勢調査に関する法律」を議会に提案した際，調査内容について，人口調査にとどまらず，種々の経済調査を含むものとして説明した．明治期におけるそうした説明の必然性については，第2章で見たとおりである．評議会提出の「建議案」で「第二回以後の国勢調査に在りては単に今回定めたる調査の範囲に止めず更に進んで国家諸般の重要事項を調査し以て永久定例の大業の根基を定めたる国勢調査法の目的を貫徹せむことを期すべし」と述べることは，内藤にすれば，ごく当然のことだったし，1918年の時点でもなお，一般論としては大方の賛同を得ることができた．「国勢調査」に関するイメージのズレは，それほど根の深いものだったのである．

現在人口の定義

「現在人口主義」については，現在人口という概念に関する質問の他，現在人口主義では時に不都合が生じないかという疑念が表明された．さらに，今日の目からみて現在人口主義の方針の根幹に関わると考えられる論点として，調査日前後における催し物の規制に関する論議もある．

---

6)『国勢調査評議会』86-88頁．

7) 建議案の内容は次のようなものである．

国勢調査の範囲に関する建議案　　　　内藤評議員提出

国勢調査は国家の形勢社会の状態を審にし世相変遷の実況を究むるを目的とし国家経営上緊要欠くべからざる一大事業たり随て調査事項の完璧を要するや言を俟たざる所なるも我帝国に於ては事創始に属するを以て第一回国勢調査の施行に当りては一に調査の簡明を主とし結果の確実を期するの必要あると共に適曠古の戦乱に会し国用多端に際するを以て経費を節約する為調査事項を制限する亦已むを得ざる所たり然れども国勢調査の範囲は永久に此の如く狭隘なるものを以て満足すべきに非ず宜しく第二回以後の国勢調査に在りては単に今回定めたる調査の範囲に止めず更に進んで国家諸般の重要事項を調査し以て永久定例の大業の根基を定めたる国勢調査法の目的を貫徹せむことを期すべし此の事たるや先に第十六回帝国議会に於て国勢調査法律案の審議に際し同法提出者より其の調査の程度範囲に関し説明せる所に徴するも適当なりと思惟す又之を欧米先進国の事例に照すも又其の然るべきを信ず

右及建議候也(『国勢調査評議会』149-150頁)．

ただし，実際に採択されたのは建議よりも効力の弱い，評議会の「希望の開申」としてであった．

まず，現在人口主義という概念そのものに関する質問は，第1回会議で「施行令」が議題となった席上，鈴木喜三郎評議員によってなされた．その内容を見ると，当時最高の知識階層でも，統計の専門家でなければ，国勢調査の用語法を理解するのに困難がともなったことが窺われる．質問の要点は，「現在」の意味(道路にいる者，住居のない者の取扱い)，「世帯」「住居」「住所」の意味，「帝国版図」の意味(関東州は入らないのか)などである．その発言の一部を紹介しておく．

●九番鈴木評議員　一寸一つ御尋申したいのでありますが，第一条に午前零時の現在に依り之を行ふ，第二条に帝国版図内に現在する者に付て云々，第三条に依りますると各世帯に就き之を執行す，世帯と称するは住居及家計を共にする者を謂ふと云ふことになって居るのでありますが，此一条二条の現在に依り調査すると云ふこと，此現在と云ふことはどう云ふ意味でございませうか……(中略)……一条二条だけで申しますると午前零時に現在其身を起きし状態に於て調査する如く見えまするし，第三条を併せて読みますると住居を構へて居る其人を調査する，斯ふ云ふことに読めるのでございます……(中略)……所謂浮浪の人，例へば浅草の観音堂に住って居る人間であるとか或は埼玉県に一時ありました所の穴を掘って山に住んで居る輩は家屋なる建造物に住んで居るのでない，斯ふ云ふのは所謂住居を有せざる者と致しまして調査を要せざると云ふ御趣意でありませうか……(後略)……[8]．

この疑問は，調査の単位としての世帯の定義と，調査実施の時間的および空間的範囲に関する定義とを混同した結果生じたものである．これに対しては牛塚虎太郎臨時国勢調査局次長[9]から，世帯(民法にいう住所・住居とは概念を異にする)を単位として調査時点の状態を調べること，穴居者(無戸籍の者：引用者)であろうと，そこに住んでいる以上は調査すること，帝国版図内にない者は調査から漏れること，関東州は版図内には入らないことなどが回答された[10]．

---

8)　『国勢調査評議会』33-34頁．

9)　内務官僚で，のちに内閣統計局長．また1930年代に東京市長．

10)　『国勢調査評議会』34-36頁．

鈴木は法曹界出身で，当時は司法次官であった．このように，当時の日本で最も高度な教育を受けた人物にあっても，国勢調査の基本的な用語に関して混乱が生じているのである．西欧的な概念や，その漢訳語に親しみの薄い一般の人々が，調査用語をどの程度正確に理解し得たか，私たちも，まずは疑ってかかる必要があろう．この点に関しては「申告書の設計」をめぐる論点を紹介する際にも触れる．

現在人口と常住人口

本書ではこれまで，地方と中央の立場の相違から来る国勢調査に関する見方の食い違いに関しては，明示的な形で触れてこなかった．理由は，利用した資料が，主として各官庁内部の行政事務にともなって発生する文書類であったためである．こうした資料は，文書管理規程によって管理される．このため，保存年限などの関係上，意思形成過程に存在した意見の相違が反映した資料は，早い時期に消し去られてしまうのが通例である．さらに，当時の道府県は，内務省の出先機関であり，その管理下にあったため，よほどのことがない限り，中央との見解の相違が表面に出ることはない．これに対し，国勢調査評議会では，参加者が，こうした力関係からある程度離れて議論している．また，地方官庁に在任経験のある評議員が，その経験を基に発言する場面もあるので，論点によっては，中央と地方の見方の相違が，はっきりと表面にあらわれる．「現在人口と常住人口」をめぐる論点も，そうしたもののひとつである．

さて，現在人口主義に対しては，同時に常住人口を調べる必要がある，もしくは調査自体を常住人口主義で行う必要があるという主張が根強かった．柳沢の報告によれば，常住人口による調査の要望は，特別委員会の席上でも出された．柳沢は，東京市その他の地方センサスの経験から，両種人口の差が小さいことを理由に，この案は不採用とした旨，報告した[11]．

これに対して島田俊雄評議員は，柳沢と同じ東京市勢調査の結果を論拠にしながら，これに真っ向から反対する意見を述べた．ちなみに，柳沢は

11）『国勢調査評議会』83–85頁．

東京市勢調査の際の顧問であり，島田は臨時市勢調査局長心得であった．共に東京市勢調査の設計・実施に当たった中心人物が，その評価をめぐって意見を異にすることになったわけである．

> ●十九番島田評議員　……(中略)……常住人口と現在人口を同時に見ることの其必要は，只今矢野君が北海道の例を以て御話になりました通り (後出: 引用者)，即ち人口の組織内容に付て差がある……(中略)……(東京市の現住人口と常住人口は: 引用者)其違った数に於て僅かしか違はないが，内容に於て非常に違って居ることは東京市の人口調査の結果を仔細に御調査になるならば直ちに分ることであります……(後略)……[12]．

柳沢の主張が，東京市全体の総計で常住人口と現在人口の差が小さいということを論拠としているのに対して，島田は，表面上そうであっても，その内実は大きく異なっていると主張したのである．この反対意見に対しても，柳沢は，東京市勢調査で両種の人口の差はたかだか 4000 人程度であり，これが大勢に影響するほどの大きさであるとは考え難いと，同じ趣旨のことを繰り返し述べている．

両者の認識の食い違いが何にもとづくのかを明瞭にするために，島田評議員の示唆にしたがい，私たちも東京市勢調査の結果表を繙いてみよう．

『明治四十一年　東京市市勢調査概数表』は，調査の翌年刊行された一種の速報であるが，この中に各区，町丁別に所帯の種類別数と現在人口，常住人口，一時現在者，一時不在者の数が対照されている．まず，市全体に関する総数でみると，現在人口 162 万 6103 人，常住人口 162 万 2856 人で，柳沢の主張通り，その差はわずか 3247 人である．これは現在人口のわずか 0.2% 強にすぎない．これを当時の 15 区別にみても，両者の差が現在人口の 1% を超える区は存在しない．この数値を見る限り，柳沢の主張はあたっている．

---

12) 『国勢調査評議会』125–127 頁．なお，この発言の中で島田が，「此数が東京市に於て偶々其時に千何百人違ったと云ふことは寧ろ不思議でもあり出て居るものと入って居るものと同じであるべき筈である」と述べ，東京市でも出入りの人口が同じであるはずだと言っているのは，何かの誤解もしくは言葉の綾であろう．実際には，東京市のような大都市において，両者の差は最も大きくなるはずである．

しかし，町丁のレベルまで下ってみると，様相はかなり異なる．大規模な「準所帯」(市勢調査の定義によれば，旅人宿，下宿屋，木賃宿，合宿所，寄宿舎，病院など)の所在する地域で，常住・現在人口の間に大きな差がみられるのである．たとえば，四谷区四谷永住町は，現在人口2682人に対して常住人口が2087人で，両者の差は現在人口の22%である．これは町内に29軒ある木賃宿・寄宿舎および旅人宿に609人もの人数が「一時現在者」として滞在するためである．この「一時現在者」の男女別内訳は，男が544名で，89%に達する．この事実は，この一帯が当時の東京市の「場末」で，行商人や日雇い労働者の止宿する地域だったことを物語る．つぎに，本郷区本郷本富士町では現在人口1331人に対して常住人口624人と，両者の差は現在人口の53%におよぶが，これは町内に帝大病院があったためと思われる．この地区の「一時現在者」711人のうち65%に当たる461人が女性であることも，このことを物語る．各々の小地域について，このような属性が明らかにされることは，東京市レベルでさまざまな政策を立案・実行する上で極めて有効であったと推測される．救貧政策などは，その典型的なものであろう．

以上のように見てくると，柳沢と島田の意見の違いは，中央にあって統計行政に携わる者と，元地方官僚との立場の相違に由来するものと考えてよさそうである．地方官吏は，行政の地方出先機関にあって，小さな地域ごとに，きめ細かな政策立案を求められる立場にある．これに対して柳沢は，この議論をするに際しては，全国を見渡す立場にある統計学者として，調査項目をできる限り絞る立場に立っている．両者の関心の焦点は，自ずと異ならざるを得ない[13)]．同じ地方センサスの経験も，それを見る者の立場が異なるにしたがって，時として相反する意味付けを与えられることになったのである．

13)　当時，「細民調査」を初めとする社会調査が一種のブームになっており，柳沢とて，その経験について熟知していたはずである．本文で論じたのは，柳沢個人の資質というよりも，そのポジションが彼にどのような発言をさせているかという点なのである．

諸行事の自粛

現在人口主義に実質的な影響を与えると考えられる問題として，行事の自粛がある．第 2 回評議会で「国勢調査施行令」に関する特別委員会の報告を受けた討論の中で，矢野恒太評議員は次のように発言している．

先程委員長(＝柳沢：引用者)の御説明に依って見ると，現在人口と常住人口との差は殆どないのである，強いて別に調べなくても構はないと云ふ御説でありましたが，今日の札幌の人口を此博覧会の会期中に調べたら大変に違ふだらうと思ひます，さういふ風に人の異動を起すやうな事柄を成るべく避けると云ふ訓辞と，各個人に対しても個人の抑制に依って十月一日は避け得られる事ならば成るべく旅行しないやうにして貰ひたい[14)]．

実はこの点は第 3 回評議会で諮問案第 3 号として提出された閣令案「国勢調査施行細則」にも盛り込まれることになっており，この諮問案に関する審議を付託された特別委員会の討議結果に関連して，第 4 回評議会で，柳沢委員長が次のように「細則」の精神を説明している．

是は臨時の分を成るべく止めると云ふ意味でございまして年中行事の如きものを止めさせると云ふ趣意ではございませぬ，十月一日に行はれます平素の祭祀の如きものは是は全国通じて調べました所が洵に僅かでございまして，是は差障りないと云ふことに認めましたのでございます[15)]．

実際に調査が実施された際には，一般の人々や行政の末端に位置する官吏たちは，柳沢委員長によるこの説明よりもはるかに強くこの条文を解釈し，ために調査前後においては人々の日常的な移動もかなり抑えられることになったようである．注意すべき点は，このような人口移動の抑制が行われ，はなはだしいばあいには，出先からわざわざ帰宅して調査を受けるような状態が一般的であったとするなら，この調査の結果得られた人口は，現在人口とは称しているものの，その内実においては常住人口に近いものになっている可能性があるということである．中央官庁と地方官庁との間の，

---

14) 『国勢調査評議会』115-116 頁．
15) 『国勢調査評議会』234-235 頁．

また，中央，地方を含めた「官」と「民」との間の力関係で，評議会の意図が拡大解釈ないし誤解され，実際の調査に際して当初の意図とは別の効果を持つに至るばあいも存在した可能性が高い．その程度を数量化して示すことはできないが，このような可能性が存在することは，人口の定義が常住地主義に変更される以前の国勢調査データを利用するに際しては，常に念頭におくべきである．

自計式か他計式か

自計式の是非に関する議論においても，原則論に従う柳沢の認識と，より実態に即した認識に立つ評議員との間で，摩擦がみられる．第2回評議会の冒頭,「施行令」審議の報告の中で，柳沢特別委員長は，委員会の審議中自計式をとることにたいする疑義が表明されたが，調査員による代筆も可能なので既定の方針通りとした旨を報告すると共に，この点を考慮にいれたときに調査員にふさわしい者として「小学校教員，或は地方の学務委員，或は在郷軍人，或は衛生組合員，学生，地主，差配人，或は地方議員，憲兵，地方青年団員，其他篤志家」を列挙している[16,17]．

これに対して，島田評議員は，東京市勢調査の経験をふまえて次のように述べ，第1回調査の原則としては他計式を採用するよう主張している．彼の発言は，調査実務の経験を踏まえているだけに，次のように極めてリアルである．

> 我国の民度は文字を記載することの出来る力のある人であってもなかなか統計用紙へ完全に記載すると云ふことは出来ないやうな状態である……(中略)……東京市の調査の場合は警視庁の巡査を嘱託してそれに数週間に亘って練習をなし，私の如きは二時間乃至四時間位其説明を致し，全市に亘って百何回市民に説明をし，調査に当る者に付ては随分練習をし，質疑応答の結果やったのでありますけれども尚且つ調査員の作ったものに漏れが沢山ありました……(中略)……配偶の関係，職業及職業上の地位，又世帯に於ける地位の如き少しく複雑なる事柄

---

16)　調査員の社会的地位については，本書第10章参照．
17)　『国勢調査評議会』94頁．

に付きましてはなかなか練習を受けた調査員に於きましても自ら筆を執って出来ないと云ふやうな場合に於て，不完全な練習を受けた調査員が口移しに世帯主に言った所で自計主義に依って効果の現はれることは余程覚束ないやうに思ふ……(後略)……[18].

要するに，文字が書けるということと，申告書の記入心得等を読んで理解し，正しく記入できるということとは別な話だというのである．しかし，これに対して柳沢委員長は，家族全員が無筆の例はむしろ少数であろうと主張し，かつ自計式でも調査員による代筆があるから問題ないとした．そのうえ「他計自計に付ては島田君は正確なる概念を有って居られない，私は誤解して居られると思ひます，それは何であるかと云ふことは失礼であるから私は申上兼ねます」と，どう控えめにみても強圧的に，島田の発言を抑え込んでいる．

実際には，島田のような見方は統計の専門家たちの間にも根強かった．たとえば，臨時国勢調査局調査課長であった二階堂保則は，国勢調査員の職務について解説する文章のなかで「国民の中には申告書の記入を完全に為し得ず調査員に代筆を求むることがある．其場合には快く之に応じなければならぬが一体どの位代筆する場合があるかと云ふに殆ど過半或は八九分通りもあるかと思ふのである」[19]と述べ，代筆の割合が高いであろうことを予想している．また，神戸市勢調査の結果を踏まえ，神戸市役所は，次のように述べている．

自計主義採用と云ふも「原則として」にして，調査員は無筆者に対しては之を代書し，誤記に対しては訂正するは勿論なり，而して社会の現状にては下流社会の数甚だ多き上に，調査員は誤記訂正の煩を恐れて進んで代筆する者あり，また市民にても誤記を恐れて調査員に托せんとする者あり，旁た以て代筆の数は尠からざりき，然れども自筆と代筆との割合を見ること難し，要するに中流以上の人士の多く住居する調査区は多くは自筆にして，下流人士の住居する調査区は多くは殆ど全部代筆と見て差支なし[20].

18) 『国勢調査評議会』128-130 頁.
19) 二階堂保則(講述)(1920) 77 頁.

もっとも現実には，代筆の率にはかなり大きな地域差があったらしい．例えば，広島県安芸郡戸坂村[21]のばあい，予習申告書から，代筆の率は1割程度であったと判明している．その一方，北海道庁によると，北海道浦河郡荻伏村[22]で行われた予習調査では，代筆は80%を超えたという報告もある[23]．

戸籍簿の利用

統計の専門家でない人々が最も理解しがたい点に，戸籍が有効に機能しているのに，なぜ改めて人口調査の必要があるかという疑問があった．この疑問は国勢調査評議会の席上でも，形を変えて繰り返されている．

第2回評議会で仁尾惟茂評議員は，自計主義の調査といっても，実際には戸籍情報の利用が不可欠だという予測のもと，次のように質問した．

> ●二十一番仁尾評議員　……(中略)……此取調に付て何が一番頼りになるかと云ふと，第一に日本では戸籍簿があります，此戸籍簿を少くとも調査員には写してやって，其調査員が申告書の当否を調査して見ることがなく他は(=見なければ：引用者)纏りが出来ますまいと思ふ，さうすれば是亦非常に費用を要します，併し之を為す以上には少くも戸籍簿を拵へて之に依って申告書と対照して行く，家々に付てお前の戸籍は斯うなって居る申告書はどうであるかと云ふことを対照して見る位にしなければ真相を得ますまいと思ふ……(後略)……[24]．

第3章で，統計家と非統計家との間に，戸籍による人口把握に対する評価の面で大きな隔たりがあることを示した．仁尾評議員の発言は，そうした

---

20)　神戸市役所(1909) 105-111頁．

21)　ヘサカ，現在は広島市．

22)　オギウシ，現在は浦河町．

23)　北海道庁(1922)を見ると，この現象は，アイヌ民族が多数居住していることと関係している．彼らが精神的な面で奥行きの深い，洗練された文化を有することは，近年，アイヌ民族出身の国会議員萱野茂の著作などを通じ，一般にも知られるようになってきた．しかし，特に近代以降，彼らは，日本国家の支配下で，経済的にも社会的にも差別を受け，充分な教育を受ける機会が少なかった上，母語が日本語でないという言語面でのハンディキャップを負わされていた．そのために，申告書の文字が読めなかったり，読めても趣旨が理解できない事例が多かったのだと考えられる．荻伏村において代筆の率が高かったのは，このような民族的差別に由来するのである．

24)　『国勢調査評議会』139-140頁．

隔たりがいかに大きく，根深いものであったかを物語る．当然のことながら，統計家の立場からは，このような提案は容認できない．柳沢は，次のように述べている．

●八番柳沢特別委員長　……(中略)……調査員が調査する場合に戸籍簿の写したものを持参する云々の御話，台湾は二回左様なことをやって居ります，併ながら今度の調査に於ては戸籍簿を写し取って見ることは全く致しませぬ，調査用紙を世帯に配って之に記入させるのであります，……(後略)……[25]．

しかし，実際には，調査に際して，各地で戸籍が利用されていることはまちがいない．数量化することはできないものの，戸籍簿の利用が，少なくとも仁尾の想像だけではなく，実際に，かなり広範に行われていたことは，各種の行政資料や，新聞記事などからも明らかなのである．

その他の論点

国勢調査の基本設計に関わる論点のうち，「その他」とした中には，調査担当者，調査対象双方に関する罰則規程に関するものがある．まず後者であるが，第4回評議会で，「国勢調査施行細則」に関する特別委員会の審議結果を報告する中で，柳沢委員長は，当初の案に存在した「虚偽ノ風説ヲ流布シ」た者への罰則規定が一度は削除されたが，審議過程で，台湾の例にも鑑み，やはり必要だと判断した経緯を述べている[26]．台湾の例とは，臨時台湾戸口調査の目的について，戸籍の修正(国籍の剝奪)，「匪賊」の討伐，課税の材料など，さまざまな風説がながれ，調査当局はそれを打ち消すのに苦労したという事実である．

第3回評議会で，「施行細則」中に調査担当者の守秘義務違反に関する罰則を設けよと主張したのは，鈴木喜三郎評議員である．これに対して，牛塚虎太郎次長は次の理由から罰則規程を設けなかったと弁明した．すなわち，調査事務に携わるのは，国家の官吏，市町村の吏員，内閣任命の調査員なのであり，その公徳心に訴えれば足りるというのである[27]．しか

25）『国勢調査評議会』140頁．
26）『国勢調査評議会』236頁．

し，この細則が特別委員会に付議された結果，最終的には守秘義務違反について「三十円以下の罰金又は科料」が課せられることになった．

7.3　申告書の設計

配偶の関係

申告書の設計に関する討議は量的にはあまり多くはない．しかし，これを通じて申告書案はいくつかの重要な改訂を施されることになった．主なものをあげると，「配偶の関係」に関するもの，「民籍又は国籍別」に関するもの，申告書全体に関わるもの等がある．

「配偶の関係」は，比較的単純な，技術的問題で，調査の用語法を一般の人々がどう理解したかという点に関係する．これに関しては2点ある．第1は，諮問案にこの項目が「縁事上の身分」とされていたのに対して，これを「婚姻関係」あるいは「配偶の関係」にすべきであるとの意見が出され，結果的には「配偶の関係」にすることになったというものである．この「縁事上の関係」という語は，臨時台湾戸口調査を初めとする地方センサスでも用いられてきたが，第1回評議会の席上，これには養子縁組みを含むのかという質問が出されるなど，誤解を呼びやすいことが明らかになり，特別委員会で討議を経て，こう改められたものである．

第2は，未婚者の記入方法に関するものである．第4回評議会では鈴木喜三郎評議員から，この欄に「未婚」という記入をさせる方針であるのは，極端な言い方をすれば誕生後間もない嬰児まで記入の対象となってしまい，いかにも煩雑なので，「既婚」「死別」「離別」のみを記入させるよう申告書を改訂するべきであるという意見が出された．この案も，採決の結果賛成多数で採択され，申告書は改訂されることになった．

「民籍」の調査をめぐって

「民籍または国籍別」をめぐる論点には，当時のリベラリストたちが国

27）『国勢調査評議会』192頁．

勢調査の設計をどう評価したかという，理念的な問題が関係する．

まず，第1回評議会で，石渡敏一評議員から，民籍別国籍別ということばの意味について質問が出され，これに対して牛塚次長が，民籍別とはおもに植民地に関係するものだとして，次のように答弁している．

●牛塚次長　……(中略)……石渡博士の民籍別又は国籍別，是は実は丁度御話の如く朝鮮人であるか台湾人であるか樺太の人間か「アイヌ」かと云ふことは尋ねる積りであります，それを尋ねる為に民籍別と言ふ言葉を茲に現はしたのであります，……(後略)……[28]．

また，第4回評議会で，根本正評議員が，「民籍別」の調査をすることそれ自体が人種差別に当たらないかという趣旨の質問をしている[29]．北海道では先住民族であるアイヌの土地が「合法的」に収奪され，同時に台湾，朝鮮の植民地経営が自明の国策として一般に受け入れられていたこの時点で，国勢調査に関して彼らに対する「人種無差別」の理念にもとづく発言をしたのは，ある意味で時代を先取りしたものといえよう．これに対する柳沢特別委員長の答弁は，根本評議員の主張を認めながら，必要に迫られた調査項目であるから了承されたいという趣旨の，歯切れの悪いものになっている．

●八番柳沢特別委員長　それは……(中略)……内地人と朝鮮人，台湾人，樺太人，北海道旧土人とを区別する為めのことでありませう，今のやうな御議論は委員会でも出ましたが，併ながら之を除きますと是だけの人々が皆混じて仕舞ひますから已むを得ず朝鮮人は朝鮮人としましたのであります，御説の如く何だか是等の人を別に考へるやうで人種無差別の上から申しますれば誠に面白くないのでありますが，勅令にもある事でありますので斯う云ふ風に表記することが適当と認めたのであります，之に対して或は悪感情を持ちはしないかと云ふ議論が出ないでもございませぬでありましたが，結局矢張其侭になったのであります……(後略)……[30]．

28)『国勢調査評議会』41-42頁．
29)『国勢調査評議会』255-256頁．
30)『国勢調査評議会』256-257頁．

結論からいうと，この欄は原案通りとなった．

申告書の注記と振りがな

「申告書全体に関するもの」には2点あり，いずれも国勢調査の用語法を，調査対象となる人々がどう理解するかという点に関係する．これらはどちらも柳沢保恵評議員から出たものである．第1は，説明文の付加である．第4回評議会で，柳沢は次のように述べた(下線引用者)．

●八番柳沢特別委員長　……(中略)……初めの申告書用紙と今日配付になりましたのは大分違って居ります，是は初めの申告書用紙を審議致します時に，どうも是では十分ではあるまい，記入心得第何条を見るべしとなって居っても中々見る者があるまいから茲には矢張り簡単なる記入心得を入れたら宜からうと云ふことでございまして之を加ふることに致しました……(中略)……唯多少書き方に付ての簡潔なる説明を与へたのであります……(後略)……[31]．

これによって，第3回評議会に提出された申告書案(「施行細則」に添付されている)は大幅な改訂を受けることになった．

第2は，申告書に意訳の振りがなを付けようというものである．

●八番柳沢特別委員長　……(中略)……此国勢調査申告書の記入の説明の事でありますが，是は中々むづかしい文句もあります，相当の教育があります者でも誤解を致し，又教育の不十分の者には分らぬ点もございませう，私の希望致すのは之に向って意訳的の振仮名を付けて貰ひたい，出来るならば振仮名によって意味を察することに致したい，それが出来ませぬと調査員も中々煩雑であります……(後略)……[32]．

さまざまな地方センサスをつぶさにみてきた柳沢ならではの発案であろう．これに対して床次竹二郎評議会長は「承知いたしました」と，これを受け入れている．その結果，申告書には，「文明的国家事業」に「ひらけたくにのしごと」，「準世帯」に「うちににたところ」のような，意訳の振りがなが付けられることになったのである．

31）『国勢調査評議会』236-237頁．
32）『国勢調査評議会』265頁．

(附録様式)

調査區第　號（市町村長之ヲ記入ス）

道府縣　郡市　町村（市町村長之ヲ記入ス）

大字　番地　番屋敷（國勢調査員之ヲ記入ス）

世帯第　號　申告書第　號（國勢調査員之ヲ記入ス）

準世帯　種類　名稱（國勢調査員之ヲ記入ス）

申告書ノ内第　號　枚（國勢調査員之ヲ記入ス）

大正九年十月一日

國勢調査申告書

一　氏名（記入心得第　條ヲ見ルヘシ）
二　世帯ニ於ケル地位（記入心得第　條ヲ見ルヘシ）
男女別（記入心得第　條ヲ見ルヘシ）　三　男　四　女
五　出生ノ年月日（記入心得第　條ヲ見ルヘシ）
六　配偶ノ關係（記入心得第　條ヲ見ルヘシ）
職業及職業上ノ地位（記入心得第　條ヲ見ルヘシ）
本業　七　業名　八　地位
副業　九　業名　十　地位
十一　出生地（記入心得第　條ヲ見ルヘシ）
十二　民籍別又ハ國籍別（記入心得第　條ヲ見ルヘシ）

一　二　三　四　五　六　七　八　九　十

人員總計

不在世帯主（記入心得第　條ヲ見ルヘシ）
氏名
男女ノ別
職業及職業上ノ地位　本業名　本業ノ地位

右ノ通相違無之候也

大正九年十月　日

世帯主又ハ其他ノ記入義務者（本人　代人　代筆）

國勢調査員

図 7–1　申告書様式（国勢調査評議会に最初に提案されたもの）

大正九年十月一日

國勢調査申告書

記入の範圍

記入の注意

國勢調査

氏名	世帶に於ける地位	男女の別	出生の年月日	配偶の關係	職業及職業上の地位	出生地	民籍別又は國籍別
一			年 月 日				
二			年 月 日				
三			年 月 日				
四			年 月 日				
五			年 月 日				
六			年 月 日				
七			年 月 日				
八			年 月 日				
九			年 月 日				
十			年 月 日				

人員合計

不在の世帶主

國勢調査員檢印

右の通相違無之候也

世帶主又は世帶の管理者

氏名 捺印

調査區番號 第 號

道府縣 郡市町村名

大字名及番地番號

世帶番號 第 號

準世帶の種類名稱

申告書通し番號 第 號 （内 枚の 號）

内閣 臨時國勢調査局

図 7-2　申告書様式(国勢調査評議会の審議を経て確定したもの)

7.4 申告書の複製をめぐる問題

国勢調査評議会における論議の中で，中央と地方の官僚組織間における利害の対立もしくは物の見方の相違が，最も明瞭な形であらわれる点のひとつが，地方官庁(道府県や郡市町村)による申告書(個票)の統計目的の複製を認めるかどうかという問題である．「国勢調査施行細則」第11条に「国勢調査申告書ハ統計上ノ目的ニノミ之ヲ使用シ如何ナル場合ト雖之ヲ公表スルコトヲ得ス」と規定されているが，この閣令の解釈をめぐり，中央の臨時国勢調査局と地方官庁との間で解釈が分かれたのである．この問題は同時に，国家により収集された情報が，中央官庁にもっぱら属すのか，それとも公共財の一種として地方官庁や民間人にも，利用の途が開かれているかという，理念的な問題をも含んでいた．

この問題は調査の時期も2日後と切迫した9月29日に，おそらくこれのために緊急に召集された第6回評議会で取り上げられている．牛塚虎太郎次長の発言を見ると，調査局に公然と申し出たわけではないが，東京市の他，大阪，神戸，広島，長野で，地方独自の統計編成を目的とした複製を計画中であるという[33]．

小川平吉会長によれば，市町村に個票の副本を残すことの最大の問題点は，当座は管理が行き届くにしても，後日きっとその内容が外に漏れることになるし，またこのことが一般に知られれば，調査への協力も得られなくなると予想される点にあった[34]．柳沢から「臨時国勢調査局としては，地方における申告書の利用を許す意向を漏らしたのか」という意味の詰問にあい，小川会長は「臨時国勢調査局の職員で各地に出張を致しました者がありますが，総て斯う云ふことは許すべきものでないと云ふ方針で話をした者はあるのでありますが，許して宜からうと云ふやうな話をした者はないのであります」[35]と，予想しない出来事にあわてる臨時国勢調査局の

33) 『国勢調査評議会』325頁．
34) 『国勢調査評議会』318–320頁．
35) 『国勢調査評議会』321–322頁．

ようすをうかがわせている．

これに対して，添田寿一評議員から，地方当局によるこの企てが「施行細則」に抵触するか否かについて，質問がだされた．大正八年閣令第六号の第11条に「国勢調査申告書ハ統計上ノ目的ニノミ使用シ如何ナル場合ト雖之ヲ公表スルコトヲ得ス」という際，この「統計上」という語の意味を，国レベルのものと限定する規定があるのかという疑問である[36]．

小川会長の回答は，「此法令には明確になって居ないのであります」と率直である．ただし解釈の問題として，ここにいう「統計」は国の統計を指すと考えたいという希望を述べている[37]．

この点に関して，内藤守三評議員が，次のような逸話を紹介している．

> ●五番内藤評議員　……(中略)……此頃各府県から地方長官が出て来て会議をやって居ります，一昨日でありましたか二，三人の長官の話に何分此事は十一条の規定に触れさへしなければ宜い，もう一つには申告書の進達期限さへ遅らかさなければ宜い予備調査の方は本人に戻しました所で二日や三日遅れても差支ないから其氏名を書き取りさへしなければ宜い，さうすれば何も十一条に抵触することはない，さうして府県なり町村でやると云ふ形式を取れば構はぬ，斯う云ふやうなことを数人の地方長官同士が笑話で云って居りました……(後略)……[38]．

ここで，地方長官たちによる第11条の解釈は，小川会長の解釈と真っ向から対立している．当時いくつかの道府県で「予習調査」等と称して国勢調査申告書の複製を印刷し，全住民に記入練習をさせていた．内藤評議員が紹介した地方長官らの談話は，彼らがこの「予習申告書」の利用を考えていたことを物語る．正規の申告書は，規定上，期限までに臨時国勢調査局に送らねばならないが，予習申告書に関しては，住民に返却するにしても，多少の期限の遅れは問題にならない．したがって，これから写しを作成すればよい．地方官庁であっても，統計目的で利用するならば第11条

36) 『国勢調査評議会』330頁.
37) 『国勢調査評議会』330頁.
38) 『国勢調査評議会』341頁.

に抵触することもない，というのが，その趣旨である．

評議会ではさらに，問題は第11条の解釈にとどまらないということが，島田俊雄評議員から指摘された．かつて市勢調査等をやった郡や市では，その際の省令ないし閣令がまだ廃止されずに残っているので，これを根拠法として地方独自の調査という名目で調査を実施できるというのである．その調査項目が，たまたま国勢調査と同じであっても，法的には取り締まる根拠はないというわけである[39]．

さて，この問題をめぐる議論は，統計調査の基本理念にかかる問題を含み，賛否両論に分かれた．まず，賛成派の意見として島田俊雄評議員の発言を取り上げよう．島田の議論は，以下の3点からなる．

第1に島田は，すでに地方センサスを実施している東京や札幌などの事情を念頭に置き，調査内容の連続性と，二重投資の防止という観点からも，副本の利用を許可すべきだとする．これは，さきに現在人口主義に関する議論で紹介したのと同じ立場から主張されている．東京市の市勢調査を担当した島田ならではの見解であろう．

第2に，島田は，地方公共団体に対する国の不信感を指摘し，これをいわれなきこととして次のように反駁する．

> 私共の経験……(中略)……に付て之を考へて見ますのに，市区の当局者が統計を完全にする為に一番苦心して居るのは国民が此統計の材料を他のものに使ひはしまいかと云ふ疑を持つ，其疑を霽らすと云ふことである，其事は苟も「センサス」の事業に携って居る者は非常に皆心配してやって居ることでありますから，仮令此度副本を許すと云ふことになりましてもそれが統計以外の目的に用ゐまして秘密漏洩になると云ふやうなことはないと思ふ……(後略)…….

第3は，「センサス」という国家事業の成果を公共財と見なし，これを国家が独占するのではなく，地方にも利用させるべきだという原則論である[40]．ただ，東京市という大都会で統計調査を担当した島田が，当時の農村の人間関係をどの程度リアルに認識していたかは不明である．農村部

39) 『国勢調査評議会』326–327頁.
40) 『国勢調査評議会』336–339頁.

の町村で，自治体限りのセンサスを実施したばあい，都会以上にプライバシーの侵害が発生しやすいことは容易に想像がつく．

島田評議員と基本的には立場を同じくしながら，複本の作成には何らかの条件を付すべしとしたのは，粕谷義三，鈴木喜三郎の両評議員であった．ここでは，粕谷の意見を紹介しておこう．彼は，「地方公共団体が之を特有の目的に使ふと云ふことならば左迄是は窮屈に考へないでも宜くはないか」と述べ，氏名以外の項目に限って情報を写し取らせればよいと主張した[41]．この点については，牛塚次長が，実際にその考えは実行されようとしているとして，東京市の例を紹介している．

地方行政府が個票を所持することに関して，臨時国勢調査局ではなぜこれほどに神経をとがらせたのであろうか．この点に関して小川会長が次のような，当時の地方官吏の資質に関してうがった見方を開陳している．

●小川会長　此副本と云ふことは……(中略)……此侭全部写取って置くと云ふと今日の当局者は成るべく他の方面に使はないと考へて居っても，其役場に保存されてある限りは明日の当局者は果して其考を継続して行くことが出来るかどうか，恐らく是は出来ないだらうと思ふ，さうして新らしい当局者は国勢調査に関係した者の如く秘密を守らなければならぬと云ふ観念も薄くなって居ります，どうしても役場にある以上は徴税の目的許りでない，或は犯罪捜査の目的にも使ひませう，甚だしきに至っては東京とか，大阪と云ふやうな所では人の家庭の秘密を皆書出してありますから或は関係吏員として秘密を守る所の責任が段々軽くなって居りますから，斯う云ふ面白い家庭がある，大変有名な名士の家がこんな風になって居ると云ふやうなことがある，是は珍らしい材料でありますから新聞の材料としても面白いことが沢山ありませう，是はどうしても出てくるだらうと思ふ，そんなことになったならば抑へやうも，止めやうもない，一面に国家と云ふものは今日迄の方針で行けば秘密は厳守すると云ふて其結果は国民を欺くと云ふことになりはせぬか……(後略)……[42]．

41）『国勢調査評議会』335-336頁.
42）『国勢調査評議会』333-334頁.

ここには，国家の中枢にいる人々の，地方官吏に対する見方が端的に現れている．公務として取り扱ったはずの情報を，あたかも自分の自由になるかのように取り違えることは，今日でも充分に起こり得ることである[43]．

この問題は最終的に，田中隆三評議員による「申告書を謄写する為に使ふと云ふことは矢張統計の為に使ふのでない」したがって「明瞭に法令に背いたもの」[44]であるという解釈論を受け，小川平吉会長による次のような締めくくりで決着を見ている．

●小川会長　如何でございませう……(中略)……是は牛塚君の御話の如く一枚々々カードに取ってから貸しても宜い，さう云ふことを地方で利用すれば其目的は達せられるだらうと思ふ，法令の精神に反するやうな気遣のある事情は禁ずると云ふことに格別反対の御意見もないやうでありますが，さう云ふ様に極めましたら如何でありませうか[45]．

ここに述べられたような個票の写しの貸出が実際に地方に対して行われたかどうかについては，今後調査する必要がある．ただ，東京帝国大学教授であった戸田貞三は，その著書『家族の研究』をまとめるにあたって，世帯票の写し約一万枚を借り受け，これを再集計した旨述べている．おそらく，戸田のケースは，この決定が準用されたものであろう[46]．

---

43)　このような現象は，日本人にとって「法人格」という西欧起源の概念が，実体感を欠くことと関係していると思われる．西欧世界にあっては，この概念は，「キリストの魂の宿る家」すなわち「キリストのからだ “corpus christi” としての教会」という，神学上の(そして人々の前で繰り返し表明される)概念と密接に結びつくという．すなわち，教会という組織(corporation)も，やはり魂を持つ「人」(＝法人)なのであり，したがって，その所有する物を掠めとることは，太郎さんや花子さん等の，五体をそなえた「普通の人」の物を盗むのと，選ぶところがないのである．日本人にとっては，地方自治体や会社などを，このような意味での「人」とする見方は，正直なところ，あまり親しみがないであろう．むしろ，そこに所属する個々の人の存在が，強くリアリティを持ってしまうのではないだろうか．

44)　『国勢調査評議会』342–343 頁．

45)　『国勢調査評議会』343–344 頁．

46)　今日の国勢調査は，統計法にもとづく指定統計として行われているので，回収された個票の目的外の使用は厳しく制限されているし，統計業務に携わる人々は，その職務上知り得た情報を他に漏らすことを罰則を以て禁じられている．しかしながら，プライバシー意識の高まりにともない，調査拒否は毎回増加する傾向にある．第一回国勢調査にあたっても，国勢調査施行細則第 12 条に「国勢調査の事務に従事したる者は其の職務執行中知得したる個人に関する事項を故なく他に漏洩すべからず」とあり，それに違反した者は 30 円以下の罰金または科料に付すものと定められている．また，申告書についても第 11

7.5　国勢調査の宣伝

国勢調査の宣伝に関して，柳沢評議員から次の3点が指摘された．

第1は，宣伝活動の目が地方にばかり向きすぎて，大都市が盲点になっているという指摘である．東京市議でもあった柳沢によると，東京市内ではビラ，ポスター，市電の広告などがあるものの，本格的な印刷物の配布はなされていないし，講演会のたぐいも小学校を通じて行われている程度で，到底本格的なものとはいえないという．

条に「国勢調査申告書は統計上の目的にのみ使用し如何なる場合と雖之を公表することを得ず」と，一応の規程がある．本文で紹介した議論は，この条文の解釈に関して，地方官庁と中央官庁との間で生じた理解の相違をめぐるものであった．しかし，当時の民衆の間には，国勢調査の申告書が課税の材料に使われたり，あるいは戸籍上の不備などをつつき出されるのではないかという根強い恐れがあった．後者は，たとえば，結婚しても子供が生まれるまでは入籍しない習慣がある地方などで，特に深刻な問題として意識されたようである．調査を設計，実施する立場にある側は，当然のことながら，人々の間からこのような疑いの念を払拭し，正確に申告させようと腐心することになる．本文で紹介したような，地方独自の統計を作成しようという動きは，町村等が申告書をほしいままに転用しているという誤解を人々に与えかねず，人々の疑念をいやが上にもかき立てる危険があったわけである．国勢調査評議会における決定をうけ，広島県では，10月8日，安芸郡に対して次のような通牒を発している．

> (地方の行政が：引用者)申告書写し保有することは，縦令其の目的は統計作成にありとするも，一般国民より見れば，説明講演宣伝の趣旨とは異り，国民を欺き，統計の目的以外に，或は秘密を漏らし或は徴税其他個人に取り不利益を招来するが如き事に悪用せらるるに非ざるや疑惑種となり，延て今後調査施行上に悪影響を及す虞も有之候に付，今回国勢調査評議会に諮問の上，地方に於て申告書の写を作成することを禁止することに決定相成候(広島県安芸郡戸坂村行政文書3010)．

同様の通牒は，実はこのときだけでなく，何回か出されている．また，町村が個票をチェックする過程で資料として作成される「町村要計表」を用いて人口を発表することも，臨時国勢調査局が発表する数値と食い違っていたばあいに，調査に対する信頼感を損ねるという理由から，差し控えることを求められた．町村による調査は，陸海軍の管轄下にある施設や監獄などを含まないため，これらを含めた形で集計されたばあいとの間では，当然数値の食い違いが出てくるのである．安芸郡は大規模な海軍施設を擁しており，このことが大きな問題となりうる地域である．

以上の点に関して二階堂保則(講述)(1920)は，国勢調査を妨げる要因のひとつとして「国勢調査に対し疑惑を懐くものあること」をあげた後，これを具体的に「イ，課税の関係はないか　ロ，戸籍を訂正するものではないか　ハ，犯罪捜査をするのではないか　ニ，兵役の関係に就て何等か不利なる事実を生ぜぬか　ホ，何がなしに秘密が漏洩さるるのではないか」(86頁)と説明している．対処のしかたとしては，宣伝による趣旨の徹底につきるというのが二階堂の主張である．つまり「一体文化の進まぬ所ほど疑惑が多く，野蛮人は殊に甚しい．日本人は決して無知ではないから，国勢調査の趣旨目的を聞かせれば，必ず之を疑ふ如きことはないと信ずる．而して疑惑を有するものに向っては，国勢調査施行細則第十一条の，統計上の目的にのみ使用し，決して之を公表しないと云ふ事を判らせるに限る」(89頁)というのである．

第2は，各府県の代表的地点のみではなく，僻地でも宣伝が行きわたるよう，手段を講じられたいというものである．

第3は，宣伝に参加するものが，地方の政争に巻き込まれないよう注意されたいという希望である．これに関する発言は，大正デモクラシー期の地方の政治的雰囲気の一面をありありと描き出しているので，煩をいとわずに引用しておこう．

……(前略)……田舎に行きますと党派の争ひは非常なものでありまして，先年私が高知に参りまして旅舎に着した時にも，あなたは憲政会ですか政友会ですかと聞かれた，私は何でもない，講演に来たのだと云ふと，それぢゃ宜からうと政友会方が言ふ……(中略)……私は地方に行く毎に政党関係の者ではない，政党以外の者であるからどうぞ政党政派の区別なく国調に尽力して貰ひたいと申しましても，直ぐ政友会の犬と言はれることがある，私は洵に遺憾に思ひます，敢て弁護する訳ではないが，政友会内閣でございますから，国調の仕事は政党に関係なしと申しましても直ぐそれを変に思ひます，余りさう云ふことに関係ない私の如きでもさう云ふ色目で見られるのでありますから，況や小川総裁などは大色目で見られるだらうと思ふのであります……(後略)……[47]．

小川国勢院総裁は，政友会の代議士や幹事を務めた著名な政党政治家であり，その人物が地方講演をすると，国勢調査まで党利党略の道具と見做されて逆効果だというのである．当時地方政界の関心は政党間の勢力争いや，普通選挙運動に向いており，国勢調査もその文脈の中で位置づけられたのである．小川会長はこの忠告に謝意を表明した後，「今日までこの点に就きましては相当注意を払っております」と述べている．

---

47) 『国勢調査評議会』310-314頁．

7.6　その他の論点

定住性のある水面

地方にあってその地域の住民を掌握しようと腐心する立場にある地方官吏と，日本全体をみわたす立場にある人々，なかんづく統計の専門家たちとの間に，国勢調査を見る見方に大きな食い違いがあったことは，これまで，現在人口主義や申告書の複製をめぐる論議についてみる際に触れた．国勢調査評議会における論議の中で，この食い違いが明瞭に浮かび上がっている論点を，もうひとつ紹介しよう．

第4回評議会の席上，内藤守三評議員が次のような質問を行っている．

> ●五番内藤評議員　一寸御尋致します，此施行細則の第二条の船舶の輻輳する水面調査の事でありますが……(中略)……中国に燧灘[48]の漁場と云ふものがあります，是等は夏秋の季節に於て最も多数の漁船が群集して風浪の危険の虞がない限りは何日も漁労を続けて居るのであります，其漁獲物などは毎日其近港の者が現場へ買入れに出入する船が別にあって，漁船と云ふものは一刻を争ふて漁労に従事して居ると云ふ有様であります，そこで中には自分の住宅の表札を剝いで自分の漁船に打付けて居る，斯う言ったやうな者が段々あります……(中略)……此節は如何になって居るか分りませぬが，是に類するやうなものが他にもあらうと思ふ，斯る世人の目に能く触れて居る所の沢山の船を脱いて置くと云ふことは第一勅令の精神にも悖り，又国勢調査の信用にも関係することのやうに思ひます……(後略)……[49]．

内藤は広島県呉市出身の代議士である．この地域で，燧灘漁場の存在はあまりにも有名であった．ときあたかも，漁場の先占権をめぐって広島，愛媛，岡山三県にまたがる漁民同士の大紛争が起き，鎮撫のために3県知事と関係郡市長が出張り，ようやくこれを収めた経緯があり，地域の人々の

---

48)　ヒウチナダ．今治，新居浜，観音寺，弓削島等に囲まれた瀬戸内海の海域で，有名な漁場．

49)　『国勢調査評議会』253-255頁．

耳目を大いに集めたやさきであった．誰の目にも所在が明らかなこの漁民たちが，調査対象とならないことになれば，「この調べに洩れては国民の恥です」等，大々的に宣伝していることを政府自ら反故にするような印象を与えると，内藤は考えたのである．

これに対する柳沢委員長の答弁は，以下に見るとおり，一貫して，それは調査の対象にならないというものであった．

●八番柳沢特別委員長　五番に伺ひますが，今の燧灘の例でありますが，それは何でございますか余程陸から離れて居る所の水面でありますか．

●五番内藤評議員　左様でございます日本の里程で約四里位ありませう，極平穏な場所であります．

●八番柳沢特別委員長　若しそれが港湾内でありますれば当然第二条の規定に依りますけれども，港湾に非らずして陸から離れた所の海上にあるものと致しますれば，其処へ調査員は無論行かないのであります，故に左様な場合に於きましては国勢調査施行令の第二条の末項の規定に触れるものであれば調査もしますけれども，此末項の規定に触れずして数日間，或はもっと長く海上に居ると云ふものは是は当然漏れる事と考へます[50]．

この両者の認識の違いは，さきに東京市勢調査に関連して触れた島田評議員と柳沢との認識の違いとも共通した性格をもっている．すなわち，内藤は，当該地域の住民が，自らの属する地域に関してどのような認識をもっているかということを，個別的具体的に認識した上で，国勢調査の定義をそこに機械的に適用することが，地域の人々におよぼす影響を問題にしている．これに対して，柳沢は，おそらく大数法則の立場から，一地域のこのような問題は，府県ないし国レベルにまで数値をまとめあげてしまうと，あまり大きな影響をもたないし，現在人口の定義を自ら崩す恐れがあるような例外を設けることは論外だと考えたのであろう．

50）『国勢調査評議会』255 頁．

7.7 むすび

国勢調査評議会における論議の場には，さまざまの問題が未解決のまま持ち込まれた．あるいは，統計学の専門家レベルでは解決済みの問題であっても，専門家でない人々によって，議論が蒸し返された．また，これと微妙に絡みながらも，中央にあって日本全体をいわば「マクロ的」な眼でみわたす立場にある人々と，地方の住民たちの実態に即した認識をもち，それにもとづいた意思決定を下す必要のある人々との間にも，国勢調査の方法論や評価，国勢調査に関する利害等の点で根深い対立が存在したことが，本章で明らかになった．ここで，これらの点についてもう一度まとめておくことにしたい．

統計家と非統計家

統計家と非統計家との間には，そもそも国勢調査の基本設計をめぐる理解からして大きな隔たりがあった．統計家たちにとって，戸籍にもとづく人口統計は不正確きわまりないものであって，とうてい「近代的」な統計とは呼ぶことができない代物であった．しかし，この感覚は，統計家でない人々によって共有されていたわけではない．当時すでに人口把握の手段として，戸籍簿があり，これにもとづいて徴税，徴兵，学事等の行政事務は大過なく運営されていた．したがって，人口学的な意味で正確な調査それ自体を欲するのでない限り，新たに人口調査を実施する動機づけは稀薄であった．第 2 章に見たとおり，明治末までに，国勢調査の基本設計に関する合意は一応形成されていた．しかし，それはあくまでも形式上であり，統計家以外の人々が，その基本方針を違和感なく理解していたかというと，決してそうではなかった．その例を本章でも見ることができる．仁尾評議員他が，人口調査を実施する以上，戸籍簿の利用は不可避であるとの意見を述べているが，これは統計家の立場からは，国勢調査の存在意義にかかわる重大な異議申し立てであった．また，調査項目についても，わざわざ新たな調査をする以上，8 項目のみでは予算の無駄遣いだという感覚は根強く，いくつかの官庁を代表する評議員から，それぞれの行政上必要な項目を追加するよう，要求が出されている．これはまさに，第２章に見た明治期の論議の蒸し返しである．統計家たちの方針は，国家的意思決定に与る人々の間ですら，本音の部分では賛同を得られていなかったのである．しかし，これらは，統計家あるいは国家レベルの統計行政を代表する人々の見方とは相容れなかった．評議会では，これらの意見は，柳沢や小川等によって，慇懃な言葉づかいの下に，ことごとく葬られている．

統計調査にともなう用語法の特殊性も，統計家とそれ以外の人々との間の溝を深めたようである．現在人口主義をめぐる鈴木喜三郎評議員の質問は，混乱を極めたものである．この例では，鈴木が法曹界に属し，法律用語の専門家として，その用語法に自信を持っていただけに，統計学(あるいは人口学)の用語法とのズレが抜き差しならぬものになっていたという印象を，筆者は受ける．鈴木のような知識人ともまた異なる伝統的な言語体系を生きていた一般の住民が，統計学的な用語法を理解しがたいであろうということは，さすがに統計家たちも認識していた．申告書に簡略な記入心得をつけ，かつ意訳の振りがなをつけるという柳沢の提案や，「縁事上の身分」を，あえて人々になじみのない「配偶の関係」と改めたりしていることは，それを示すものである．

中央と地方

国勢調査評議会における論議に，中央と地方の官僚間の関係を見た結果，そこには立場のちがいから来る構造的な認識の相違が存在することが判明した．

戦前期の地方官庁は，中央官庁の出先機関であり，基本的にはその管理下にあったと考えるのが普通である．評議会における論議と，その後の実務における経過の中にも，この力関係は当然反映されている．本文中に触れた諸行事の「自粛」に関する評議会の認識と，これが通達されたのちの各地方レベルの行政の反応との対比は，その一例である．このばあいは，地方の行政が，自粛に関する通達を，評議会が意図した以上に厳しく解釈した．この結果，第一回国勢調査は，基本的な設計理念としては現在人口主義をうたっているものの，現実に得られた情報は，現在人口と常住人口の中間的な性質のものになった可能性がある．

このように，官僚機構内部の「上意下達」関係の中で，中央レベルの決定が拡大解釈されたり，時には本来の意図から離れて解釈される例は，他にも見られる．例えば，国勢調査員の選任に関して，臨時国勢調査局は，「医師，僧侶，警察官等にして調査事務執行上不時に支障を生ずる虞ありと認めらるゝ者は之を選任せざるを可とする」旨の通牒を発した．これは，祭事や法事，犯罪捜査のようにいつ発生するかもしれない業務を抱えている人が調査員になって，万一調査時点にそれらが発生したばあいに，調査が後回しにされ，現在人口主義の定義が脅かされることを避けるために発せられた通牒である．本来は，調査時点には調査員としての職務を優先させることを条件に，これらの人々も調査員に選任することを可とするものであった．ところがこの通牒を受けた各地の事務担当者は「僧侶等は絶対に選任してはならない」と，文面を強く解釈した．これにより国勢調査員となる名誉から排除されたと受け止めた僧侶の間からは，苦情が続出した．おりから東京で開催されていた仏教各派連合会の幹事は，調査局にあて「平素公共事業に尽力する者が国勢調査に限り参与し得ざるを遺憾とする」旨の抗議文を提出した．これを受けた国勢調査局は，改めて「僧侶を国勢調査員に選定する場合は後日国勢調査員として職務執行の際偶々葬儀，法事等に遭遇するも是等は代人を使用し国勢調査員としての職務は僧侶自身に於て遂行すべく予め交渉し置くこと」と，通牒を発している[51]．

さて，このように通常は，地方の行政体は中央の決定を，少なくとも主観的認識としてはそのまま受け入れる傾向にあったわけだが，国勢調査評議会における論議からは，個々の具体的な方針をめぐって，地方の官僚が，中央官僚の見方から相対的に独自な認識を持っていたことも窺われる．それは，自計式の是非をめぐる島田評議員の発言のように，基本的には地域住民の実態をつぶさに知る必要のある立場にいる人々が，その観点から見たときに，調査の定義等に対して抱いた疑問であった．燧灘漁場に関する

51）　広島県安芸郡戸坂村行政文書 3010.

内藤評議員の質疑も，同様の観点からなされている．つまり，これらの人々は，自分が管理し，あるいは代表する地域の実態に即した政策立案をしたり，地域の安定のために住民を組織しておく必要があるため，地域住民の動向に注意を払わざるを得ない．国勢調査の規定を機械的に適用された結果，住民に違和感が残ったり，自分たちの政策立案に必要な詳細データが得られなかったりすれば，彼らにとって，何のために手間暇かけて国勢調査を実施するか，判らなくなる．調査結果が役に立たぬばかりか，住民の信頼も失いかねないからである．

これらの主張は，しかしながら，評議会における論議の中で，中央の立場を代表する人々によって，ことごとく封じられてしまう．その論拠は，必ずしも明示的には述べられていないが，議論の内容から推察すると，次のようなものだと考えられる．①各地の特殊事情をいちいち斟酌していては，例外ばかり増えて事務量が膨大になりすぎる，②各地の例外的な現象は，道府県，あるいは日本全国といった範囲まで集計すると，大数法則によってデータ上の影響力を失うので，考慮に入れる必要がない，③例外を許すことは調査項目の定義を曖昧なものにし，結果的に調査自体の信頼性を失わせる，等々．ここでは，官僚機構の内部における中央の立場と，統計専門家の立場とが，ない交ぜになっている．

申告書の複製をめぐる問題では，地方のこうした立場が積極的に表明されたばかりでなく，中央にあって国家意思の形成に与る人々の間でも，公共財としての統計調査に関する基本理念をめぐる認識の食い違いが存在したことが観察された．調査対象の人権問題も，民籍に関する論議に際して提起されている．これらは，本書の理論的枠組みとして提示した2種類の二分法，すなわち統計家と非統計家，中央と地方のいずれにも該当しない区分であり，いわゆる大正デモクラシー期における行政的現実主義と，リベラリズムないし理想主義の対立とでも整理できそうである．ただ，この点について本格的に論じるには，本章で扱う資料はあまりに断片的であるので，ここでは問題の存在について示唆するにとどめる．

さて，以上のように，調査準備の最終段階，すなわち1918～20年の国勢調査評議会の段階にあっても，統計家と非統計家，中央と地方の調査に対する認識には隔たりが存在した．見てきたとおり，それぞれの認識のあり方は，各主体の置かれた社会的位置にともなって，構造的に再生産される性質のものであったから，この隔たりは広く，根深かった．国勢調査評議会は，このように異なるリアリティを持つ人々に，討議の中でひとわたり意見を開陳させた．その上で，本音はともかく形式上は大方の合意を得た答申を出すことにより，結果的には中央―統計家の想定した方針に沿って，調査の基本線および具体的方針を国家意思として確定する役割を果たしたのである[52)]．

---

52)　この機能は，今日でも，さらに形骸化した形で審議会制度に引き継がれている．

第3部　国勢調査の実施

――国家意思と民衆の生活世界の接点――

第8章　国勢調査事務の実際
——現場で人々は何をしたか——

8.1　はじめに

第2部に見たような手順を経て，中央レベルの政治家，官僚等のあいだでは国勢調査の実施に向けた合意が形づくられ，同時に，調査を現場で担うべき人々の訓練も実施されていった．それでは，1920年に実際に国勢調査が実施された際，実際に地域社会にあって実査を担当した町村役場や国勢調査員は，具体的にどのような活動をしたのだろうか．本章では，1920年について広島県安芸郡戸坂村および東京府北多摩郡国分寺村，また第2回目の大規模調査年にあたる1930年について秋田県秋田市の例を取り上げながら，この点を概観しておきたいと思う．

8.2　村の国勢調査事務——広島県安芸郡戸坂村の例

はじめに，国勢調査員を指揮する立場の町村役場が，どのような手順で調査事務を進めたか，また，どのような点に注意を向けていたかということについて簡単に紹介しよう．用いた資料は，広島市公文書館所蔵の旧合併町村の行政資料のひとつ，安芸郡戸坂村役場文書の中の，「国勢調査関係書類」と題する，村と郡との往復文書の綴りである[1)]．

調査事務の流れ

はじめに，戸坂村における調査事務の日程について概観しておこう．表8-1を見ると，1920年1月の郡長訓示に始まり，3月には講演会なども行

---

1)　広島県安芸郡戸坂村役場文書3010．戸坂村にはこの往復文書の他，村内全世帯に対して実施した予習調査の個票や照査表も残されている．この個票資料は，本書第11章の一部で用いている．

表 8-1 第一回国勢調査の事務日程(広島県安芸郡戸坂村に関係する事項)

日 付	内 容
1月12日	町村長会合の際，安芸郡長天野雨石が国勢調査に関して訓示を述べる.
3月19日	国勢調査講演会(広島市立町崇徳教社にて．講師は臨時国勢調査局統計官二階堂保則．テーマは国勢調査区の設定について).
6月上旬	国勢調査区の設定について，村から郡に報告.
6月10日	町村事務取扱者会議(郡主催).
6月下旬	国勢調査員候補者を村から郡に推薦．郡は各町村からの文書をとりまとめて県に進達(8月辞令).
7月29日	広島県が独自に，全世帯を対象とした「予習調査」を実施することに決定した旨，郡より通牒.
8月3日	国勢調査講演会(県主催．会場は海田市町海田尋常高等小学校および呉市中通り呉座．戸坂村は海田小学校に割当て．町村吏および国勢調査員は出席義務あり．講師は臨時国勢調査局統計官横山雅男).
8月7日	申告書その他の印刷物を受け取る.
8月31日	県が「国勢調査予習方法」を発表．予習用申告書用紙を作成して9月中旬に各世帯主に記入させることを定める.
9月1日	予習用申告書用紙を受け取る(照査表その他の用紙は村で作成).
9月2日	国勢調査員訓練会(村主催．郡の書記が講師として出席).
9月27日	国勢調査員はこの日までに調査区内各世帯に世帯番号札を貼付する．また，各世帯に含まれる氏名と人数等を記した照査表を作成し，村長に報告する.
9月28日～30日	申告書を各世帯に配布.
10月1日～5日	記入済みの申告書を国勢調査員が回収し，検査の上，村に提出.
10月27日	この日までに申告書，照査表を村から郡に送致.

出所）広島県安芸郡戸坂村行政文書 3010 により作成.

われている．村にとって実質的な業務が始まるのは，同年6月，国勢調査区の設定と，村役場の調査事務担当者および国勢調査員の選任が行われた時期からであろう．8月，国により正式の任命を受けた国勢調査員は，各種講演会・訓練会で訓練を受けることになる．調査員訓練の内容は，次節に紹介する国分寺村の例と大差ないものであろう．この間，一般の村民に対しても講話会その他の形で宣伝が行われた．9月中旬，全世帯を対象として，広島県独自の「予習調査」が行われ，10月1日に本調査を実施した．個票の回収は10月1日から5日までの間で，調査員および村役場による検査を経て10月下旬，村から郡役所に向けて送られた.

つづいて，このような流れで行われた村の調査事務の中でも，特に村の担当者たちが注意を払ったとおぼしき点について，いくつか紹介する．

調査区の確定

調査にあたり，村当局がしなければならないことの第1は，国勢調査区の設定と，役場内での調査事務担当者の選任であった．この中で特に調査区の設定については，臨時国勢調査局も，当然のことながら注意を払っており，3月19日には統計官二階堂保則が広島市を訪れて調査区の設定に関する講演を行っている．その要旨は，調査区の規模はひとりの調査員が一日で廻りきれる程度にすること，町村等の自治体のあいだで境界線が確定しないばあいや，水面調査区のばあいに，調査漏れや重複して調査される地区が出ないよう特に注意することなどであった．

次に村がなすべきことで重要なのは，調査に直接携わる国勢調査員を選任し，教育・訓練を施すことであったが，この点に関しては，本節では省略する．

一般村民への宣伝

村の一般住民に対する啓蒙活動は，村がもっとも力を注いだ業務のひとつであった．県も安芸郡も，各種の集会や印刷物を利用した宣伝に力を入れている．郡から村に対しては，各種の集会を利用して宣伝することを求める通牒が，7月から9月までの3か月間を通じて6回出されている．例をあげよう．7月20日の郡からの通牒は，農閑期が宣伝の好機であることを述べたのち，「青年団同窓会在郷軍人会婦人会父兄会の総会或は説教等の節努めて出席し之が宣伝に努められ度」としている．また，9月15日付け郡書記，郡視学連名の通牒は，宣伝の方法として「一，父兄懇話会の開催　二，模擬申告書の作成　三，国勢調査学芸会　四，青年団婦女会の開催　五，国勢調査に関する書き方練習及其の成績の家庭回覧」を列挙している．

ここでも小学校の教員の役割は重視されている．8月23日には郡視学から村にあて「第一回国勢調査に関し研究調査の必要有之左記の通り臨時小学校教員練習会を開催せしめ候」と，9月5日から10日にかけて小学校を臨時休校にして訓練会を開催する旨の通牒が出されている．教員が小学校児童に対して国勢調査の趣旨を説き，子どもたちが家に帰ってその話を親にすることが，宣伝上大きな効果を持ったのである．こうした集会や講習会では，申告書の書式を大きく印刷した「掛け表」が用いられた．

集会や講演会とならんで，ポスターの掲示やパンフレットの配付も重視された．ポスターは，国が作成したものと県が独自に作成したものとがあるが，8月と9月に都合4回，村に送られてきている．宣伝用パンフレットは，県が作成したものと郡が作成したものとが各1回村に送られた．前者は1枚の紙に印刷されたもので全世帯に配られ，後者は『安芸郡報』の号外で「国勢調査」と題されており，在郷軍人分会長，青年団長，工場主，村の事務取扱者，村長，郡会議員，学校長，僧侶，神官に配られた．

その他の宣伝の方法として，県が『中国新聞』『芸備日々新聞』などの新聞社の協力を得て「国勢調査問答」を連載したり，架空の世帯に関する説明文を提示してそれを基に申告書への記入方法を答えさせる「国勢調査懸賞問題」を発表している．さらに，調査時に旅行中の者が申告漏れにならないように，9月には県が「旅行者の注意」と題する旅行者が必要事項を記入して携帯するための用紙を印刷，配布している．

旅行の話が出たので，ここで，人口の移動に関する逸話を紹介しておこう．安芸郡ではちょうどこの時期，陸軍重砲兵の演習が予定されていた．これは実弾による砲撃訓練を含む大規模なもので，人々はこぞって見物に出かける動きを示した．これに対し，郡では調査の正確を期すため，調査日には極力見物に行かないよう呼びかけている．わざわざ陸軍に問い合わせて，重砲の発射訓練が10月1日以降に行われるから，見せ場は国勢調査終了後になる旨を通牒しているのである．

以上のような宣伝，訓練活動の中でもっとも大規模なものとして，前述のように，県が独自に予習用の申告書を作成して，9月中旬に実施するよう各市町村に求めた「予習調査」がある．予習用の申告書は，予習用と銘打ってある他は，正規の申告書と寸分違わぬものであった．

個票の検査

回収された個票の検査は，今日の統計調査と同様，第一回国勢調査でも，調査の正確さを支える前提として重要視された．検査には調査員と町村役場の双方が携わった．いま，村役場で検査すべき項目として安芸郡からの通牒をみると，世帯の構成，職業などの詳細にわたるほか，とくにつぎのような記述が見られる．

（イ）記入事項乱雑にして不明のものは浄書せしめられ度

（ロ）浸潤し易きインキを用ひたるものは浄写すること(浸潤し易き青インキは絶対に不可用(ママ))

（ハ）一部に不良のインキを用ひたるものは訂正又は浄写すること

（ニ）誤字脱字又は略字等ある場合は訂正せしめられ度，之がため記入事項不明となりたる場合は浄写せしめられ度

当時，町村役場でも公文書は毛筆で作成されるのが主流であり，一部に硬筆によるものが現れ始めた程度であった．まして一般住民がペンとインクを使用することはきわめて稀であった．それだけに，国産のインクはまだ品質が悪かったのであろう．調査担当者は，粗製のインクを用いられて，滲みのために申告書が不分明になることを恐れた．郡は，7 月 24 日付の通牒で，使用すべきインクの銘柄まで指定している．

国勢調査申告書の記入は黒色墨汁を以てするを原則と致候も事務の進捗を図るため適当のインキを使用するを得る……(中略)……インキは左記のものを適当と認め候条インキ使用の場合は之を使用せしめられ度候也

ブリウ　ブラック　東京丸善発売　大瓶小瓶あり

著名の文具店にて販売す

「ブリウ　ブラック」とは，いうまでもなく“blue black”のことである．丸善発売というところから見て，これはおそらく舶来品であろう[2]．

---

2)　筆記用具との関係でいうと，安芸郡では 6 月，呉市の坂田某から国勢調査記念として特製万年筆(「スワン A 三号」を標準として製作し「国勢調査」と刻印)を実費(市価 4 円 50 銭のところ 2 円)で提供する申し出を受けたので，各町村に斡旋する旨の通牒を出している．これも，「文明的国家事業」の国勢調査に調査員としてかかわることの格好良さをいやが上にも高めるために，当時としてはハイカラな道具であった万年筆を利用したものである．もっとも戸坂村では万年筆ではなく織物(縮緬)を記念品としたようである．

調査時点の通報

調査当日，町村による周知のための方法についても触れておこう．

国勢調査実施当日の朝と前日には，郡の通牒によれば「東西屋又は使丁」が，国勢調査の実施される旨を触れ歩いた．「東西屋」とは，「トザイトーザイ云々」の呼び声で宣伝文句を触れ歩く，当時の宣伝業の一種であろう[3)]．また，広島市内では9月30日午後11時50分に2発，10月1日午前零時に1発の号砲を第五師団が発射し，調査の時刻を知らせた．号砲の音の届かないところでは，寺院の梵鐘，神社の太鼓などを鳴らして時刻を知らせた．この時期，まだ多くの人にとって，西欧的な時間よりも江戸時代以来の伝統的な時間の方が親しみがあったといわれている．この計時法によると，時間の最小単位は約15分から30分(四半時)程度であったという．つまり，当時の日本人には，ある「時点」の状態を記述するという

---

3) 神戸市役所(1909) 55-56頁には，1908年10月に実施された神戸市勢調査において採用された「東西屋」の口上が，以下のように紹介されている．

> 貧民部落にては終日過激なる労働に疲憊して夜間講話会に出席するの余力なく，又児童も就学せざる者多く，前記方法は是等に対して何等の効力なし．而して戸籍届の怠慢，罪悪の潜伏は斯る部落に有り勝ちの事なれば，彼等は調査の真意を知らず，妄に邪推を逞ふし，其結果忌避隠蔽するに至る可ければ，其誤解を解くは尤も必要なり．之が為めには東西屋を廻はして，滑稽諧謔を交いて平易に其趣旨を説明するを以て，尤も有効なる方法と信じ，東西屋を招き筋書を示し，之に依りて説明し廻らしむることゝせり．……(中略)……東西屋の人数は三名にて，一名は行灯を負ひ，行灯には表に市勢調査と大書し，並べて「うそをついたら二十五円以下の罰金」と記し，横には「市勢調査の御話御聞きなさい」と書し，朱及墨を以て目立つ様に色取り，一名は太鼓を持ち他の一名は口上を述ぶ．其口上は左の如し：
>
> 今晩は市勢調査に就て皆様に御話を致します．此度神戸市より市勢調査と云ふのを行はれます．そこで近々の中に御町内の係の方か，或は市役所の係の方が，ずっと一々人数を調べに参ります．併し是迄人を調べに行くと，又税金が上がるとか，又戸籍の調べとか云ふて，人数を少なく云ふたり，又隠れたり，逃げたりする人が，沢山御座ります．併し今度はそう云ふ事があると，二十五円以下の罰金で御座ります．其市街にどれ丈けの人が住んで居て，どれ丈けの職業があると云ふ事を，只明細に調べるので御座ります．何も税金だとか，戸籍だとか，其んなやゝこしい事は一切無し．仮令一人でも余計住んで居れば，神戸市の名誉になります．そこで調べに行った節には，二階に何人なら何人，又居候が何人なら何人と，事明細に御話を願いたう御座ります．尚詳しい事は御町内の係の方に聞いて戴けば直ぐに分ります．尚日は来る十月三十一日夜の十二時に，親類から来やうが，無籍者が来て泊らうが，其んな事に頓着なし，其晩泊った人の数を，明細に御話を願いたう御座ります．

罰金の規程をいい立てるなど，今日の目からは，この口上のどこが「滑稽諧謔」なのか，首をかしげたくなるような内容であるし，これではかえって人々に警戒心を抱かせるのではないかも思われるが，ともかくもこのような内容の宣伝文句が，「東西屋」という，音声による媒体にのせられたわけである．

感覚は希薄であったと考えられる．そこに現在人口主義で調査を実施したため，こうした形で「その瞬間」を意識させる必要があったのである[4]．

8.3　農村の国勢調査員――東京府北多摩郡国分寺村の例

つぎに，東京府北多摩郡国分寺村(現・東京都国分寺市)で国勢調査員をつとめた農民，小柳孫四郎の日記を紹介しよう．小柳は1895年生まれで，1920年当時は25歳であった．かれは若いころから自分の経営やその他の活動について詳細な記録を残しているが，第一回国勢調査の調査員に選任された際には，『第一回国勢調査摑簿　本申告書写並全書類』『第一回国勢調査摑簿　本申告書並照査表』『国分寺村字国分寺戸籍原簿写』という3点の簿冊を特に編成している[5]．そこからは当時の一農民が，調査員として，国勢調査に伴う諸々の事務作業にどの程度時間を割いたか，また調査そのものに対する理解がどの程度のものであったかが窺われる．

国勢調査員の業務内容

まず，『第一回国勢調査摑簿　本申告書写並全書類』から，国勢調査員の業務内容と，それに要した時間について見よう．国勢調査員の業務内容は全国一律であるから，どの地域をとっても小柳の例と大同小異であったと見てよい．こうした記録は，あまり知られていないので，煩をいとわず長文の引用をすることにした．

第一回国勢調査　大正九年十月一日午前零時施行

国分寺村長中藤俊弥氏に任命せられし調査員

大字国分寺　　第一区　本多龍雄　　第二区　小柳孫四郎
大字停車場　　第三区　原武雄　　第四区　外山正一

---

4)　二階堂保則(講述)(1920)は，次のような逸話を紹介している．それによると，彼がある地方で講演したとき，話を聞き終わったひとりの村長が真顔で質問したそうである「先生どうも困ることができました．実は提灯が足りません」と．この村長は，国勢調査が10月1日午前零時の，その瞬間の状態を調べるのだと聞いて，それならば真夜中に人々を叩き起こして調査しなければならないと思ったのである．

5)　国分寺市，小柳實氏所蔵文書．

	第五区	戸倉松之助	第六区	市倉敏雄
大字本多	第七区	岩崎勝五郎	第八区	篠宮勘左衛門
大字恋ヶ窪	第九区	尾崎仙次郎	第十区	鈴木明治郎
大字内藤新田	第十一区	高杉久太郎		
大字戸倉新田	第十二区	清水久太郎		
大字野中新田	第十三区	川窪勘左衛門		
大字高木新田	第十五区	関田幸太郎		
大字榎戸新田	第十四区	榎戸栄次郎		
大字平兵衛新田	第十六区	中村つね		

右正調員計十六名

他に予備員四名

戸倉松之助，石川岩吉，須崎広助，中村新七

国勢調査に関する件

四月九日　午前　役場にて調査員選定

四月十五日　郡役所にて東京府庁より中村主任来り国勢調査に関する講演す

四月十六日　郡役所にて内閣統計官横山博士来り国勢調査の講習す

七月十五日　午前　役場にて国勢調査に関する件調査区分担に関する件

七月廿三日　午前　役場にて戸籍原簿を写して来る

八月二日　辞令徽章及び規則書照査表達す

八月三日　午后　府中学校にて訓練会開催夜宣伝活動写真開催

八月四日　区域内を宣伝ながら照査表を作る

九月一日　午前　訓練会宣伝会講演会開催に関する件練習用申告書用紙配布の件其の他の件

午后　予備調査に着手し各戸より姓名と出生年月日を書せて集める

九月二日　昼夜予備調査す

九月三日　予備調査申告書を昼夜配付す

九月五日　　夜　申告書蒐集す

九月六日　　夜　申告書調査す

九月七日　　夜　申告書調査す

九月八日　　午後　国分小学校にて郡役所より吏員来り予備申告書を検査す又村民一般に宣伝し余興に浪速節有り

九月十八日　午前　役場に集合し調査事項問答

九月廿三日に申告書用紙来る

九月廿五日　夜　申告書用紙に大字及び番地を記入す

九月卅日　　正午迄に申告書用紙を配付す

十月一日　　正午迄に申告書用紙を集め午后夜迄点検す

十月二日　　夜　照査表整理す

十月四日　　午前　申告書を検査し正午迄に役場え申告を出す

十月十五日　役場え集合し調査員の紀念撮えーし後俸しゅー金五円受取後慰労会挙行す

調査に関し費消せし日間凡十一日半夜七回

4月9日に任命されてから10月15日に慰労会が行われるまでの半年のあいだに，調査員としての活動があった日数は23日であり，実働時間は，小柳自身の計算によれば「凡十一日半夜七回」であった．特に9月，東京府による「予備調査」の実施以降は，申告書の配布と収集，点検等で多くの時間を費やしたことが判る．農閑期とはいえない9月から10月にかけて，これだけの日数を割かれるのは，通常の農家にとっては痛手であり，経営にゆとりがなければ職務遂行が困難だったことは想像に難くない．逆に，このような職務が遂行できること自体，その家が，地域でも「有福」と見なされることを意味したのであろう．

記事の内容を見ると，書き出し部分に「国分寺村長中藤俊弥氏に任命せられし調査員」として村内16調査区の調査員の氏名を列挙し，記事の最後には村役場に調査員が集合して記念撮影し，報酬金5円を受け取って慰労会をしたことなどが書かれている．また，4月には東京府庁の「中村主任」や「内閣統計官横山博士」から直接話を聞いたことを書き記すなど，全体として，国勢調査員として業務に携わることを誇りに思う小柳の心情が伝わってくる．調査員として選任された者には，一般に，江戸時代の村役人の系譜をひく者が多かったが，小柳家はそうではなく，地域社会では，いわば“nouveau riche”であった．そうした家柄の人々に伍して国勢調査員のメンバーに加わることは，小柳にとって，地域における自己のステイタスの確認の意味もあり，喜ばしいことだったのであろう．

以上のように，経済的理由からも，政治的理由からも，国勢調査員に選任され，それを受けることは，当人たちにとり，地域の名士としての裏書きを国家から与えられるのと同然の意味を持った．

さて，この引用中に，注目すべき記述が含まれている．それは7月23日の「午前　役場にて戸籍原簿を写して来る」という下りである．晩年の小柳は，この理由について以下のように語った．すなわち，村の住民の中には，誕生日などの調査事項にどう答えてよいか判らない人が多かった．そこで，戸籍によらなければ申告書を埋められないので，自分の担当する調査区の分は全部筆写してきたというのである．このような形で調査員が戸籍簿を写し取り，それをもとに人々の回答をチェックするケースが多かったとするなら，それは，この調査における人口の定義を，現在人口主義から，従来の人口静態調査の人口の定義，すなわち本籍人口に出入りの寄留を加除したものに，実質的に変質させる行為である．第3章に見たような統計家たちの観点からは，これは国勢調査の意義を根幹から揺るがすことになる．同様の現象は，第9章に『信濃毎日新聞』の記事を見る際にも，松本市について報じられている．この問題がかなり広範に，しかも，ここに見るように，調査員が関与するという意味で，組織的な形で発生している可能性を指摘しておきたい．

調査員による国勢調査の理解

つづいて，小柳の国勢調査理解についても紹介しておこう．『第一回国勢調査摑簿　本申告書並照査表』は，府中で行われた「訓練会」の筆記録を含んでいる．

大正九年四月十五日午前九時北多摩郡役所に於て国勢調査講習開始講師中村曰く国勢調査の件と国勢と統計との関係統計の必要統計確定せ

ずんば経済戦の根底なし而して申告人の申告書は係員は秘密にする事但し公表の場合には罪金又は科料に処せらるべし

人間社会の出来事を一見すれば雑然たる如くなれどもこれを統計上より見れば極めて整然たるものなり例えば男百五人に対し女百人なりと云ふ如く一定の法則に従ふものなり然ればこれをより一層調ぶるには統計学にしかず其の国勢を調査する役員左の事項を心得べきこと

一，問ふ事明なる事　　二，疑の起らざる事
三，可成手数を少なくする事　　四，親切にする事
五，秘密にすること　　六，少く聞て多くを知る事
七，挙働を慎む事等

午後四時完る

翌十六日横山講師曰く国勢調査は人口工業生産其の他国の存亡に係る事項を調査する事にて英語にてはセンサスと云ふ然れども我国にて今度行ふ国勢調査は主として人間が大なる本となる事之を調ぶる事全ければ善政をしくことを得而して之を調査するに人口の場合にても左の別あり

一，戸籍人口　戸籍による
二，常住人口　定期間内に住するもの
三，現在人口　一秒時間の現人口

今度行ふ国勢調査は即ちこの内の第三位なり申告書に記入する時には左の事項を心得べき事

一，氏名　　二，世帯に於る地位
三，男女の別　　四，生年月日
五，配偶関係　　六，職業及び職業上の地位
七，副業及び副業上の地位　　八，出生地
九，民籍別及び国籍別等

大正九年三月五日の官報を見ること

	不態(ママ)的事項	小票法		大数観察
性質	不利的事項	法方(ママ)	結果	大量観察
	不許的事項	様式法		単位観察

静態(現在調)普通人口調査

動態(一定期間内調)特別非常人口調査

以上午后三時半完る

わずか数時間ずつ，2回ばかりの講義で，素養のない受講者にどの程度の知識が身に付いたかは，もちろん疑問である．しかし，統計と総力戦との関係，大数法則の記述的な説明，個人情報の秘匿，調査対象への調査員の接し方，人口の定義，調査項目の説明，個票調査と表式調査の区別など，重要なポイントが説明され，小柳によって文字として書き留められたことは，注目に値するものと言えよう．前節の広島県の例でも，臨時国勢調査局から横山雅男が出張し，町村の国勢調査員対象に講義を行っている．このような形で，全国何十万人かの国勢調査員が，統計学の基礎に関する講義を受けたことは，国勢調査が滞りなく遂行されるためばかりでなく，その後の各種の統計調査の質を高める上でも，大きな効果を持ったと推測される．

8.4　都市における調査員——1930年秋田市の例

最後に，1930年の第三回国勢調査の際，秋田市の調査員であった赤穂津俊蔵の「国勢調査員日誌」に，都市部の国勢調査員の活動内容についてみることにしよう[6,7]．ただしこの「日誌」は，国分寺村の例と異なり，調査半月前からのもので，内容もはるかに簡略である．

国勢調査日誌

秋田市第三十三区調査員　赤穂津俊蔵　　(印)

昭和五年九月十五日午前八時市役所に於ける調査員会議に出席す

九月十九日午後一時より外部調査の為め調査区内を一巡す午後三時終了

九月二十一日午前八時より調査区内各戸に就て照査表第一欄より第六

6)　秋田市行政文書『昭和五年　国勢調査関係書類』所収.

7)　原文はカタカナ正字体表記であるが，引用にあたりひらがな新字体にあらためた．また，文中の地名及び人名は適宜変更してある．それ以外はすべて原文のまま．

欄までの調査及世帯番号札貼付し申告書草稿紙を配布し午後五時終了す
九月二十五日第三回巡視を行ひ二十一日不在者に草稿紙配布と同時に申告紙記載要領を説明す
九月二十五日午前十一時市役所に出頭し照査表を提示し申告紙九十枚を受領す
九月二十七日第四回巡視を為し更に草稿紙に就て記載方を説明し尚ほ書き得ざるものに対し草稿紙に代筆し三十日午後十二時まで異りなければ此通り本申告紙に浄写すべき旨を説示し本申告紙を配布す
九月二十九日，三十日の両日各戸に就て草稿紙を点検し異動に関する所不備のヶ所を訂正す
同日巡視の際 A 町より転入一戸(世帯番号第三〇号に同居)を発見し更に B 町十三の一の牛小屋内に住居せる○山○子他二名を発見し共に申告紙を配布し照査表に追加す
C 町一番地に在住せる×川×男 D 町に移転に付照査表より削除す
E 町二番地の空家に△谷某一家 F 町より転入せるを以て調査したるに F 町に於て申告書に記入せる由申さるるに付当調査に入れず
十月一日午前八時より申告書集めに従事す概ね兼て説示せる草稿紙により浄写しありて比較的手数を除かれたり僅かに代筆せるもの八件に過ぎず
巡視の際不在又は未だ浄書せざるもの八件ありしを以て午後三時より更に巡回し之を集め一日中で全部の申告書を受くるを得たり
G 町二十二番地世帯番号第一五号□木□子は不在なりしも申告紙を玄関前外部にピンを以て留め置きたるは其心掛最も適当なりと感ず
十月二日申告書及照査表の記入各種検査を了し失業者表を調製し茲に調査員業務の全部を終了す
十月三日調査書類を一括し秋田市長に提出す
要するに今回の調査は調査事項の複雑なるに比し一般市民の了解宜しを得たると準備調査の綿密なりしがため当区域内に於ける市民の調査員に対する態度好感にして調査業務実施に際し大に便を得たり

右報告候也

調査への住民の対応は，赤穂津の記述によれば，概して協力的だったようである．また，彼が投入した時間を計算すると，約半月の間に延べ 9 日間となる．その多くは，調査区内の巡回，「草稿紙」への記入の指導とその点検，申告書の配布とその点検等であり，そのほとんどが朝から夕刻までを費やしている．国分寺の例と比較しても，かなりの密度といえよう．

この期間中，80 世帯弱の調査区で新たに転入転出が 4 件あり，その対処をしていることは，都市の調査区に固有の事情であろう．代書も 1 割ほどある．この業務が，申告書の配布点検等とならび，調査員にとって重要な位置を占めたことが窺われる．ただし，国分寺でみられたような戸籍簿の転記は，ここでは行われた形跡がない．赤穂津はあくまで住民から聴き取りによって「草稿紙」を点検しているようである．

最後に，赤穂津の記述からは，小柳同様，調査員として国勢調査にかかわることを名誉と感じている様子が窺われる．この点は，10 年の年代のずれがあり，地域も隔たっているにもかかわらず，国分寺の例と共通している．内閣総理大臣によって国勢調査員に任命されることは，人々にとって名誉なことであり続けたのである．

第9章　国勢調査の宣伝と報道
——国家意思と国民をつなぐもの——

9.1　はじめに

国家意思と国民をつなぐもの

本章では，国勢調査の設計者と，調査対象である一般住民とをつなぐ存在として，当局の宣伝活動およびマスメディアの報道を取り上げる．目的は，「国勢調査の実施」という国家意思が，実際にはどのような形で，また，どのような内容をもって，人々に伝えられたかについて，探ることにある．ただし，人々(あるいは一般住民)といっても，その中には属性を異にするさまざまな社会階層を含んでいる．本章では，この点を考慮に入れるため，想定する対象が異なる複数のメディアを取り上げ，この「人々」の集団を，都市の知識階層，農村の名望家層，一般の庶民と，可能な限り構造的に捉えることを試みたい．別の表現をすると，本章で取り上げるのは，国勢調査がもつ「国民統合の手段」としての側面の一部である．

この表現については，少し説明が必要であろう．

統計調査とは，国家がその支配下にある人々や事象を把握するための技術の一種であり，その採用の決定，設計と運用は，国家的意思決定に与る人々の集団によって行われる．本書では，主として第2章から第7章において，この人間集団の中で，国勢調査に関係する意思形成がいかに行われたかについて調べた．

さて，いったん調査の実施が決まり，その具体的な方法も定まってくると，次に必要になるのは，その調査の対象となる人々をして，調査に協力させるよう組織することである．すなわち宣伝・啓蒙活動である．統計調査の実施主体としてあらわれる狭義の国家は，「国民」をあるがままの客体として捉えようとする一方，他方では宣伝・啓蒙活動等を通じて，調査という国家事業に協力し参加することに積極的な価値を感じるよう，「国民」を教化しようとする．この意味で，国民統合の一手段としての側面を，統計調査はもつのである．

この観点から見て，1920 年 10 月 1 日午前零時を期して実施されたわが国初の国勢調査は，画期的なできごとであった．それまでに行われてきたいくつかの統計調査——その中には工場統計調査のように個票による全数調査も含まれる——と異なり，国内にあるすべての世帯に対し，そこに所属する個人の氏名，世帯における地位，男女の別，出生の年月日，配偶の関係，職業および職業上の地位，出生地，民籍または国籍別の 8 項目について回答を求めたためである．従来の統計調査が町村の吏員，大字の区長や伍長，あるいは工場主といった，地域でも比較的限られた，経済的にも教育の面でも比較的恵まれた人々に回答を求める面が強かったのに，この調査では従来統計調査などとは無縁であった一般民衆に至るまで回答を求められた．すなわち，一般国民に対する狭義の国家による働きかけという観点から見るとき，その対象となる人々の広がりが最大である点で，国勢調査は，他に類を見ない調査なのである．また，1920 年というこの時期は，日露戦争，第 1 次世界大戦を経て，日本の社会経済の構造が急激に変化した時期でもあった．この変化にともない，人々が互いに取り結ぶ諸関係も変化する．「全員参加型」の調査である国勢調査は，この時代環境の中では，国民再組織ないし再統合の手段としての意味も担うことになる．

各種の宣伝活動

初めての国勢調査の実施にあたり，調査担当者は，当然のことながら，その趣旨や回答方法などの，国民各層に対する周知徹底に腐心した．1920 年 8 月から 9 月にかけ，臨時国勢調査局の幹部職員等が「宣伝部隊」を組織し，全国各府県を行脚し，調査対象とじかに接する立場にいる県や郡市町村の関係者を相手に講演を行ったのもその一例である．

道府県レベルでも，さまざまな宣伝活動が行われている．例を北海道にとるなら，以下のようである．

① 口頭による宣伝：統計講習会，講演会，各種会合，興業の幕間，国勢調査活動写真の説明，屋外講演，幻灯の説明，小学校における講話，

宗教家の応援，唱歌俗謡，徴兵検査時の講話，簡閲点呼時の講話，運動会，調査員による説明会

② 文字による宣伝：新聞紙，雑誌類，諭告，運動会報，チラシ，小冊子，ポスター，申告書用紙掲示，申告書掛け図，活動写真，調査区指導標，名刺封筒，幔幕，スタンプ，標語・唱歌・俗謡等，表札

③ 特別施設による宣伝：新聞，演劇，活動写真，幻灯，飛行機，路上投光映写，廻り灯籠提灯高札等，各種懸賞，国旗掲揚，汽笛梵鐘太鼓花火等，行列，運動会，広告塔[1)].

当時考えられたあらゆる方法を用いて宣伝に尽くしていたということになろう．また，当局が意図したわけではなくとも，新聞報道等に取り上げられることにより，事実上の宣伝が行われたケースも多い．

とりあげる資料

こうした手段を通じて行われた宣伝や報道の内容は，いったい，どのようなものだったのであろうか．これら宣伝が想定した対象が異なるにしたがい，その内容はどう変わってくるのであろうか．本章では，この点について考えるため，各種の宣伝や報道の手段の中から，新聞および「唱歌俗謡等」をとりあげる．各種の宣伝の中からこの二種類だけを取り上げる理由は，この両者のみが，活字化され，数多く残されているという，資料上の条件による．これは，いわば偶然の産物ではあるが，それぞれの宣伝が対象とした人々の特性を考慮に入れるという観点からいうと，都合のよい面もある．この点についても，少し述べておこう．

---

1)　北海道庁(1922)による．ここに列挙されたような宣伝方法は，広島県安芸郡戸坂村や，福島県庁など，他地域の行政文書をみても，ほぼ同一である．なお，当時はまだラジオ放送が開始されていなかったので，当然のことながら宣伝の手段には入っていない．第三回(大規模調査としては2回目)国勢調査が実施された1930年には，現れて間もないこのメディアが早速宣伝に利用された．大阪市では，9月30日夜と10月1日朝の2回にわたり「国勢調査申告に遺漏はありませんか」と，放送で呼びかけた．また，このときの宣伝には，吉本興業部が全面協力し，当時コンビを組んで活動を始めたばかりだった横山エンタツ・花菱アチャコをはじめとする芸人らが「国勢調査宣伝漫才」を演じるなどしたという(以上，大阪市役所 1931)．

「唱歌俗謡等」の資料的意義

都々逸，川柳，唱歌などをはじめとする「唱歌俗謡等」が記録に残された経緯で，ひとつだけ明らかなのは，これらが，人々の純然たる日常感覚による，内発的なものではないという点である．これらは総て，道府県等の行政当局によって，国勢調査宣伝のために懸賞金つきで募集されたものだからである．これに応募して入選した人々は，おそらく，都市農村を問わず一定以上の教育を受け，社会的にもしかるべき位置にある人々であったろう．具体的には，農村でいえば江戸時代以来の人的結合関係を代表する立場にある区長や什長・伍長，青年団の役員，学校教師など．都市でもおそらく同様で，これらの他，方面委員，衛生組合の代表などであろう．以上をまとめていうと，国勢調査員に任命された人々[2)]と大体同じ社会階層が，応募の主体になっていたのではないかと，筆者は推測している．

ただし，そうはいっても，都々逸をはじめとするこれらのジャンルは，当時の人々の生活の中でごく日常的に親しまれた表現様式であった．それだけに，そこに盛り込まれる内容は，庶民の日常的な生活感覚に密着したものでなければ，訴えかける対象となる人々から受け入れられにくい．宣伝として作成される以上，人々から受け入れられることは，不可欠の条件である．したがって，行政当局の募ったものであり，作者が地域の中心人物に偏っていることが推測されるといっても，一般的な人々の感覚を必ずいくばくかは反映しているはずである．

簡単にまとめておこう．これらは，調査を実施する当局が宣伝をしようとする意思のもと，その意思を汲んで，各地域(町村や大字程度のレベル)の中心的な人物が，自分の地域の人々にとって受け入れられやすい内容を読み込んだものである．したがって，そこに反映されているのは基本的には当局の意図である．本章では，「唱歌俗謡等」を，基本的にはこの観点から取り扱う．しかし，具体的な題材の選択に地域住民の生活感覚が反映していることは，やはり考慮に入れられるべきであろう．ただし，後述する新聞のように，想定される読者の社会階層がある程度はっきり推定できる

---

2) 国勢調査員に任命された人々がどのような階層に属するかについては，第10章を参照．

ケースとは違い，「唱歌俗謡等」に関しては，調査実施当局に相対する限りでの地域住民としか，人間集団の属性を推定できない．その中には，いわゆる名望家もあれば，底辺に生きる人々も含まれる．この点が，資料としての「唱歌俗謡等」の性格を曖昧にしている．

新聞記事の資料的意義

新聞は，いうまでもなく，当時のマスメディアとしては，活動写真や雑誌，演歌等とならんで最も有力なものの一つであった．しかも，訴えかけの対象という点で「唱歌俗謡等」が曖昧な性格をもっていたのに対し，当時の新聞は，ある程度読者の社会階層が定まっていた．各紙が想定する読者層によって，取り上げる記事の内容も，また取り上げ方も，大きな差異があったと考えられている[3]．本章では，『東京朝日新聞』と，『信濃毎日新聞』を事例として取り上げるが，前者は都市の知識階層を読者として想定しているのに対し，後者の想定する読者層には，農村住民(多くの養蚕農家を含む)が重要な部分を占めていたと考えられる．もちろん，農村で新聞を定期購読する階層は，文字通りの「一般」住民ではなく，村内でも上層に偏っていたことはいうまでもない．しかし，当時，民衆の識字率は目立って向上していたといわれるし[4]，また長野県に多かった養蚕農家が，繭相場に対して切実な関心を寄せていたことを考えると，第一面に繭相場を掲載した『信濃毎日新聞』の読者は，農村社会で，それほど特殊な存在ではなかったであろう．いずれにせよ，それぞれの新聞は，自らの読者層が抱く興味に応える記事を掲載しないわけにはいかなかったはずである．ゆえに，これらの新聞に掲載された記事の特徴点を調べることは，同時に，「住民」をいくつかの階層に区分しながら，国勢調査に対するそれぞれの認識のあり方を探ることにもなる．

ここで，「唱歌俗謡等」も含め，三種の検討対象について，その制作主体と想定された対象を軸に，資料としての特性を整理しておこう．『東京朝日』は都市の知識階層が都市の知識階層を読者と想定して編集した．

---

3)　山本武利(1981)など．
4)　清川郁子(1991)．

『信濃毎日』は都市の知識階層が農村地域の中心人物たちを読者と想定して編集し，「唱歌俗謡等」は，都市・農村問わず地域の中心人物らが，当局の意を体現する形で，自分たちをも含む地域の一般住民を対象に作ったものと見ることができよう．

9.2 国勢調査宣伝短句——唱歌，標語，都々逸等

はじめに

本節の作業にあたり，臨時国勢調査局(1920a)，大阪市(1921)および北海道庁(1922)を利用した．理由は，大阪，北海道では懸賞金をつけて標語をはじめとする短句を募集し(図 9-1)，かつその結果が刊行されているためである．また，臨時国勢調査局(1920a)に収録されたものが，具体的にどのような方法で収集されたかは明らかでないが，その多くの部分が大阪，北海道で見られるものと全く同じであることから，各地で行われた同様の宣伝企画の結果をとりまとめたものと推測される[5]．ここで「短句」とは，標語，短歌，一口話，川柳，都々逸を，筆者が仮に総称したもので，今のところ全部で 161 編が利用できる(表 9-1．なお，これらの資料には，この他に長唄等「短句」とは呼びにくいものも収録されている)．各種のジャンルの中では都々逸が 74 編と，最も多い．また，大阪，北海道で独立に懸賞金をかけて募集しているにも関わらず，複数のジャンルで両方に全く同じ文言のものが存在する．たとえば，「国勢調査に入らぬ(混じらぬ)人は，死んだお方か影法師」「沖の白帆も今宵は見えぬ，国勢調査で港入り」という都々逸などがそれである[6]．この原因については今のところ推測によるしかない．考えられる説明として，①全国的に流通している常套句があって，そ

---

5) 他の府県，たとえば広島県でも同様に懸賞金付きの短句募集を行っている．大阪，北海道の短句を中心に取り上げたのは，単にたまたま筆者にとって入手しやすかったという事情によるので，今後も新たな資料を入手次第拡充したいと考えている．

6) 広島県安芸郡戸坂村役場文書 3010 によれば，「国勢調査に入らぬ人は云々」の方は，広島県でも入選作になっている．また，「沖の白帆も云々」の方は，大正 6 年頃添田啞蟬坊作詞の「新磯節」に「沖の真ん中に　白帆が見ゆる　船は帆まかせ　帆は風まかせ　わたしゃ　あなたの　心まかせに　なる身じゃないか」という一節があり，類似の文句が人口に膾炙していたものと見られる．添田知道(1963)参照．

図9-1 短句募集ポスター

注）大阪市(1921)にカラーで掲載された．

表 9-1　宣伝用短句等の分布(内容別・ジャンル別)

分　　類			標語	短歌	一口話	川柳	都々逸	合計
A	調査の大義名分	国力を強調	5	5	1	6	0	17
		課税・犯罪	1	0	1	0	2	4
	調査への参加	調査協力	7	1	0	0	4	12
		調査員	0	0	0	0	2	2
B	実態に即した申告		15	1	2	0	8	26
	悉皆調査	悉皆調査	2	3	4	2	5	16
		乳幼児	0	0	0	1	3	4
		新所帯	0	0	1	2	5	8
		各種の世帯	0	0	0	0	4	4
	不在者の申告	不在者	0	0	0	0	4	4
		浮気・逢瀬	0	0	0	0	9	9
		旅行・出張	0	0	0	3	4	7
	代 筆 等		0	2	0	1	1	4
	申告書提出期限		0	0	2	0	3	5
C	申告書各項目	8項目一般	2	1	0	0	0	3
		氏　名	0	0	0	1	0	1
		生年月日	0	0	0	1	0	1
		内縁・妾	0	1	3	4	9	17
		新婚の花嫁	0	0	0	0	4	4
		離別・死別	0	0	0	0	4	4
		職　業	0	0	0	1	1	2
D	分類困難なもの		1	1	3	0	2	7
総　　計			33	15	17	22	74	161

出所）臨時国勢調査局(1920a)，大阪市(1921)，および北海道庁(1922)による．

注）ここに掲げた短句等の他に，長文で複数の内容をあわせ持つものがある．臨時国勢調査局(1920)に現れたものを列挙すれば以下の通りである．唱歌(長崎県，滋賀県──以上の2編は楽譜つき──，大阪府，福島県石城郡，京都府天田郡，福岡県大沼郡旭村，和歌山県伊都郡高野村，鳥取県米子町──「戦友の節」と「センサス節」の2編──，京都府葛野郡嵯峨小学校長)，センサス節(新潟県北蒲原郡滑川村)，クドキ節(大分県石黒村)，新磯節，新庄節，オバコ節，安来節，「槍錆」の替え歌，大津絵(オイオイ親父の替え歌)，サノサ節，喇叭節，掛合歌，数え歌(2編)，鴨緑江節，いろはうた．

れに「国勢調査」などの，誰でも考えつく単語を挿入した，②「投稿マニア」が存在し，各地の懸賞に同じ文句で応募した，③他の地域の地方紙などに掲載された入選作を自分の作品として応募した(すなわち剽窃)，以上の3点を上げておこう．

さて，表9-1にあらわれたジャンルは，標語は別として，どれも当時の庶民にとってはごく親しみやすい表現形式であった．一日の労働を終えた亭主が熱い湯に浸かり，身体がほぐれてくるとよいご機嫌で都々逸をうなるなどという図は，ごく普通の情景だったのである．

宣伝用短句の内容

宣伝用の短句は，大きく以下の4種に分類できる[7]．

A. 人々に国勢調査の大義名分を訴え，主体的な参加を呼びかけるもの，

B. 調査方法に関するもの，

C. 申告書の各項目に関するもの，

D. 分類の困難なもの．

このほか，長文で，内容的にも各項目にまたがっているものがある．順を追ってみていくことにしよう．

国勢調査の大義名分

まず，Aのグループに属するものは全部で35編ある．ここで注意を促しておきたいのは，国勢調査を日本が「一等国」「列強」ないし「文明国家」の一員となったことの証左として位置づけ，国家主義，あるいは排外主義的な感覚に訴えようとする傾向が強いことである．代表的な例をあげよう．

標語「国勢調査は文明国の鏡」

短歌「とつ国にまさるみくにのたみ人を，しらべて後にほこりとやせん」

都々逸「国勢調査が土台となって，日本が世界の覇者となる」

---

7)　筆者による事後的な格付けの結果であり，原資料でこのような分類がなされているわけではない．

この時期はちょうど第1次世界大戦の終戦直後にあたる．日本も「戦勝国」として，中国に利権を獲得したり，南洋群島の統治を国際連盟より委任されるなどの事情から，一般の国民の間にもこうした気分が強まっていたといわれる．国勢調査も，この一環として捉えられたし，それは当局の意向にもかなったのである[8]．

こうした中で，国勢調査に関わることを名誉と考える空気があらわれるのは，自然であろう．収集した短句の中にも，数こそ少ないが，そうした内容を持つものが見受けられる．

標語「一枚の紙で御国へ御奉公」

同「己を調査員と思へ」

短歌「生きがひの老し我が身の嬉しさよ，調べの数に入ると思へば」

都々逸「待ちに待ったる国勢調査，早く申告してみたい」

一口話「親父「大きい身体をしやがって仕事は半人前もできないぞ，恥を知れ」 与太郎「エヘン国勢調査じゃァ一人前なんだい」」

これらは，「国民統合の手段」としての国勢調査の性格を，最もあからさまに反映している．全員が一人前の国民として参加できるという，この参加意識は，明らかに人々をして目前の利害の不一致を忘れさせる．これに，前述の日本優越主義的な要素が加われば，共通の「敵」を前にすることで，この効果はさらに高まる．これと同様の現象は，数年後に普通選挙制度が実施された際にも観察される[9]．

さなきだに「参加」意識が鼓舞される中，まして調査員ともなれば，内閣から辞令を受け取るなど，庶民にとってはかつてない晴れ舞台と意識された[10]．次のような作品も作られることになる．

---

8) もちろん，中央レベルの調査設計者の認識が，これにとどまっているわけではない．彼らは，総力戦としての第1次世界大戦の結果，センサスによって国力を正確に把握することの必要が明らかになったと主張し，講演会等，地方官僚向けの宣伝の中でも，この主張を繰り返している．

9) これと同様の現象が，高校野球やオリンピックなどのスポーツでも観察される．日頃いがみ合っている上司と下僚が，高校野球が始まると，同じ出身県だということで，たちまち意気投合してしまうというような事例は，しばしば見られる．共通の「敵」を前に，内部的な矛盾が一時棚上げにされた状態である．オリンピックでは，この現象が，国家を単位として生じる．日本がいくつメダルを取るかということに多くの人々が熱中するが，そのとき人々の間での，また人々と国家との一体感は，いつになく高まる．日本の近代史上では，これと全く同様の現象が，「満州事変」のような侵略戦争でも生じた．

都々逸「徽章掛けたるお主の写真，家の記念に残したい」

同「ぬしは平常多忙であれど，お請け下さい調査員」

都々逸としての出来映えは，このさい云々しない．とりあえずこのようなものが作成，応募され，当局の眼鏡にかなって入選作となったことだけが，ここでは意味がある．さて，ここに詠まれたような感覚が存在することは，中央でも充分承知しており，意識的にこれを利用して国民を組織しようとした．この点に関しては，国勢調査評議会における議論その他からも窺うことができる[11]．

もっとも，人々による受け止め方は，当然のことながら，肯定的なものばかりではない．調査結果が徴税の材料や犯罪捜査に利用されるのではないかという危惧を抱くものは，やはり多かったと見られる．この点について，短句でどのように表現されているかを調べると「国勢調査」を「国税調査」に掛けた一口話などがあるにはあるが，その数はあまり多くない．

一口話「婦「国ぜい調査ってまた出す方ですか」 主「国勢と国税は似て非なるもの出すものがちがひます．世帯の有のまゝを書き出すのです」」

このテーマは，たかだか数十文字ほどの短句で表現するには，人々にとって深刻かつ複雑すぎたということであろう．調査の根幹に関わるこのテーマは，講演会や映画などで多く取り上げられたらしい[12]．

---

10)　このことを物語る例として，『信濃毎日新聞』の1920年9月21日の記事「国勢調査宣伝珍話　チョク任官吁此の光栄」を挙げることができる．この記事の報じるところによれば，当時国勢調査員を「チョクニンカン」と呼んだが，これは「勅任官」ではなく，内閣が直接任命するという意味の「直任官」である．しかし，音としては同じ「チョクニンカン」であるので，国勢調査員に任命された人々の間では，これを非常な名誉と感じる者が多かったという．

11)　たとえば，1919年5月30日，臨時国勢調査局主催の道府県調査部長及主任会議における同局次長牛塚虎太郎による講演『国勢調査概論』や，1920年8月発行の臨時国勢調査局調査課長二階堂保則の講演記録『国勢調査聴覧』などにも，この点にふれた記述が見られる．

12)　添田知道(1963)は，添田唖蟬坊の「新ノーエ節」を紹介しているが，この中には次のような一節が見られる．「国勢調査はノーエ　決して税金をノーエ　絞りとるサイサイためでは決してないと　脛に傷もつノーエ　おかみの役人がノーエ　赤いサイサイビラなどお湯屋へ配る」．ここに表明されているのは，国勢調査局の宣伝と裏腹に，当時一般の人々が国勢調査に対して抱いていた強烈な疑念であろう．

調査の方法と心構え

Bのグループには87編が含まれる．内容的には，①実態に即した申告をすべきこと，②悉皆調査であること，③不在者の申告に関すること，④代筆などについて，⑤申告書の提出期限に関するものが含まれる．ジャンル別に分布を見ると，①に標語が多いのは，「正直に書く程国は光る」のように，やや固い内容を表現するためであろう．川柳がこのグループに全く見られないのも，この点から見てうなずける．短詩のこの形式は，日常の出来事を洒落のめすことによって相対化することを得意とするからである．これ以外の内容，とくに②と③では，逆に川柳と都々逸が多い．②では新生児や新所帯の取り扱いなどが，また③では不在の原因として浮気などが取り上げられやすかったためであろう．例をあげると，②「悉皆調査」に属するものとしては，次のごとくである．

川柳「産声に一人追加を急に書き」

都々逸「願ひ叶ふて持ったる世帯，嬉しや国勢調査の数に入る」

同「国勢調査に混らぬ人は　死んだお方か影法師」

同「破れ世帯もうれしく今日は　書いてだします包まずに」

都々逸の特性にも関係するが，庶民生活の日常的なできごとを取り上げ，それらが国勢調査の調査対象になるのだということが強調されている点に気づく．

③「不在者の申告」には，次にみるように艶っぽい内容のものが多い．

都々逸「妾ゃ悋気で聞くのぢゃないが，午前零時に何処に居た」

同「夜半の手枕ついそのままに，泊めて書き出す申告書」

同「申告用紙の一番後へ　そっと書き足す男客」

最初のものは本妻が主人に向かって問いつめている情景である．残る2作は，問いつめられた男の生態を，その相手の女の側から歌ったもので，いずれも都々逸ならではの内容といえる[13)]．当時は，戦後の国勢調査と異なり，現在人口主義で調査を設計したため，このような表現があり得たのである．こうした表現形式を用い，時にきわどい内容を盛り込むことによって，10月1日の午前零時という特定の時点における調査という事実に，人々の耳目を集めることをねらったのである．

この「特定時点における調査」という，西欧的時間観念にもとづく行為は，実は，当時一般の人々の日常的な時間感覚には存在しないか，あるいは存在してもきわめて稀薄なものでしかなかったと考えられる．そのために，ここに紹介したような都々逸も作られたわけである[14]．

Bに属するものの最後は「不在者の申告」に関するもので，不在者が滞在した先での扱いについて詠まれている．

---

13)　第一回国勢調査の当時はラジオ放送もなく，映画もトーキーではなかった．録音技術も存在しなかったから，音声による宣伝は一回限りのものであった．したがって，ここで取り上げられている短句も，実際どのような調子で演じられたかは不明である．著者にとってこの上なく幸いなことに，柳家紫朝師匠の特別のご厚意によって，国勢調査宣伝都々逸の一部を演じていただくことができた．素人なりの印象であるが，やはり「国勢調査」という漢語が，全体の中で浮いて，調子を乱しているように感じられた．具体的に例をあげると「主は我が侭，妾は気侭，国勢調査はありのまま」という句を音にすると，「ぬしーぃはーぁわがーぁまーま，あたしぃーはーきまま」と，ここまでは爪弾く三味線の音とも調和して，くつろいで聞こえるのだが，続いて「こくーぅせーぇちょーさは」という，比較的響きの強い音を伴う漢語が入ると，せっかくの艶っぽい響きが乱されてしまうのである．師匠には，このような中途半端なものを演じていただいて心苦しかったが，ここに収録された都々逸の多くが，名人が演じてなお不自然な感じが残ってしまう程度のものであることが分かったのは，著者にとって大きな収穫であった．さて，当時の一般庶民は，これをどう受け取ったであろうか．推測ではあるが，つねひごろ超俗の君子然としている校長先生が，無理して砕けた話をしているような，白々しいそぐわなさが感じられたのではないだろうか．この点については添田知道(1963)の，次のことばが示唆的である．「この人(床次竹二郎: 引用者)は「思想善導」ということをしきりに唱え，そのPRに浪花節の吉田奈良丸を使うなどに一種こっけい感を漂わせたのは，どうやら現今の官辺が道徳教育を施そうとすることと似ていた」(204頁)．

14)　宣伝用短句からは少し離れるが，戦前期の国勢調査が現在人口主義をとったことと，人々の日常的な時間感覚のずれについて，少し触れておこう．第一回国勢調査を1週間後に控えた1920年9月24日，広島県安芸郡視学および郡書記の連名で，次のような通牒が，各町村長，各学校長あてに出されている．

時の尊重に関し依命通牒

居常に時間を貴び分秒をも忽にせずして活動能率の増進を図り，又集会其の他の場合に於て指定の時刻を恪守し遅刻を慎み確実に約束の時刻を愆らざるは生活改善民力涵養の第一歩にして，亦実に極力之が培養に努めざるべからざるは絮説を要せざる所に有之．之が実行に就ては先づ各戸の時計の正確を保つの必要有之候処，午砲発射等正確なる標準時の告知なき地方に於ては所在の寺院住職神社神職等を煩はし梵鐘又は太鼓等を利用して正確なる時を報ぜしめ候事最も便宜と認め候条，右の趣旨に依り御部内神社寺院と御協議の上実行方御取計煩度．近時各地に於て神社寺院又は篤志者等に依り毎日一定時に適当の方法を以て時刻を周知せしめられつゝある向有之，是等は誠に欣ぶべき事象と存候．特に来る十月一日午前零時国勢調査の時期を報知せしむることに付ては，先般通牒置候次第も有之，相当御計画中の事とは存候も，特に御施設相成候様致度依命此段及通牒候也．

国勢調査に際してこのような通牒がわざわざ出されるほど，当時の人々にとって，長さのない「時点」，したがって同時に「ある時点における状態」という考え方は，なじみの薄いものであったらしい．以上は，広島県安芸郡戸坂村行政文書3010による．なお，句読点は引用者が適宜付け加えたものである．

川柳「里帰りして居て客と書き出され」

同「国づくし並べて木賃の申告書」

前者では，まだ実家に思いの残る花嫁がいわゆる「三日帰り」等の習慣で実家に帰っている．その実家で彼女は「客」と申告されたというのである．後者は，各地から出稼ぎ者が集まる木賃宿(国勢調査では「準世帯」とされ，全体に共通の申告書が使用された)の情景で，いうまでもなく，申告書の「出生地」の欄に，さまざまな地名がならぶというのである．

申告書の各項目

Cに属するものは32編である．この中では「配偶の関係」に関するものが圧倒的に多く，これまた川柳と都々逸がその大半を占める．当時の日本は，法的な建前上は——また国民の大半にとっては事実上も——一夫一婦制であったが，実質的な一夫多妻制の下にある人々もかなりの数存在したと見られる．「権妻」「妾」といったものの存在は，申告書の設計にあたって想定されていなかったが，実際にはこの申告方について，各道府県から臨時国勢調査局に質疑が殺到した．統計官二階堂保則は，前出の自著の中で，その状態を自嘲的に「国勢調査局は妾の問題に忙殺されている観がある」と述べている[15]．短句が「配偶の関係」に比較的多いのも，調査票の設計と人々の暮らしの実感との乖離が，この面で比較的大きかったためかもしれない．たとえば以下のようである．

川柳「来客と書かれ旦那は不服なり」

同「職業を問はれし妾赤面し」

都々逸「客と書こうか夫と出そか，いっそ義理立て帰さうか」

配偶の関係にかかるものは，この外にも，内縁，離別，死別などに関するものが比較的多い．その代表的な例は次のようなものである．

短歌「淋しくも日陰に開く花なれど　瑞穂の国の民草にして」

都々逸「世間晴れての夫婦ぢゃないが，粋な調査が妻とした」

同「飽かぬ別れを「離別」と書いて，凝と握った申告書」

---

15)　二階堂保則(講述)(1920)．

同「夫婦揃ふて出すべきものを，死別と書く身のこのつらさ」

以上に見るとおり，ここには人々の情感に訴えるようなものが多い[16)].

また職業に関しては，次のようなものがみられる.

川柳「労働は神聖にして車夫と書き」[17)]

都々逸「何を恥じよう御国の為めじゃ　書いて下さい共かせぎ」

共かせぎが普通のこととして，一般の人々がこれを恥ずべきことと認識しなくなったのは，高度経済成長以降のことではなかろうか．したがって，この都々逸もまた，世間一般の目を憚ることであっても，事実にもとづいた申告をすべしという訴えを，強く打ち出していることになる.

これ以外の調査項目に関して，特徴的なものを掲げておこう.

川柳「名も知らず人が言ふから熊と書き」

同「爺婆は互いにとしを尋ねあひ」

当時庶民の間では，戸籍上の氏名とは別に通称を持ち，本人はむしろ通称の方を自分の本名と意識していることがしばしばあった．また，日本人が自分の誕生日を強く意識するようになったのは，一般的には高度経済成長の後と考えられる．それ以前には，旧暦の干支により，数えで年齢を認識している人が多かった．この点については，前節でも例をあげたとおりである．なまえを「はる」というので，自他共に弥生のころの生まれと思っていたおばあさんが亡くなって，戸籍を取り寄せてみたら10月生まれ，その名は「春」ではなくて，なるほど「晴」だったなどという話は，特に珍しいことではなかったのである．「爺婆は」の川柳で描かれているのも，

---

16)　国勢調査の定義では，配偶関係は，当時の戸籍法の定義とは異なり，いわば事実婚主義をとっていたので，法律上の定義はどうあれ，申告する当人が有配偶と意識していれば，配偶者ありと記入することになっていた．戸籍法や，人々の「常識」とのこのずれが，都々逸や短歌の格好の題材になったわけである.

17)　ここに掲げられた川柳のおかしみを説明抜きで感じ取るのは，これらが作られてから1世紀近くを隔てたわれわれには，いささか困難であろう．「労働は神聖にして」という言葉遣いは，羽織袴にカイゼル髭を生やした国士風の男が，演壇の上から天下国家を論じる姿を彷彿させる．そうしたイメージを読者に抱かせておいて，次に「車夫と書き」とやると，人々が当然続くことを予期していた「高尚な」イメージではなく，汗みずくになって働く庶民の姿が浮かび上がる．このふたつのイメージの落差が，ベルクソンのいう「つまづき」の感覚を生み，笑いを呼ぶわけである．同様のことは「名も知らず」の句についてもいえる．蛇足ながら『吾輩は猫である』というタイトルも，本来，同時代人にとっては，同じようなおかしみを感じさせたはずである.

(a) うず高く積みあがった応募作品．背後に見えるポスターは，図 9-1 と同じ物．

(b) 入選作(川柳)．

(c) 入選作(都々逸)．

図 9-2 宣伝用短句の応募状況と入選作品

出所) 大阪市役所(1921)．

このような民衆の世界に対応する情景であろう．以上，氏名，生年月日，職業に関する事項は，短句で取り上げられた例は比較的少ないが，実際の調査に際しては，最も大きな問題となる．

唱歌とその効果

以上見てきた短句の他，唱歌，浪花節，長唄などの形式による宣伝歌も，全国的に作成され，発表されている．これらは比較的長文なので，本節の分類でいうと複数の項目に属する内容を併せ持っているのが普通である．その多くに上記 A で触れた「国家主義」的なフレーズが含まれている．また，8 つの調査項目を逐条的に歌い込んだものも多い．ここに一例として，「唱歌」(福島県大沼郡旭村)を紹介しておこう．

(1)　今度全国一斉に／十月一日零時をば／基点(もとい)となして行はる／前古未曾有の企は／欧米諸国に例あり／文化の程度斗るてふ／バロメートルと称へらる／是ぞ国勢調査なり

(2)　我等此世に生まれ来て／安定棲息なさんとて／各々一家を営むも／家族の人の能率や／働く人の力をば／常にはかりて家の業／己がまにまにいそしみて／撓まず倦まず送るなり／国の政治(まつり)の機関をば／運転なすに当りても／民の生活(よ)社会(さま)の状態や／実の力調べ置き／常は善政布くが為め／かつは事有る其時の／基礎(いしづえ)作る要あらん／是ぞ国勢調査なり

(3)　一家も我等一国も／我等のものと知るならば／先に違法や曲事(まがごと)の／よしありとても是非ぞなき／此度(こたび)は真実旨となし／有りの侭をば申告し／己が義務をば尽くすとも／前のとがめはなかるまじ／他(ひと)をば知りて己をば／常に心に知りてこそ／他に勝るの術もあれ／膨大天下に覇をなせし／帝国露西亜の一朝に／崩壊為せしも元は皆／まことの己が国の状(さま)／知らざる故と人は言ふ／嗚呼民衆よおん身等は／意(こころ)を茲に留められて／国の政治(まつり)を為す人に／力を協せ一国の／事業を完成せしめかし／是ぞ国勢調査なり

村のどのレベルの人が作詞したのかは不明であるが，おそらく役場の吏員や，青年団の有志といった類の人であろう．この「唱歌」では申告書の項目を逐条的に解説してはいないが，国家経営を家業の経営にたとえている点は，第2章で取り上げた谷干城の理解とも共通している．国家の要人であれ，村レベルの指導者であれ，特に統計学の素養を持たない人々が国勢調査の意義を理解しようとする際の，これは，ひとつの典型的なパターンである．また，この歌の第3番では，革命による帝政ロシアの崩壊を歌い込むなど，当時の人々の，世界情勢に関する認識のあり方を示している．

さて，上にあげた例は歌詞に少々難解ないいまわしが目立つが，元来唱歌は，主として小学校教育の場で歌われることを前提としたものである．戦前期における学校および教師の社会的権威は，一般的にいって，今日とはくらべものにならないほど高かった．わが子が学校で習ってきたことには，その親たちも聞き遵うことが多かったのである[18]．

まとめ

本節の観察対象は比較的限られているうえ，取り上げた短句の数も少ない．また，すでに述べたように，それらが作成されるに際して想定されている訴えかけの対象についても，どのような属性をもった人々なのか，あまり明白ではない．したがって，本節でこれまで判明してきたことを，特定の社会階層による国勢調査の受け止め方と限定することはできない．ここではむしろ，さまざまに異なる社会階層に属する人々の間で，最大公約数的に共有されていた感覚と推定される事柄として，①調査への強い参加意識，②これとうらはらの，調査に対する猜疑心，③時間観念が国家の公

18) 調査当局も当然このことを認識しており，小学校における講話や模擬調査などを，効果的な宣伝方法と位置づけている．実は，小学校児童を通じた統計知識の普及というこの手法は，1920年の国勢調査に始まったことではない．小牧恭子(1998)によれば，千葉県や栃木県では大正初期から昭和戦前期にかけ，小学生を調査員として「家禽調査」が，個票による全数調査の形で行われた．この調査では，教師が個票をとりまとめて町村に報告し，それがさらに郡にまで報告されたらしい．これは農商務系の調査ではあるが，統計調査に関する啓蒙活動としても大きな意味を持ったと考えられる．国勢調査の宣伝という，ごく限られた範囲から見ても，公教育の場は，まさしく国民統合の場なのである．また，ここで取り上げた例のような，農商務系のセンサス型調査が実施される背景として，1905年に第一回国勢調査が計画されたことをきっかけとする，中央・地方の官僚の間における一種の「センサスブーム」があったと考えられる．わが国において，国勢調査と，これ以外の統計調査の諸分野とは，人的にも，調査の方法や啓蒙活動などの点でも，密接な交流関係を持っていたのである．これらの諸関係を踏まえた上で，日本における統計調査史の全体像を描き出すことは，今後の課題である．

的なものと違っていた可能性，④職業や氏名，年齢といった各個人の属性についても，当時の公的制度が前提としていたものと異なっていた可能性，などの点を指摘しておこう．ただ，本節では，国勢調査にかかる宣伝全体の中で，これらがどのように位置づけられるべきか[19]，短句をはじめとした宣伝が民衆によってどう受け止められたかなど，触れることのできなかった重要な問題も多い．今後事例を増やすと共に，別資料によっても，これらの論点について調べることにしたい．

9.3　新聞報道に見る国勢調査

利用した資料の特性

つぎに，新聞にあらわれた国勢調査についてみよう．本節で利用する資料は，『東京朝日』『信濃毎日』の2紙で，いずれも1920年の1月から9月までに掲載された，国勢調査関係記事である．利用できた記事の数は214件あった．はじめに，この2紙の性格について調べておこう．

一般に，『東京朝日』は都市在住の知識人向けの色彩が濃いと考えられ

---

19)　たとえば，この時期のマスメディアとして，本書で取り上げた新聞の他，活動写真が大きな意味を持っていたことは疑いない．加藤厚子(2001)は，次のように述べている．

> 大正期に入ると教育・教化活動の一手段として映画を「利用」するという政策が，取り締まりと併行して実施されるようになる．
> 映画を「利用」する方策は，作品内容の多様化と，映画の社会的影響を効果的なものとして認知するという発想に由来すると考えられる．
> 映画の社会的影響力を考える上で重要なのは，作品内容の多様化と「興行」を通じて観客に提供されるという点である．輸入や日本国内に於ける製作開始により作品本数が増加すると，劇映画・記録映画ともに作品内容が多様化し，前述した皇室関連も含め政治・外交・社会問題等を題材とする作品が一般興行で上映されるようになった．明治・大正期においては政治・外交・社会問題は新聞をはじめとする印刷メディアないしは口伝により伝達されていたが，新たな伝達手段として参入したのが映画であった．速報性では新聞の方が優れており，画像情報としては既に写真が登場していたが，「動く画像」＝映画は非常に強いインパクトを受容者に与えることが可能であった．また，映画は巡回上映や常設館という場で，「廉価な娯楽」として供給された……(中略)……映画は文字情報に頼らないため(さらには弁士という音声情報も付加されていたため)，性別・年齢・学歴を問わない広範な観客層の獲得が可能であったのである(7頁)．

ただし，実際に活動写真がどのように受け止められ，どの程度の動員力を持っていたかについては，数量的に確定することが難しい．さらに，第2回目の大規模調査年にあたる1930年になると，ラジオ放送も開始され，早速宣伝に利用されたことは，すでに述べた．こうしたメディアの変化にともない，人々の国勢調査にたいする受け止め方にどのような変化が見られたかは，今後の研究課題である．

ている[20]．これと対照的に，『信濃毎日』は，第1面に生糸相場が載るなど，地域の人々(ここでは特に養蚕農家)の日常生活に密着した色彩が濃い．最初に，この点について概観しておくため，本節で採用した記事について，それらが対象とする地域のレベル別に件数を調べたのが表9-2である．

一見して分かるのは，『東京朝日』が，明らかに中央レベルの官庁の動向や，特定の地域にかたよらぬ事柄に力点を置いた報道をしているのに対し，『信濃毎日』が郡市レベル以下の動向に関する報道を中心とすることである．

次に，国勢調査の取り上げ方であるが，筆者の印象では，全体として，『東京朝日』は，『信濃毎日』に較べて，国勢調査に関しては記事も少なく，あっさりと報じている．このころの『東京朝日』の主たる関心は，国勢調査などよりも，むしろアメリカ・カリフォルニア州における日系移民排斥問題や，革命後のロシアの内戦とシベリアに出兵した日本軍の動向[21]，また国内問題では普通選挙法の否決や大本教の教勢拡大などに向けられており，これらに関しては全面記事を含め，大きな扱いが多い．一言でいうなら，『東京朝日』には天下国家を論じる記事が多く，国勢調査もその一環として，それ相応の――ということは比較的小さな――位置を与えられているといえよう．

この点，『信濃毎日』の紙面から受ける印象は全く異なっている．あえて極端な表現をするなら，生糸等の相場記事を別とすれば，紙面全体が県下各地の動向を中心に構成されており，全体が「地方版」のような印象である．その中で，国勢調査関係の記事が占める割合は，朝日よりも相対的に大きい．地域社会にとって，この調査は多大の人的資源と時間とを投入することを要求される事業である．したがって人々の関心も否応なしに集まったであろう．それを考えれば，『信濃毎日』の地方紙としての性格上，これは当然のことといえよう．特に，8月に入ると，国勢調査関係の記事は，ほぼ毎日掲載されるようになる．

---

20) 同じく都市住民を読者とする新聞でも，『都新聞』など，明治期のいわゆる「小新聞」の系統を引くものは，地方紙としての色彩が比較的濃いといわれる．

21) 時あたかも，イルクーツク市をめぐる攻防戦が繰り広げられており，『東京朝日』はこれを連日大々的に報じていた．

表 9-2 地域レベル別にみた国勢調査関係記事

	東京朝日	信濃毎日	合計
中央	27	19	46
道府県	8	22	30
郡市以下	14	97	111
その他	20	7	27
合計	69	145	214

注) 1.『信濃毎日』の「郡市以下」には，「横浜市」1件を含む．
2. 採録期間は，1920年1月1日～9月30日．
3.「その他」には，全国の状況を伝えるもの，特に地域を問題としていないものを含む．

それぞれの地域レベルに含まれる記事の内容について，もう少し詳しく説明しておくと，次のようである．表の中で，「中央」とあるのは，国勢調査に関わる法規類，臨時国勢調査局の事務機構や会議(国勢調査評議会を含む)，中央官庁による宣伝などであり，どちらの新聞でも内容的にはほとんど変わらない(後に例示)．これら46件のうち35件は，1段見出しの，比較的目立たない記事である．

つぎに『東京朝日』の「道府県」には，各道府県の官制や会議のほか，「予習調査」を始めとする調査準備や啓蒙活動，宣伝の紹介，道府県の状況の紹介などを含む．これは，特定地域に関する報道というよりも，全国的視野から見た報道の一環として，典型的な例となりうる地域について，詳細な記事が出たものであろう．『信濃毎日』でこの分類に属するものはすべて長野県に関するもので，他府県に関する記事を含まない．

『信濃毎日』では，「郡市以下」が，地域カテゴリの中では最も多く，97件ある．内訳は，県下の郡や郡内町村における会議，住民の反応，宣伝に関するもの，調査員の選任に関するもの，予習調査を始めとする調査準備に関するものなどである．『東京朝日』でこの分類に属するもの14件は，すべて東京市に関する記述であり，しかも9月以降の宣伝関係に集中している．国勢調査評議会で柳沢保恵は，東京市における宣伝の不充分なことを指摘しているが，東京市においても，9月に入って遅まきながら宣伝が本格的に取り組まれるようになったのかも知れない．このカテゴリに関する限り，『東京朝日』も「地方紙」としての色彩を持つが，国勢調査関係記事全体の中でしめる割合は，『信濃毎日』に比べると，きわめて小さい．

「その他」には，調査に関する一般的な注意や宣伝文などが含まれるほ

表 9-3 内容別にみた国勢調査関係記事の分布

内容分類	東京朝日	信濃毎日	合計
法律・規定	1	2	3
事務機構	8	5	13
会議	6	34	40
関係者(インタビュー等)	4	2	6
調査準備(調査区等含む)	5	6	11
調査員(人事・訓練等)	4	23	27
講話会	0	4	4
宣伝行事の紹介	19	25	44
啓蒙記事	3	6	9
予習調査	2	18	20
職業	3	5	8
住民の反応	3	13	16
企業広告	7	0	7
その他	4	2	6
合計	69	145	214

注）この表で用いた分類は，筆者が便宜的に設けたものである．

表 9-4 見出しの大きさ(段数)別にみた国勢調査関係記事の分布

	1段	2段	3段	4段	5段〜	合計
東京朝日	41	17	6	1	4	69
信濃毎日	102	33	7	3	0	145
合計	143	50	13	4	4	214

注）この表における「段数」の定義は，記事全体のタイトルとしての見出しが何段組かというもので，記事の本文が何段にわたっているかということではない．したがって，「1段」であっても，長文の記事であれば，複数の段にわたって印刷されていることもある．

か，国勢調査に便乗した民間企業の広告を含む．

つづいて，やはり紙名別に，内容および見出しの大きさによって記事を分類すると，表9-3および表9-4のようになる．

これらの表でも，『東京朝日』と『信濃毎日』とでは重点の置き方にかなりの違いがあることが読みとれる．すなわち，『東京朝日』では，事務機構および会議(多くは国勢院・臨時国勢調査局に関するもの)，全国各地で行われた宣伝の紹介などに中心があるのに対して，『信濃毎日』では，町村レベルの打ち合わせや協議会などを中心とする会議，調査員の任命や訓練，県内の宣伝，住民の反応等を中心とし，『東京朝日』とは明らかに重点の置き方が異なる．なかでも調査員，予習調査，住民の反応は，単に事実を報じるだけでなく，論評も加え，人々の関心を引く記事になっている例が多い．また，見出しの大きさ(段数)に注目して記事を分類した限りでは，『信濃毎日』の方が1段の，小さな記事が件数で7割ほどを占め，単純な比較では『東京朝日』の約6割よりも比率が高いようである．ただ，記事の絶対数で見ると，2段以上の，比較的目に付きやすい記事の数は，『信濃毎日』の43件に較べ，『東京朝日』28件と，格段の差がある．『信濃毎日』の方が基本的に国勢調査を大きく取り上げており，かつ町村といった小さな地域の情報も丹念に載せていることを物語る．『東京朝日』と『信濃毎日』の想定する読者層の違いであろう．

つぎに，双方の新聞から特徴的と思われる記事をいくつか紹介し，国勢調査がどのように取り扱われていたか，具体的に見ていくことにしたい．

行政事務に関する記事

『東京朝日』に比較的多く見られる，中央レベルでの事務機構に関する記事は，たとえばつぎのようなものである．

国勢院部長

国勢院設置の結果十五日左の通り

第一第二部長左の通任命ありたり

行政裁判所評定

官正五位勲三等　　牛塚虎太郎

任国勢院部長兼行政裁判所評定官
(二等)第一部長を命ず
正三位勲四等二等　原象一郎
任国勢院部長(二等)第二部長を命ず[22]

また,『信濃毎日』で,郡市町村レベルの会議について報じているのは,つぎのようなものである.

寺尾国調協議　埴科郡寺尾村にては五日第二回国勢調査協議会を開く筈にて郡より宮沢主任書記出張す[23]

どちらの新聞も,件数のみでみるならば,このような事務連絡的な記事が多い.これらはいかにも無味乾燥であり,官界の人事などに特に関心がある読者以外には,あまり注意も引かず,印象にも残らない性質のものである.これは双方に共通した新聞報道の基調ともいうべきものである.両紙の個性は,むしろ,これ以外のところにあらわれる.

国勢調査への知的関心(『東京朝日』)

以上の事務的な記事に対し,数こそ少ないものの,大見出しで,論説やルポルタージュの形式を取るものがある.これらにはそれぞれの新聞の性格がよく現れている.つぎに,そうした記事の代表的なものを,いくつか紹介することにしよう.

まず『東京朝日』である.特定の地域に密着した記事は,東京市の下町部分(特に水上生活者)に関するものが目につく程度で,あまり多くはない.『東京朝日』に特徴的なのは,やはり知識人向けの記事である.具体的には,国勢調査の歴史に関する解説や,調査のあり方に関する投書と臨時国勢調査局の回答,臨時国勢調査局による全国宣伝行脚に同行した記者のルポ(連載)などである.また,民間企業が,国勢調査を利用した広告を掲載しているのは,大消費地東京ならではのことで,これもひとつの特徴といえよう.

以下にあげるのは,1920年8月11日に掲載された投書で,『東京朝日』

22)『東京朝日新聞』1920年5月16日,2面.
23)『信濃毎日新聞』1920年8月6日,2面.

の読者層の持つ雰囲気を典型的に表すもののひとつである．

去勢調査

◇国勢調査は，誠に結構なる仕事なり．寧ろ，今まで，着手せられざりしを奇怪とすべし．されど，挙げられたる調査事項八ヶ条，ただこれ，巡査の戸口調査項目と，五十歩百歩にして，単に，国勢の皮相を統計し得るにとどまり，国民生活の根本基調を為す信仰の如き，一国文化の程度を示すべき教育の如き，全く以て与り知ること能はず．これ豈，国勢の去勢的調査にして，謂はゆる，仏作って魂入れざるものならずや．

◇これを欧米の国勢調査に見る，基督教を国教として，特に宗教を調査するの必要を見ざる国もこれありと雖も，しかも，苟も，国の文化的方面を逸したるは少し．然るに，日本の如き，仏教あり，神道あり，基督教あり，殊に輓近変態的疑似宗教の勃興も少からざる場合，而して，それ等の宗教が，今より十年の後，第二回国勢調査の時までに如何様に変化し行くべきかは，殆ど想像する事さへ困難なるのみならず，今や，国民の思想の動揺最も甚だしとされ，識者，各如何にして之に処すべきかを考慮するの時，折角第一回の国勢を調査せんとして，しかも，この宗教及び教育の二方面を閑却すといふが如き，仮令，種々なる理由ありとするも，要するに国の文化を無視したるの謗を，免るべくもあらず．

◇折角，多数の費用を投じ，多数の人間を役して，日本空前の事業をなさんとする時なれば，少くとも欧米に於てさへ，未だ試みられざる新調査項目を加ふといふが如き積極的意気なかる可からず．然るに欧米の既に実行しつつあることさへ，これを除外するといふが如きは，たまたま以て日本の国勢が，その内容，甚だ空疎貧弱なることを暴露する所以ならずや．

◇小川国勢院総裁閣下．速かに調査員諸君に対して，宗教と教育の二項を付帯調査せんことを懇諭し，今後の宣伝に於て，この二項の殊に重要なる所以を力説せよ．その効果を収め得むこと，頗る容易なるべし．若しそれ付帯調査の記入方法の如きは，謂はゆる官僚主義を解脱して，全然形式に拘泥せず，有り合せの紙片，若くは既に配付したる申告書の一隅に，自由に記入せしむることを以て足れりとすべし．

◇今更，こんなことを言っても，既に手後れなりと言ふものあらん．されど，全然，投薬治療の望み絶えたりとにはあらずと信じ，試みに，その処方を語ること，正に此の如きのみ(高島米峰)[24]．

この投書の主は，仏教運動家であり，後に東洋大学長をつとめた人物である．おそらくは大本教や天理教などの隆盛をさして「変態的疑似宗教の勃興」というあたり，当時の知識人ないし既成宗教の指導者の，新宗教に対する認識が窺われて，筆者には興味深いが，それはそれとして，主な論旨は国勢調査評議会でも問題とされた内容である．すなわち，国勢調査の調査項目が8項目に限定されていることを「去勢調査」となじり，宗教と教育について付帯調査を実施せよと主張している．投書は，これら付帯調査について，書式を定めず自由記入でよいとしているが，これは，センサス型調査の実施と，その分類・集計に伴う事務作業の量に関してリアリティを欠く知識人が，自己の常識で判断したらこうなるという見本のような事例である．統計の専門家ならぬ一般的な知識人は，1920年の時点でも，このような感想を持ったのではなかろうか．『東京朝日』がこの投書を取り上げたのも，そうした気分を背景にしたものである．この投書を，臨時国勢調査局も重視したものと見え，5日ほど後に次のような回答を，同じ投書欄に寄せている．

調査事項に就いて　高島米峰氏の「去勢調査」に対する国勢調査局の弁明

◇国勢調査事項中に，国民の宗教，教育の程度を示すべき項目を新に追加して貰ひたい，といふことでありますが，若し国民生活の各方面の現状が，その俟些の錯誤なしに直写し得る方法があったら，最も理想的な国勢調査がなし遂げらるるわけでありますけれども，扨々さう都合好くは行きかねるのです，国民文化の程度を成るべく手軽な方法に依りて知ることが出来たならば勿論結構なことに違ひありません．

---

24) 『東京朝日新聞』1920年8月11日，3面．

◇併しながら，種々研究を経たる結果，調査事項は，氏名，男女別，生年月日，職業，職業上の地位，民籍別…等の八項目に決められたのは，元来調査事項は，「国民生活の現状を測知すべき骨子たるべきものであって，成るたけ簡単明瞭で，何人にも容易に――比較的――そして的確に答へ得るもので無ければならぬ」といふ趣旨に基いたものです．
◇仮に宗教教育等に就て，付帯調査を実施するとしても，申告用紙だけでも千二百万枚から印刷しなければならぬのですから，現在の印刷局の能力から云っても，今から準備をすることは一寸困難な仕事にもなります．併しながら近来各方面から，国勢調査に就て熱心な意見を申し出でられる向に対しては当局者として相当考慮を払ふことを惜しむものではありません(一記者)[25]．

投書に対して一応，型どおりの敬意を表しながらも，国勢調査評議会における議論と同様，調査項目が増えることによって事務量が増大し，成功がおぼつかなくなるということを理由に，高島の意見を退けている．

このほか，8月10日の投書欄では，「職業」の定義につき「オキュペーションかプロフェッションかトレードか」，さらに，本業として申告すべき職業はアクティビティによるのか所得額によるのかなど，専門的に立ち入った疑問が掲載されている(これらについても臨時国勢調査局の回答がある)．また，8月31日の第3面に載った論説風の記事「国勢調査と国民」では，国際的に見たセンサスの歴史，1900年呉文聰による欧米諸国の視察，「国勢調査ニ関スル法律」成立のいきさつ，東京市勢調査の実施，国勢調査の意義(食糧政策や植民政策などの立案の基礎)等，かなり難解な漢語を交えて書かれている．これらの記事は，『東京朝日』の紙面の雰囲気をよく伝えている．そこからかいま見られる『東京朝日』の読者像とは，知識階層として専門外のことにも一通りの判断力を持つ人々が，諸外国(特に欧米列強)で行われている国勢調査がわが国でも実施されることをきっかけに，これに対して知的興味を抱いている姿である．

---

25)『東京朝日新聞』1920年8月16日，3面．この記事に「(一記者)」とあるのは，この記事が調査局による直接の投稿という形ではなく，記者会見等によるプレス・リリースの形をとったためであろう．

国勢調査に便乗した広告(『東京朝日』)

また，『東京朝日』にだけ見られる記事として，国勢調査の名を利用した広告がある．これらの広告は，国勢調査に直接関係がある文具類のみでなく，足袋や香水，焼酎など，国勢調査とは直接に関係ない商品にわたる．いずれもキャッチコピーであって，文章としては短いものである．いくつか例示しておこう．

国勢調査の当日(十月一日)に一斉に全国民に使用さるる　サンエス万年筆[26)]

毛筆に適しペンに適す　国勢調査当日使用すべきインキ　チヤムピオン印特許証券用インキ　墨汁よりも黒く永久不滅　真黒色　墨汁の手数なく永久不滅　真黒色[27)]

我国最初の国勢調査十月一日　国勢調査に正確なお時計　国勢調査に記念のお時計[28)]

これらは直接に国勢調査に使用されるか，または記念品として関係者に与えられるなどの用途が考えられる．しかし，次に見るような例は，もう純然たる便乗である．

香久精調査……一人も漏さず　金鶴香水の愛用者[29)]

宣伝！　国勢は……つちやたびの　売行が示して居る[30)]

石勢調査……の結果　驚くべき大発展を遂げ年産五十余万石を醸造せる焼酎界の覇王　品質本位の宝焼酎の壜詰　水で薄めてカンして召上れば快味又数倍　真に時代に適応せる無二の理想的衛生飲料[31)]

「コクセイ」にも色々あったものである．また，ここに見られる品目が，

---

26) 『東京朝日新聞』1920年9月6日，4面.

27) 『東京朝日新聞』1920年9月15日，1面．毛筆にペン字用のインクを用いるとは少々首を傾げたくなる文言であるが，筆記用具として未だ毛筆が優勢であったこの時期には現実に行われており，地方の行政文書などの中にも時折見かけることがある.

28) 『東京朝日新聞』1920年9月20日，3面.

29) 『東京朝日新聞』1920年9月27日，6面.

30) 『東京朝日新聞』1920年9月28日，6面.

31) 『東京朝日新聞』1920年9月17日，6面．ここでは「宝焼酎の壜詰」と，ビンにこだわった宣伝をしているが，これは，当時焼酎は陶器のカメに量り売りするのが一般的だったためである．ガラスビンに入った焼酎は，ハイカラな印象を与えたのであり，その印象を「文明的国家事業」である国勢調査によって強めようとしたものであろう.

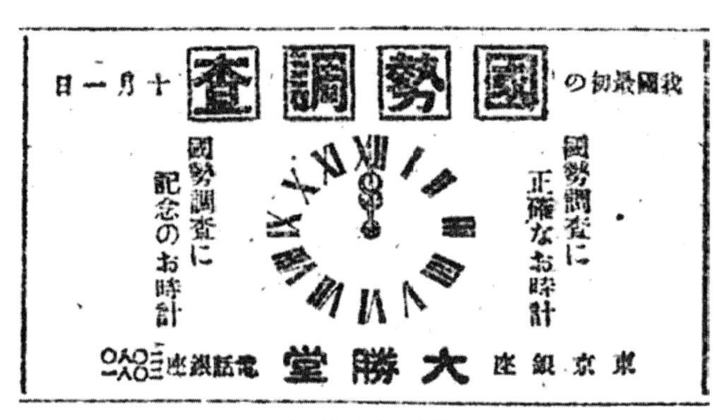

▲ 9月 20日，3面

▼ 9月 27日，6面

▼ 9月 17日，6面

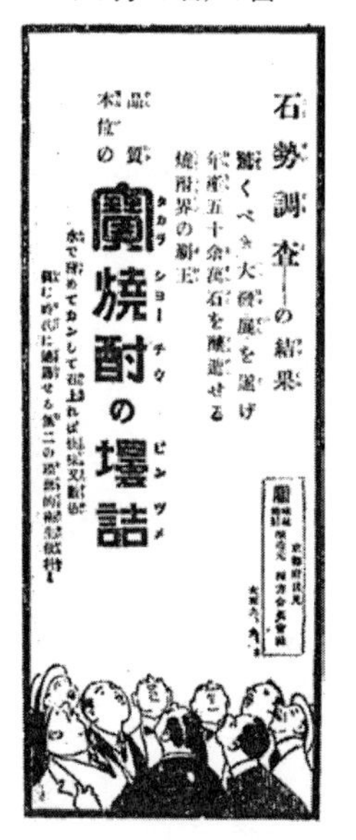

図 9-3　さまざまな「コクセイチョウサ」

出所）『東京朝日新聞』掲載の広告より．

万年筆，インク，時計，香水，ガラスビン入りの焼酎など，どちらかといえば都市的な，相対的に高所得の人々を対象とした商品であることも目を引く．これもまた，『東京朝日』の読者が所属する社会階層について物語るものであろう．ともあれ，こうした広告の存在は，国勢調査を連想させることが，これらの製品の売れ行き増大につながるという判断が存在したことを示す．経営者によるこの判断が正しいとすれば，少なくとも『東京朝日』の読者，すなわち東京市民を中心とする都市部の知識階層にとって，国勢調査はポジティブな価値を伴う関心事であったことになる．その知的関心の内容は，国際社会の中での日本の国力，国内全般の民情とその一環としての各地の状況，調査自体の歴史と理論などに関わっていた．ただし，前述の通り，国勢調査が彼らの関心全体の中に占める位置は，さほどに大きくはないものと推測される．彼らの社会関心の中で，普通選挙問題や，シベリア出兵が大きな山脈をなすとすれば，国勢調査は，その中では，欧米諸国に関する関心やデモクラシーの行く末に対する関心等に連なる一支脈にすぎないと見るべきであろう．

特殊な職業の紹介（『信濃毎日』）

『信濃毎日新聞』は，地域の人々の生活に密着した記事を載せる傾向がある．国勢調査に関しても，上述の事務連絡以外は，ありありと地域の生活が窺える記事が多い．一方，調査の歴史や，その理論的背景などに関する記事はほとんどないし，長野県以外の地域に関しても，まったくといってよいほど報じていない．具体例をあげながらみていくことにしよう．

まず，「職業」についてみられるのは，ある地域に見られる特殊な職業を紹介し，国勢調査でそれがどう捉えられるかという，興味本位の論調の記事である．たとえば，「国勢調査宣伝珍話　禅問答よろしく　職業名の難産」[32]という見出しの記事では，「天照皇太神宮御陵研究会主」を「出版業者」，興行ものを取り仕切る土地の顔役を「興行師」や「商人」「遊芸人」「請負師」等でなく「周旋業」とするなど，少々毛色の変わった職業

32）『信濃毎日新聞』1920年9月23日，5面．

の扱いについて，おもしろおかしく報じている．ただし，これらは人々の興味を引くために，特殊な事例を取り上げるという性質の記事であるから，必ずしも地域の一般的な姿を示すものではない．また，長野市内の遊廓地区で，職業の記載をめぐって居住者たちの間に一種のパニックが生じたとの記事がある．これは，法律や道徳上正しくないとされる職業ないし活動を，統計がどう把握するかという問題に関係する．同質の問題は，不法就労の外国人労働者や密貿易などの取扱いをめぐり，今日も存在する．

戸籍の記載と実態(『信濃毎日』)

筆者の分類で「住民の反応」に関する記事は，職業に関するものよりも，はるかに一般性をもった内容となっている．たとえば，鉱山労働者や道路工事の人夫などが多く集まる地域では，自分の生年月日も氏名もわからないケースが多いという報道が何件か見られる．次にあげるのは，その典型的な例である．

> 南佐久郡南牧村には目下東信電気会社の発電所隧道工事中で幾百の土工や何かが入り込むでゐる，之には道(さすが)の調査委員もホトホト持て余しの態である，出生地は元より原籍姓名年齢も自ら知らず「ゲン」だとか「コウ」だとか「奥州」だとか名頭(なかず)やら綽名やら判らぬのが沢山ある之等は未だ宜しいとして地中の隧道奥深く働いてゐて更に明るい娑婆へ出て来ぬ人間がある，之等の甚だしいのになると衣類は勿論褌さへもしめず地の中に起食して食事は其都度明るい処から運んで居る始末……調査委員は詮方なしに地獄見たいな処へ這ひ込んで隧道のソチコチへ世帯番号札を貼り付けた，之も同郡山中の話であるが例の予習で調査表を集めて見ると之は又意外に全部落悉く「酒小売商」である，一夜に斯うも沢山酒屋が生るる筈はないと調て見ると重なる商品名を挙げる一例として酒や駄菓子を売る家へ「酒小売商」と書いてやったのを近所合壁が寄り集まって皆其通りに書いて出したものと判って大笑ひ……(後略)……[33]．

33) 『信濃毎日新聞』1920年9月26日，7面．

このような状態が，農村部で一般的であったわけでないことはもちろんである．しかしまた，同じ県内に暮らしていた同時代人が見て，全く荒唐無稽とも思えないような真実味を，この記事はもっていたに違いない．9月23日にも，西筑摩郡について同様の報道が見られる．

また，これと類似のケースとして，無戸籍者に関する報道も見られる．「国調と鉱山坑夫」という記事では，東筑摩郡の炭鉱を例にとり，次のように報じている．

> 東筑摩郡西条地方には石炭採掘に従事して居る坑夫が多い本職の坑夫と来れば全くの渡世人で彼の砿山から此炭山と転々して来た連中で戸籍の如きは勿論丁度に出来て居ないのがある為めに寄留届も完全と参らず従って丁度に学校へ出せぬような子供(私生児も何も天で籍のない奴)もある夫婦であってもその実はさうでないような者名を違えて居るような輩と種々戸籍を悩ます者が少くない斯様な状態であれば調査員が世帯数から頭勘定で調べて行くと今迄世の中にない人間ある様になり結局人間は非常に増すとの事である[34)]

すでに引用した例にも見られたが，鉱山労働者や，道路工事，トンネル工事などの肉体労働者の中には，全国の現場を渡り歩く者が多く，戸籍の不明な者がめずらしくなかった．また，戸籍上の氏名や生年月日を憶えていない者は，こうした移動生活者ばかりではなく，定住民である農村住民の中にも数多くいたのである[35)]．

国勢調査への疑念(『信濃毎日』)

次にあげるのは，これとは逆に，住民が多数消えてしまったという，長野市の事例である．「国勢調査の下調べ　四千人行衛不明　戸籍簿と予備

34)『信濃毎日新聞』1920年8月24日，4面．

35) 農村住民の例については，明治初年と時代はさかのぼるが，佐藤正広(1985)が取り上げている．この事例では，東京近郊の農村住民の女性が，土地所有をめぐって訴訟を起こしているが，訴えにあたって，戸籍上の本名ではなく，奉公先で長年呼ばれてきた通称を用いている．このため，裁判所からは門前払いをされている．また，筆者はかつて，埼玉大学の葉山禎作教授(当時)から，ご自身の子供時代，近所に戸籍をもたず，ただ「オツ(乙のことか？)」と呼ばれている子供があって，使い走り等に使われているのを見たという想い出話を伺ったことがある．教授の記憶にあるのは昭和初期の島根県のありさまだということだが，このような例は，数多いとはいえないまでも，珍しくはなかったという．

調査との開き」と題する記事では，長野市で各区長が国勢調査の下調べをしたところ，市全体の人口は3万6237人ということになったが，戸籍上の人口は4万429人で約4000人も少ない結果になったという．この原因について，同紙は次のように論評を加えている．

> 世帯主は家族の数を有りのままに言って税金でも無闇に上げられてはならぬといふ虞を抱いたらしい例は少くない．殊に二階などに住む同居人の如きは全然隠蔽し知らぬ顔の半兵衛で区長を胡麻化した者も見られたさうだ[36]

課税を恐れた住民の隠蔽が原因だというのである．この報道の掲げた数値が正しいとすれば，長野市の人口の一割に相当する誤差である[37]．これは，地方都市の住民の間に，国勢調査を胡散臭く思う空気がかなり強く存在したことを示す事例である．長野市民が国勢調査に対して特に変わった受け止め方をしていたとか，国の政策宣伝が，長野市で特に行き届かなかったと考える根拠はないから，おそらく，この空気は，各地の都市でかなり一般的であったと推測される．

国勢調査員と地域社会（『信濃毎日』）

『信濃毎日』には，国勢調査の準備過程そのものに関する住民の受け止め方を報じる記事も多く見られる．

まず，調査員に関するものの大半は，国勢調査員に選出されることを名誉と考える雰囲気を反映したものであり，中には，その選に漏れた者が不平を述べたとする長野市の記事も見られる[38]．その一方で，国勢調査員の人選のしかたと，実際に選ばれた調査員の資質に関する論点も，繰り返しあらわれる．例をあげると，9月11日には，「彼んな奴が委員なら　申告書を出さぬと　駄々をこねる町内もある」と題して，次のような記事が掲載された．

> 松本市の国勢調査予習は大概済んで十三日には一段落を告ぐる筈であ

---

36)『信濃毎日新聞』1920年6月13日，5面．

37)　ただし，この例では，6月という早い段階で実態が把握された以上，国勢調査の本調査においては，このような現象の規模は，ずっと小さくなったと考えるのが妥当であろう．

38)「国調委員　競争の奇聞　選に漏れて不平」『信濃毎日新聞』1920年7月24日，5面．

るが……(中略)……松本市には百三十余名の調査委員が在る，其の中で目に一丁字もなき委員が三人もあるので一向に成績の挙がらない町内もある，小里市長も大変な者を委員に推薦したものだが今と成りては面倒をみて遣るより外に仕方がない，又中には馬鹿に威張り散らす調査委員が有って，某町内の如きは「彼(ママ)んな奴が調査委員ならば我々は十月一日には申告書を提出せぬ事を申し合せる……と町内に紛乱を起し，市役所へ苦情を持ち込んだ向もある……(後略)……[39)]

別の記事によれば，松本市のこの事例は，区長であったことから自動的に調査員に選任された者の中に，読み書きの能力の不充分な者がいたのだという．江戸時代以来の人的結合関係を基礎にした農村部の「区」や「大字」では，旧村役人層に連なる階層の人々が区長等の役割を担っていたのでリテラシーは高かったが，都市の「区長」の資質は，農村部とは異なっていた可能性もある．今後解明されるべき点であろう．

国勢調査宣伝映画(『信濃毎日』)

次に，「宣伝行事の紹介」に分類されたものの中では，国勢調査宣伝活動写真に関する記事が目につく．ラジオ等の放送が開始されていないこの当時，一般的にいうなら，マスメディアの中で最大の影響力を持ったのは映画だったといわれている．しかし，新聞記事でみる限り，国勢調査宣伝映画(日本映画会社制作全3巻のフィルム)は，動員力に限界があったようである．「国勢活の紛紜」と題する記事によると，西筑摩郡福島町では，大人子供の別なく20銭の入場料を取って上映することとし，青年会が入場券の販売にあたっていたが，売れ行きが悪いため青年会が町の方針に反発，上映中止になったという．「又福島町以外各村にても入場券の売れ行き不成績にて何れも当局の遣り方を非難しつつあるの状態なり」と，この記事は締めくくっている[40)]．なお，この活動写真がいかなる内容のものであったかを，制作会社が各道府県の担当部局に送付したチラシにみると，図9-4のようである．

39) 『信濃毎日新聞』1920年9月11日，5面.
40) 『信濃毎日新聞』1920年8月18日，4面.

郷土意識と「小ガ平」(『信濃毎日』)

長野県の特殊事情として，国勢院総裁の小川平吉が県内の諏訪地方出身であったため，小川個人の生い立ちや動向に関する記事が比較的多くみられる．地元出身者が中央で活躍するということは，地域住民にとっては疑いもなく強い誇りであったし，同時に，他地域に対する自己の地域の比較優位性を強調することを通じ，地域社会への帰属意識を強めることにもつながった．このような意味合いをもつことから，小川平吉――当時用いられた略称によるなら「小ガ平(おがへい)」――に関する記事は，いずれもかなり大きな扱いで，彼の一挙手一投足を伝える内容になっている．

まとめ

以上見てきたことをもとに，『東京朝日』，『信濃毎日』両紙の読者による国勢調査への興味のあり方について，簡単にまとめておくことにしよう．

まず，『東京朝日』の記事から見る限り，その読者は，広告の例などからも窺われるように，一般論として国勢調査をポジティブに受け止めている．引用した投書のような批判もあるが，それは国勢調査の実施自体に対する批判ではなく，調査実施を所与の前提として，その運用のしかたに関する批判である．また，読者層の視野は，『信濃毎日』の読者層に比較して明らかに広く，国勢調査に関しても，国内外の社会の動向の中における調査の意義や，そうした意義の例証としてあらわれる限りで地方の状況，また調査の理論的背景や，欧米諸国における調査の歴史等，一般性ないし抽象性の高い話題に関心があるようである．記事の中には，統計の専門用語を連ね，かなり立ち入った記述をする例も見られる．その反面，各地の調査機構の末端でどういう問題が生じているかという，具体的・個別的な事項には，東京市内の出来事に関する若干の例外を措くと，あまり興味を抱いていない．彼らが比較的切実な関心を抱く個別具体的な事柄といえば，彼らにとってリアリティがある中央の官界，財界等の人事等に集中するのであって，国勢調査に関しても，このような記事が多く見られる．とはいえ，官僚組織総体の中において見たとき，たとえば大蔵省や外務省などと

話サレタ國勢調査ノ事ヲ尋ネマシタ

9 母ハ懇ロニ兼テ 配布サレテアリマスル申告用紙ヲ示シ我家デ記入スル家庭ノ沿革ヨリ其趣旨目的等詳シク子供ニ語リ聞カセ爲雄モソレデ漸ク判リマシタ

10 國勢調査申告 書類大寫眞

11 國勢調査員ガ分擔區域ヲ準備調査ノ實況デアリマス

12 世帶別番號用紙ノ大寫

13 夜行列車止ムナキ用ノ外三十日ヨリ二日マデハ旅行ヲ見合シテ頂キタイ、若シモ該期日ニ旅行スル人ハ出發前ノ注意、目的地着後ノ調査ニ洩レナイ様又三十日ヨリ一日ヲ滊車中テ絶ル人ヘ出發前豫想記入ヲ怠ラヌ様凡テ汽車ヲ主材ト致シマシテ旅行者ニ注意ヲ促ス場面デアリマス

14 老夫婦ノ旅立 其際ニハ旅行先デ調査ヲ受クル様ナ塲合ガ生ジマスルカラ八ツノ事項ヲ記入シテ携帶スル様家族ノ人々ハ幾々モ注意セネバナリマセヌ

15 水面ノ調査實況

16 當夜ノ外出 農具商今井運太郎ノ家庭デアリマス今ガ丁度商賣ノ繁忙期ノ爲ニ主人運太郎外雇人大勢ハ極メテ多忙ノ様子デアリマシタ其當日薄暮ニ一同ハ商賣ヲ切上ゲ早々歸宅シマシタガ主人外雇人一名ガ未ダニ歸宅ノ様子ガアリマセンソレデ長女花子ガ非常ニ心配シテ二階ノ窓ヨリ電燈ヲ打振リ遙カ田甫道ヲ照シテ父ノ歸宅ヲシキリニ待ツテ居リマシタ
外出ノ父ト雇人トハ間モナク汗ヲ流シ大急ギデ戻ツテ來マシタ、此一家モ何等ノ支障ナク申告書ニ記入スル事ガ出來長女ノ花子モホツト安心致シマシタ

17 ブリキ職熊吉ノ世帶 熊吉ハ今度ノ調査ニ日頃ノ氣性ニモ不拘二三日イヤニフサギ込ンデ居リマス
ソレハ女房オ竹トノ間ニ子供迄モウケタノデアリマスガ未ダニ其籍モ這入ラズ夫婦ニナリソメハ親ト親トガ許サズ故郷ノ茨城縣ヲ出奔シテ今デハ宇都宮市ニ於テ細々ナガラ世帶ノ煙リヲアゲテ居ルノデス、熊吉ノ考デハ此實狀ヲ書エテ出セバチツキリ罰金ニ處セラルヽト云フ杞憂デアリマシタ

39 調査終リテ（タイトル）
調査員用紙ヲ整理シテ町村當局ニ渡ス
當局ヨリ郡市役所ヘ郡市役所ヨリ府縣廳ヘ府縣廳ヨリ臨時國勢調査局ヘ

30 全國申告書ヲ山積セル容積ト富士山トノ高低比較
申告書用紙ハ海拔一一〇〇尺トナル

31 臨時國勢調査局 ポスター現ル （終リ）

大正九年五月二十日

主任 杉田龜太郎
作者 長島理吉
撮影監督 芹川政一

▲國勢調査フイルム全貳卷 貳〇〇〇呎 （定價 金六百圓）
▲賃貸料貳ケ月契約ノ事 送料共 （全金四百五拾圓）

申込所
東京市赤坂區田町一ノ十五
日本フヰルム商會
教育映畫部
（電話芝六三九〇番）

図 9-4　国勢調査宣伝映画の「梗概」

大正九年五月廿日
内閣總理大臣官舍於映寫

活動寫眞 **國勢調査** 梗概

第壹編 二卷（二〇〇〇呎）

1 國勢調査ノタイトル（字幕）ト徽章ガ現レマス。

2 地球ヲ包ム暗雲抵迷致シテ居リマスルガ是ハ數年ニ渉ル世界人類ノ爭鬪ヲ象徴諷刺セル物デアリマス

古來ヨリ世界各國ハ漸次文明ノ洗禮ヲ受ケテ日進月歩多大ナル國狀ニ變化ヲ逢グ殊ニ戰乱後各國ハ、又國勢ニモ著シク急變ヲ生ジマシタ

3 平和？——平和來地球ヲ掩フ暗雲モイツレカ晴レテ數羽ノ白鳩ガ靜カニ飛翔シテ居リマス

戰乱後意氣阻喪セル國民モ得意ノ國民モ共ニ覺醒シテ茲ニ國家百年ノ大計ヲ樹立セネバナリマセヌガ實ニ我國モ人後ニ落チテハナラヌ

4 現時ノ世界各國狀、ヲ諷刺セル漫畫デアリマス

コヽデハ重ニ國家ノ基本トナルベキ國勢ノ調査ガ如何ニ肝要ナルヤヲ映畫ニ具体化シテアリマス

5 日本地圖面ニ点々文字ガ現レテ國勢調査ノ期日時刻其他諸注意ガ明示サレテアリマス

6 十月一日午前零時ノ時刻ヲ更ニ時計面ヲ擴大レテ示ス

7 小學校ヲ通レテ家庭ニ宣傳

放課后學校ノ門前ヨリ大勢ノ兒童ガ我家ヲ指シテ歸リマス

本日學校デハ教師ヨリ國勢調査ノ講話ガアリマシタガ子供等ノ話ヘ、ソレデ賑ツテ居ル下級生ニハ無理解デアッタガ多クノ兒童心理ハ爲ニ驚異、緊張、聯想ノ氣分ニ滿タサレマシタ

8 母ト子ノ對話 尋常三年生ノ國野爲雄ガ家ニ歸ッテ母親ニ早速、ケフ學校デ

18 農夫榎本次郎作ノ世帶デアリマス、農繁ノ時期デアリマスカラ、一家族皆野良仕事ヲシテ居リマシタ、ソコヘ此村ノ調査員ガ準備調査ニ參リマシタ最初主人次郎作ニハ此國勢調査ノ趣旨ガワカラズ唖然トシテ居ルノデ調査員ハ淳々ト其趣旨目的ヲ語リ聞カレテ漸ク次郎作ハ合点シマシタ、此一家族ハ次郎作ガ世帶主、妻粂。長男平吉。平吉妻高。平吉長女光。丈けヲ次男作一ハ現役デ入營中ソレカラ三男ノ作之進ハ附近ノ郡立農學校在學中デ寄宿舍ニ居ル事ガ判リマシタ

19 豪商大井權右衛門宅主人權右衛門ハ過日中カラ國勢調査ト云フ事ハ、チヨイ〳〵聞エテ居ッタガ、今日用紙ノ配布サルヽ迄ハ。コンナ性質ノ物デハナイト思ッテ居ッタ、自分ハ良ク讀メナイノデ伜ノ信男ヲ呼ビツケテ其說明ヲ聞エタ權右衛門ハ是課税ニ關係スル物ナリト誤解シテ終ッタノデ信男ハ驚キ切ニ父ノ誤リヲ說キツヽアルノデアリマス

20 申告書記入例解說（第二例）ノ書面

21 仝（第三例）ノ書面

22 仝（第六例）ノ書面

23 仝（第四例）ノ書面

24 タイトル（三十日ノ夜）夜ノ商賈ヲ現シ注意ヲ促ス

25 十月一日零時ノ時計面ヲ指示セル擴大畫面

26 按摩。行商人。仕出しや。出前持。藝者。車夫。おでんや等交々現ル

27 違反者ハ罰セラレマス（タイトル）

其夜カフエー樂々軒デハ。早クカラ客ハ歸リマシタガ唯一人泥酔客ガ居殘リ醜体ヲ演ジテ家人ガ歸ソウトシテモ仲々歸リマセン、モウ此客ハ國勢調査モ何モ忘レテ居ル何ント云フ不心得ナ人デアリマセウカ、止ムナク警官ノ出張ヲ乞ヘ取調ベラル、事トナリマシタ

28 法規二ケ條現レマス

出所）福島県行政文書 1676 より．原資料は両面印刷（上段が表面，下段が裏面）．
注）番号で 28 の次が 39 となっているのは，原資料の誤植．

比較して，必ずしも「日のあたる場所」ではない臨時国勢調査局だけに，全体の中で占める割合は，決して大きくはない．

『信濃毎日』の記事から窺われるその読者像は，『東京朝日』のそれとは大きく異なる．かれらは，各町村レベルで何が起きているか，具体的にいかなる事務的手続きを経て事業が実施されようとしているかについて，特に強い関心を持つ傾向がある．この新聞の読者が，推定通り，地域にあって伝統的な人間関係の利害を体現する存在であるとするなら，国勢調査に関しても，自分が代表する地域に直接降りかかる事柄に関し，特に切実な関心を寄せても不思議はない．彼らはまた，第10章にも見るとおり，国勢調査員として，調査を実査レベルで支える階層でもあったと考えられる．彼らは，実務上，官庁から提供される通り一遍の情報では飽きたらず，各地の具体的な事例を通して，自分たちにとって直接の行動指針になる情報を必要とする人々であった．したがって，新聞報道に対する要求も，調査員として活動する際に問題になるであろう無戸籍者の取り扱いに始まり，調査員が地域住民に与える印象，宣伝映画の上映方法，町村レベルの協議会に至るまで，事細かなものとなったのだと考えられる．国勢調査を肯定的に捉えた記事が大勢をしめる点では，『東京朝日』と同様であるが，一般の庶民が時として国勢調査に対して疑念を抱いたり，当局が意図するのとは違う理解をしたりするケースを紹介する記事も多い．これは，『信濃毎日』の読者層である地域の中心人物たちが，こうした人々と直接に接し，彼らを国勢調査に協力させるために，その実態を知る必要を感じていた事情を念頭に置けば，むしろ自然な内容である．

それでは，こうした人々よりもさらに国家的意思決定から遠い，いいかえればエリート性の最も薄い一般の民衆は，国勢調査をどのように受け止めたであろうか．別な表現をすると，伝統的な言語体系とそれに基づく認識の世界に生きた人々は，漢語ないし西洋から輸入された概念の世界に属する「国勢調査」をどのように認識し，回答したのだろうか．これは，社会史上の興味ある問題であるばかりでなく，国勢調査の精度の評価にも関係する問題でもある．

『信濃毎日』からは，地域の有力者の姿とともに，彼らが必要とし，かつそれを読んで真実らしいと感じた情報という条件づきではあるが，これらの人々の姿もうかがい知ることができる．かいつまんで述べると，彼らの氏名や生年月日にたいする感覚は，高度経済成長後の社会に生きるわれわれとは，かなり異なっていたらしい．氏名は通称で済ませ，自己の戸籍上の「本名」を知らない者があった．生年月日も同様，戸籍を調べなければ答えられない者が，都市生活者にも珍しくなかった[41]．これは，第8章でも触れたように，国勢調査データと戸籍データとの関係を考える際には，見落とすことができない点である．また，国勢調査を課税の下調べと認識する雰囲気は，当局による宣伝の努力にもかかわらず，長野市のような都市部においてすら，かなり濃厚だったことがわかる．以上のような姿は，前節において宣伝用短句の検討を通じてかいま見た人々の姿とも共通である．ただ，職業に関しては，ごく特殊なものが興味本位に取り上げられているだけで，新聞記事からあまり多くのことを知ることはできない．

---

41)　前出「彼んな奴が委員なら　申告書を出さぬと　駄々をこねる町内もある　要するに厄介な国民」(『信濃毎日新聞』1920年9月11日，5面)によると，国勢調査を控え，松本市役所の戸籍係には，自分の生年月日を調べるために住民が殺到し，事務が渋滞を来したため，役所ではいちいち戸籍の写しを交付するのではなく，戸籍簿の閲覧をもって替えることを検討したという．

第10章　国勢調査員の構成
――国家は誰を組織しようとしたか：福島県の事例――

10.1　はじめに

視　　点

第2次世界大戦前の国勢調査は，その定義上，国内(domestic)概念による，ある時点における人口の悉皆調査であった[1]．このことは，この調査を行うにあたり，その実施主体である国家が，調査対象であるすべての住民を説得して，調査に協力させる必要があることを意味する．この調査を人々がどう受け止めるかという問題は，調査を支障なく遂行し，正確なデータを得ることができるか否かを左右する．そのため，調査を実施する立場にあった臨時国勢調査局や，道府県の担当部局では，第9章にみるようなさまざまな宣伝活動を行ったのである．この活動を，国家による国民教化，統合の動きといいかえてもよい．本章では，第一回国勢調査を，この「国民統合ないし再統合」という観点から位置づけることを試みる．

本題に入る前に，明治以降の日本国家による国民統合のあり方について，本章の論点とかかわる限りで概観しておこう．明治から昭和戦前期に至る時期の国民統合・再統合という観点から研究史をひもとくとき，そこにはいくつかの画期が存在し，それぞれに特徴的な動きが観察される．

明治維新後の改革によって村請制が廃止された際，それに替わる住民把握組織として設定されたのは，戸主を単位とし，これを戸長(後には区長・町村長)が組織するという，いわゆる「戸長―戸主の線」にもとづく地方組織であった[2]．戸主として設定されたのは，家産の管理機能を担った人物であり，系譜的には江戸時代以来の「イエ」の主人であることが多かっ

---

1)　第2次世界大戦後の国勢調査は，現在人口主義ではなく，常住人口主義によって人口が定義されているので，この表現は当てはまらない．

2)　福島正夫(1967)，神谷力(1976)など．

た．すなわち，明治国家は，幕藩制国家と異なり，村を単位とする住民把握という原則は放棄したが，さりとて個別の住民を直接に把握するのではなく，家業を営む単位，すなわち家を単位として住民を組織したのである．ただし，その際，家と家，あるいは戸主と戸主の関係は，まったく新たに作り出されたわけではなく，村請制のもとで再生産されてきた地域共同体の社会的人間関係によらざるを得なかった．すなわち，旧来の村役人や，それに準ずる位置にあった人々を戸長(後には町村長)や区長として中心に置き，その指導力によって地域住民を組織したのである[3)]．当時の日本社会は基本的に農業社会であり，人々の生活基盤をなす農耕は機械化されていなかった．人々は生きるために，否応なしに，地域住民相互で協力関係を取り結び，共同作業をせざるを得なかったのである．そうした生産条件にもとづく人間関係の組織が農村共同体なのであるから，その存在は強固であり，地域住民を組織しようと思うなら，なんらかの形でこれを把握するしかなかったのである．ここで地域社会の中心的存在として位置づけられた人々，すなわち「地方名望家層」を組織することは，明治時代の日本国家にとっては，不平等条約改正などの外交問題とならんで，最重要の政策課題のひとつであったといわれる[4)]．

その後の経済発展にともなう社会変動の結果として，この秩序が所期の機能を果たさなくなる時期が何回か存在する．そのつど，さまざまな形でこれを再編し，住民把握の密度を再び高めようとする試みがあらわれる．その主なものをあげれば，松方財政後の農家経営の危機の時期に盛んになった町村是運動，日清日露両戦争後の急速な経済発展の影響で，農村秩序に弛緩が生じた時期の地方改良運動，昭和初年の世界恐慌により養蚕経営が大きな打撃を受け，それに東北地方を中心とする米の凶作が重なった時期の農村経済更生運動などは，その代表例である．これらはいずれも，共同体的秩序を再生産して強化しようとする方向では一致している．その意

3) こうして地域社会の中心になった人々は，多くのばあい，自らも農耕その他の生産活動に従事しながら，自らの属する地域社会(さまざまなレベルがある)に対して一種の責任感をもつというメンタリティを共有しており，研究史上では「地方名望家」と呼ばれることが多い．

4) 御厨貴(1980)，有泉貞夫(1980)など．

味で一連の流れをなすものと言える．しかし，その反面，時代とともに，共同体的秩序に内在する要素だけでは，再編が困難もしくは不可能になり，そこに国家が介入する傾向が強まっていく．たとえば，明治後期にみられた青年会や農会などの系統化や，経済更生運動期の，国家の指導の下における町村単位の更生計画の策定と補助金交付などは，そうした傾向を示すものである．大正期にみられた普通選挙運動で，在郷軍人会が無視できぬ役割を果たしたことも，また満州事変から日中戦争の時期に満州移民が盛んになることも，こうした脈絡に位置づけることが可能である．すなわち，前者は，政治への全員参加の制度を設けることにより，ともすれば個別的な利害に走りがちな住民を，地域的な意思形成システムに吸収する目的を持ったものと考えられる．また後者は，経済更生計画を樹立し，共同体的な「隣保共助」精神にもとづいて努力してもなお，経済的な破綻から立ち直れない人々に「新天地で出直す機会を国家が保証する」という印象を与え，そのことを通じて国家の施策に人々を協力させる効果をもつ．

さて，国勢調査は，国家が直接に，国内にいるすべての住民を把握する事業である．また，この事業が行われた時期は，第1次世界大戦後であり，普通選挙運動をはじめとする，いわゆる「大正デモクラシー」の運動が盛んになっていた時期でもある．これらのことを念頭に置いて，国勢調査を，明治から昭和戦前期にいたる時期の，日本近代国家による住民の組織と再組織の一連の流れのなかに位置づけてみたならば，なにが新たに見えてくるであろうか．これが，本章の基本的な問いである．

対象の限定

本章では，考察の手がかりとして，第一回国勢調査の際に福島県で選任された国勢調査員をとりあげ，その諸属性について調べることにする．このような限定の理由についても，簡単に述べておきたい．

第1に，福島県という地理的制約を付した理由は，以下の2点である．

まず，他県ではなく福島県を選定したのは，筆者が資料調査を実施した際，この県で適当な資料が発見されたという，資料上の要因である．

つぎに，国や郡市や町村という，行政機構の系統上，県より上位や下位に位置する単位ではなくて，県レベルを対象とした理由である．当時の県という行政単位は，内務省の出先機関であった．そのため，道府県相互の交流は，人事の面でも業務の面でも，今日の地方自治体間にくらべて非常に緊密であり，事務のあり方も共通する面が大きい．このため，県レベルで見いだされた事実は，それ以下のレベルによるよりも，日本全体について一般化しやすい．もし市町村などのレベルまでおりてしまうと，見いだされた事実をどこまで一般化してよいものなのかが判断しにくくなる．また逆に，県レベルの行政機関は，国レベルのそれと異なり，必要に応じて町村内の個人にいたるまで直接に把握する．したがって，県レベルの資料を用いるならば，抽象的な理念等に止まることなく，国勢調査事業の末端で生じている事実に関し，具体的に把握することが可能である．以上の両方の利点を兼ね備えているが故に，本章では県レベルのデータを用いて分析を行うことにした．

第 2 に，国勢調査実施にともなうさまざまな機構・関係者のうちで，国勢調査員を取り上げる理由である．

国勢調査は，国家がその支配領域内にいる全住民を把握する事業である．このような事業は無媒介には行われ得ない．つまり，調査の実施主体である国家と，調査の対象である一般住民との間にあって，両者を結びつける役割を果たす存在がなければならない．そういった役割を担う存在は，さまざまなレベルの行政体や，民間団体など，数多く存在する．しかし，本章では，そうした種々の存在の中で，特に調査を最末端で実施した「国勢調査員」に着目する．理由は，国勢調査にかかわる諸役務の中でも，国勢調査員は，直接に住民の家をまわって宣伝活動を行い，調査用紙を配布して回収，点検するなど，調査の現場にあって，調査対象の住民と直接に接し，これを調査に協力させる役割を担う存在であったからである．この人々の属性について調べるということは，いいかえるなら，当時の日本国家が，全住民を把握しようとしたとき，どういう人々の力に依拠せざるを得なかったかを調べることでもある．本章では，この観点に立ち，福島県で選任された国勢調査員の諸属性を見る．この作業を通じ，日本近代国家による住民把握のあり方の一面を描き出すことが，本章の目的である．

利用した資料

以上に述べた目的のため，本章では2種類の資料を利用した．第1は，福島県行政文書の中につづり込まれた国勢調査員の推薦書類(以下「国勢調査員名簿」と呼ぶ[5])であり，第2は，いわき市および白河市の行政文書に含まれる戸数割税務資料[6]である．ここで，これらの資料について簡単に紹介しておこう．

まず，国勢調査員名簿であるが，これは，第一回国勢調査にあたり，各郡市から県に報告された，市町村ごとの調査員の推薦書(当時の呼称にしたがえば「内申書」)である[7]．県全体で約6250名の調査員につき，正員予備員の別，住所，職業，氏名，生年月日，公職の経歴等が記載されている(図10-1)．分析に用いたのは，これをデータファイル化したものである[8]．

図10-1の書式は仮設例であるが，基本的な書式はすべての市町村に共通である．名簿提出後，調査実施までの間に多少の辞任と補充があるが，ここでは基本的に当初推薦された顔ぶれについて調べることとした．

つぎに，戸数割税務資料についても，簡単に紹介しておこう．

福島県下，旧石城郡の一部(現・いわき市域)および旧西白河郡の一部(現・白河市)の旧町村については，調査員名簿とともに，戸数割税務資料[9]が利用可能である．戸数割とは，今日の市民税に引き継がれた地方税の一種で，大正期には，これは県税であった．その賦課方法は，県から郡を通じて各市町村を単位に賦課額が指示され，その賦課額を，市町村が独自に個別の住民に割り振ったものである．これは江戸時代の「村請制」下で行われた，年貢の村々への割付と，本百姓の間でのその割当ての手法を

5)　福島県歴史資料館所蔵，福島県行政文書1674『第一回国勢調査』に所収．

6)　これらの戸数割税務資料は，南亮進教授が収集し，一橋大学経済研究所附属日本経済統計情報センターに寄贈されたマイクロフィルムに含まれている．

7)　福島，若松のふたつの市については，市から県に直接に，また町村については，郡役所で取りまとめた上，郡から県に報告された．

8)　国勢調査員名簿および戸数割税務資料のコンピュータ入力作業は，経済研究所統計係(当時)の協力を得て行われた．とくに横嶋倫宣，田口礼子の両氏の力によるところが大きい．また，初期入力ファイルの校正には，岸岡和子氏の協力を得た．ともに記して謝意に代えさせていただきたい．

9)　戸数割税務資料の詳細については，佐藤正広(1992b)，南亮進(1996)，水本忠武(1998)などを参照．

甲第＊＊＊号
調査員選定内申書左記の者本町国勢調査員として適当なる者と認め候条
御推薦相成候様致度此段及内申候也
大正九年六月＊＊日
福島県＊＊郡××町長　○坂△次郎　（公印）
福島県知事　宮田光雄殿

正員予備員の別	住所	職業	氏名	生年月日	公職の経歴
正員	○○郡××町字△△、＊＊番地	小学校教員	○山△男	明治元年○月○日	××尋常高等小学校訓導
正員	同郡同町字同、＊＊番地	呉服商	□川×吉	元治元年○月○日	元区長代理、消防小頭、現町会議員、学務委員
正員	同郡同町字○○、＊＊番地	農業	△野○太郎	明治△年△月△日	収入役、在郷軍人分会長、町会議員
正員	同郡△村字○△	農業	×村□松	慶應×年×月×日	町役場雇

図 10-1　国勢調査員名簿の書式の例

注）福島県行政文書にもとづく仮設例．正字体カタカナ書きは，新字ひらがな書きになおした．

受け継いだ課税方法をとっていたといえる．

その割り振りに際して，各市町村では地域内の課税単位（通常「イエ」を代表する個人）の資産や所得に応じて基礎的な賦課額を算定し，これに今日でいえば扶養家族にあたる人々の控除等の操作を加えて，最終的な賦課額を決定した．この決定は，市町村会の審議事項であったため，通常，議会

a）所得等が記載されている例

所得額を標準とする課額		資産を標準とする課額		控除を要する人員	賦課額	氏名
所得額	課額	資産額	課額			
四七一	一・五九〇	二二五〇	三・九二〇	四	五・〇五〇	□川×吉
二〇二	〇・七七五	五〇〇	〇・九八八	二	一・〇二二	○山△男

b）賦課額のみが判明する例

番号	賦課額	氏名
××	五・〇五〇	□川×吉
△△	一・〇二二	○山△男

図 10-2　戸数割税務資料の書式の例

注）図 10-2 も図 10-1 同様，仮設例である．以下，図 10-1 の注に同じ．

記録の中に戸別の賦課額，その基礎となった所得調査結果，資産調査結果などを記載した資料(通常「戸数割賦課額表」などと題される)が，議案としてつづり込まれている(図 10-2)．ただし，県によって記入すべき必要事項が定められた国勢調査員名簿と異なり，戸数割の各人への割り振りは，その方法，額ともに市町村に任されていたから，資料の記載事項は，戸別の資産や所得が詳細に記入されているケースから，各戸の等級のみが記入されているケース，たんに賦課額のみが記されているケースまで，千差万別である．

また，戸数割税務資料は，町村単位で作成されるので，そこには，原則として地域内の全戸が含まれる[10)]．そこで，氏名と町村レベルの住所の両方を手がかりに，戸数割税務資料と国勢調査員名簿とを結合して処理することが可能となる．図中の仮設例でいうと，国勢調査員に選ばれた○山△男は，調査員名簿からは小学校の教員であり明治元年の生まれであることがわかるが，戸数割資料をこれと結合することにより，その所得が202円であることがわかる．戸数割は基本的に町村内すべての住民を対象とするから，戸数割税務資料を用いれば，この人物が，調査員にならなかった人々も含めた地域社会全体の中で，所得額について相対的にどこに位置するかを見ることも可能である．

10.2　国勢調査員名簿の分析

「職業」の分布

はじめに県全体を対象とし，国勢調査員に選ばれた人々の職業をみよう．ただし，国勢調査員名簿の中の「職業」欄(以下「職業1」と呼ぶ)の記入は，自然語でなされているため，そのままではコンピュータ処理が非常に困難である．そこで，ここでは，1920年国勢調査の職業分類をもとに，いくつかの項目を付け加えた分類を用い，事後的に分類を施した[11)]．表10-1に，職業中分類別に見たときの，調査員の郡市別の分布を示す．

右端の「合計」欄に，全県の値を見ると，いちばん多くあらわれる職業は「農耕，畜産，蚕業」で，3851名である．これは調査員全体の6割強にあたる．ついで，教育に関する業660名，物品販売業459名，官吏，公吏，雇傭455名，会社員，会社役員225名などが多い．福島県が，当時の日本の中でも，どちらかといえば農業県であったことを考えると，このような分布は不自然ではない．教育に関する業のうち，658名は，小分類では「学校に勤務する者」であり，そのほとんどは小学校の訓導または校長である．この人々の社会的な位置については，後にもう少し詳しく触れる．

---

10)　ただし，市町村の方針によって，極貧者についてははじめから資料に含まないばあいもあるので，注意が必要である．福島県について本章で用いた資料では，いずれの町村も所得ゼロの者まで含んでいる．

11)　この処理は，以下の「公職の経歴」欄(「職業2」と呼ぶ)の処理についても同様である．

また，物品販売業は，農村部における農業と同様，都市部で伝統的な生活と結びついた業種である可能性が高い．

次に郡市別に国勢調査員の職業分布をみよう．

全体的な傾向としては，各郡の分布も，県全体の分布とよく似ている．すなわち，「農耕，畜産，蚕業」「教育に関する業」「官吏，公吏，雇傭」が多い．しかし，細かくみると，特徴的な分布を示す例が2点ある．

第1は，伊達郡の繊維工業である．この地域は江戸時代以来の伝統的な養蚕製糸地帯であり，これにともなう織物業も擁している．その結果，製糸，織物関係の業者の中に，地域の中心人物と見なされる人が存在したのであろう．

第2に，石城郡の分布には，他の郡に見られない特徴がある．ひとつは「漁業，製塩業」が多いことである．これは小名浜，中之作，江名，四倉，久之浜などの漁港を有するためである．もうひとつは「会社員，会社役員」「分類不明」が多いことである．これらは，ほとんどが炭鉱関係者だと推定される．

つぎに，市部についても同様にみることにしよう．当時の福島県には，福島市と若松市の2市があり，いずれも江戸時代以来の城下町である．しかし，調査員選任の方針は，両市で全く異なっていたようである．すなわち，福島市は「物品販売業」がもっとも多く，これに「教育に関する業」が続き，「農耕，畜産，蚕業」も無視できない割合で含まれるのに対し，若松市では「教育に関する業」「官吏，公吏，雇傭」の2分類だけで調査員136名中135名であり，残る1名も「市町村長，助役，収入役」である．要するに教員と行政職ですべてをまかなった形である．この違いが何に起因するのか，今のところ特定できない．なんらかの歴史的な事情が影響するのかもしれない．ともかく，福島市がより伝統的な地域社会を代表する人々を中心とすると見られるのに対し，若松市では近代以降に導入された国家機構と深い関わりを持つ人々が選任されているのである．

表 10–1　郡市別にみた職業 1

職業名		福島市	若松市	安積	安達	伊達	河沼	岩瀬
農耕，畜産，蚕業		**15**	**0**	**191**	**253**	**361**	**160**	**136**
林業		1	0	0	0	0	0	0
漁業，製塩業		0	0	0	1	0	0	0
窯業		0	0	1	0	0	0	0
金属工業		1	0	1	0	1	0	0
機械器具製造業		0	0	0	1	0	0	0
化学工業		0	0	0	1	0	0	0
繊維工業		0	0	5	5	**19**	1	0
紙工業		0	0	1	0	0	0	1
皮革，骨，角，甲，羽毛製品類製造業		0	0	0	0	0	0	1
木，竹類に関する製造業		0	0	2	0	1	0	1
飲料食品，嗜好品製造業		2	0	3	5	5	1	3
被服，身の回り品製造業		1	0	0	0	0	0	0
土木建築業		1	0	1	0	0	0	0
製版，印刷，製本業		0	0	1	0	1	0	0
その他の工業		0	0	0	0	0	0	0
物品販売業		**41**	**0**	**44**	**25**	**45**	**33**	**32**
媒介周旋業		1	0	1	0	0	0	0
金融，保険業		5	0	7	3	8	1	3
物品賃貸業，預り業		0	0	1	0	0	0	0
旅宿，飲食店，浴場業等		1	0	7	3	5	1	3
通信業		0	0	1	1	0	0	1
運輸業		1	0	1	1	1	0	0
官吏，公吏，雇傭		**0**	**31**	**15**	**30**	**34**	**18**	**36**
宗教に関する業		4	0	2	7	13	0	2
教育に関する業		**20**	**104**	**12**	**30**	**40**	**24**	**16**
医務に関する業		2	0	0	2	0	1	2
法務に関する業		2	0	1	0	0	0	0
芸術家		1	0	0	1	0	0	0
その他の自由業		0	0	3	0	3	4	0
その他の有業者		0	0	0	0	0	1	0
家事使用人		0	0	0	0	0	0	0
収入に依る者		1	0	0	0	0	0	0
無職業		1	0	3	1	0	6	3
追加分類	会社員，会社役員	**7**	**0**	**3**	**5**	**5**	**3**	**2**
	県郡市町村会議員	0	0	0	0	0	0	0
	市町村長，助役，収入役	0	1	1	4	3	0	0
	分類不明	0	0	0	0	0	0	0
	無記入	0	0	2	1	3	15	0
合計		108	136	310	380	548	269	242

の分布（職業中分類）

信夫	西白河	石城	石川	双葉	相馬	大沼	田村	東白川	南会津	北会津	耶麻	合計
237	**166**	**435**	**146**	**234**	**222**	**145**	**402**	**149**	**132**	**126**	**341**	**3,851**
0	0	0	0	0	0	0	0	1	0	0	0	2
0	0	**16**	0	2	1	0	0	0	0	0	0	20
0	0	0	0	0	2	0	1	0	0	4	0	8
0	0	1	0	0	1	0	0	0	0	0	0	5
0	0	0	0	0	0	0	0	0	0	0	0	1
0	0	0	0	0	0	0	0	0	0	0	0	1
1	4	1	0	1	1	0	0	1	0	0	1	40
0	1	0	0	0	0	0	0	0	0	1	0	4
0	0	0	0	0	0	0	0	0	0	1	0	2
0	1	1	0	0	1	0	0	0	1	0	1	9
0	9	14	0	1	4	1	5	4	3	1	10	71
0	0	1	0	0	0	0	0	0	0	0	1	3
0	0	1	0	0	0	0	0	0	0	0	3	6
0	0	1	0	0	0	0	1	0	0	0	0	4
0	0	1	0	0	0	5	0	0	0	0	1	7
16	**24**	**64**	**5**	**7**	**20**	**9**	**36**	**11**	**12**	**7**	**28**	**459**
0	0	0	0	0	3	0	0	0	0	0	1	6
0	4	7	1	2	7	0	3	0	1	0	5	57
0	0	0	0	0	0	0	0	0	0	0	0	1
8	1	3	1	0	5	0	2	0	1	2	3	46
0	0	0	0	0	2	1	0	1	2	0	1	10
1	1	3	0	0	1	0	0	1	0	1	0	12
14	**22**	**20**	**8**	**10**	**53**	**26**	**44**	**22**	**9**	**19**	**44**	**455**
6	4	15	5	6	9	1	3	5	3	1	10	96
40	**15**	**76**	**22**	**36**	**53**	**21**	**36**	**8**	**19**	**21**	**67**	**660**
1	2	3	0	1	1	2	1	2	0	0	2	22
0	1	0	0	0	0	0	0	0	0	0	0	4
0	1	0	0	0	1	0	0	0	0	0	0	4
0	1	0	0	1	3	0	0	0	0	0	1	16
1	2	1	0	0	0	0	0	1	0	0	2	8
0	0	0	0	0	1	0	0	0	0	0	0	1
0	0	0	0	0	1	0	0	0	0	0	0	2
0	0	0	0	1	0	0	0	0	0	2	1	18
3	**1**	**175**	**1**	**0**	**7**	**2**	**3**	**3**	**0**	**1**	**4**	**225**
0	0	0	0	0	1	0	0	0	0	0	4	5
1	2	0	0	1	1	2	3	5	0	4	7	35
0	0	**21**	0	0	1	0	0	0	0	0	1	23
1	14	6	3	0	0	0	4	0	0	1	0	50
330	276	866	192	303	402	215	544	214	183	192	539	6,249

「職業」と「公職の経歴」の関係

つづいて，やはり県全体について，職業1と「公職の経歴」との関係を見よう．「公職」と銘打たれている以上，ここに記入されているのは，当時の地域社会で，個別の家産経営とは異なる，公的な役割として認識されていた機能であろう．

はじめに資料操作上の技術的な面に関して触れておく．原資料では「公職の経歴」も「職業1」同様，自然語で記入されている．そこで，これを1920年職業分類に準じ，事後的に分類した．ところが，図10-1に例示したように，この欄には複数の記載事項があるケースが多い．これを以下の原則により処理した．①現職と判断したものを優先し，元職と思われる記載は，現職がない場合に採用する，②現職，元職のいずれにしても，その中で記入の順番が早いものを採用する，③例外的に，②の原則にもかかわらず，明らかに地域社会で重要と見なされる職名を優先する（たとえば，町村長，県会議員などは，記入の順番にかかわらず，区長や消防小頭などに優先した），以上である．このような手続きにより，各人について一義的に「公職の経歴」を決めつけた（以下「職業2」と呼ぶ）ことを断った上で，以下の分析に入ることにしよう（表10-2）．

まず，いちばん右端の列を縦に見ていくと，表10-1の右端と同じ数字が並んでいる．この中で，さきに調査員の職業1で多かった「農耕，畜産，蚕業」「物品販売業」「官吏，公吏，雇傭」「教育に関する業」「会社員，会社役員」を取り上げ，それぞれ職業2にいかなる分布をするかを調べると，これらは，大きくふたつのグループに分かれる．

第1のグループは，「農耕，畜産，蚕業」「物品販売業」である．これに「繊維工業」「飲料食品，嗜好品製造業」も加えることができよう．これらの職種を職業1に記入した者は，「職業2」に同じ職種を記入することが，ほとんどない．たとえば，職業1に「農耕，畜産，蚕業」を記入した調査員3851名中，職業2に同じ「農耕，畜産，蚕業」を記入したのはわずか1名で，残る3850名のうち無記入の678名を除く3172名は，別な職業を記入している．

第2のグループは，「官吏，公吏，雇傭」「教育に関する業」「会社員，会社役員」である．この職種を職業 1 に記入したケースでは，その多くは職業 2 でも同じ職種を記入するか，または無記入である．「宗教に関する業」も，出現頻度は低いが，これらと似たケースである．

これら 2 グループの特性の違いは何を意味するのか．ここで注意すべき点は，第 1 のグループに属する職業は，すべて伝統的な地域社会を構成する職業であるのに対し，第 2 のグループに属する職業の多くは，近代になってから日本に導入された職業であることである．また，前者は人々の間で家産の経営ないし「家業」としてとらえられる傾向が強いと考えられるのに対し，後者は，基本的に個人の職能にもとづく業種であり，「家業」とは意識されにくいという違いがある．

以上のように考えるなら，国勢調査員リストの「職業」欄には，文字通り個人の職能にもとづく職業が記入されているばあいと，「家業」と見なされる業種が記載され，その個人に属する社会的属性は「職業 2」に記入されるばあいとが混在すると見ることができる．

「職業 1」に家業を記載したケース

つぎに，上記の分類で，第 1 のグループに属する例について調べてみよう．「職業 1」に「農耕，畜産，蚕業」を記入した例は，国勢調査員名簿にある 6249 名のうち，3851 名であり，過半を占める．このように多くのサンプルが一つの分類に入り込んでしまうと，その分類の意味は半減する．そこで，表 10-2 に，この部分の「職業 2」への記入事項を読んでみることにする．

一見して明らかなのは，「無記入」の者 678 名を除くと，残る 3173 名のほとんどが「青年団，青年会」「消防組合，衛生組合，納税組合，耕地整理組合，水利組合等」「産業組合，農会等の役員」「区長，区会議員」「県郡市町村会議員」「市町村長，助役，収入役」「市町村の各種委員等」「予備役，後備役，退役軍人，在郷軍人会役員」など，地域共同体のまとめ役ないし地方行政機関の代表者であることである．類似の現象は，さきに第 1 のグループとした「物品販売業」「繊維工業」「飲料食品，嗜好品製造業」のいずれについても観察できる．

表 10-2 職業 1 と職業 2

職業 1 ＼ 職業 2	農耕、畜産、蚕業	飲料食品、嗜好品製造業	金融、保険業	通信業	運輸業	官吏、公吏、雇傭	宗教に関する業	教育に関する業	医務に関する業
農耕，畜産，蚕業	1	1	1	4	0	**129**	4	**68**	1
林　　業	0	0	0	0	0	0	0	0	0
漁業，製塩業	0	0	0	0	0	0	0	0	0
窯　　業	0	0	0	0	0	0	0	0	0
金属工業	0	0	0	0	0	0	0	0	0
機械器具製造業	0	0	0	0	0	0	0	0	0
化学工業	0	0	0	0	0	0	0	0	0
繊維工業	0	0	0	0	0	0	0	0	0
紙工業	0	0	0	0	0	0	0	0	0
皮革，骨，角，甲，羽毛製品類製造業	0	0	0	0	0	0	0	0	0
木，竹類に関する製造業	0	0	0	0	0	0	0	0	0
飲料食品，嗜好品製造業	0	0	0	0	0	0	0	0	0
被服，身の回り品製造業	0	0	0	0	0	0	0	0	0
土木建築業	0	0	0	0	0	0	0	0	0
製版，印刷，製本業	0	0	0	0	0	1	0	0	0
その他の工業	0	0	0	0	0	0	0	0	0
物品販売業	0	0	1	1	0	12	0	4	0
媒介周旋業	0	0	0	0	0	0	0	0	0
金融，保険業	0	0	1	0	0	5	0	3	0
物品賃貸業，預り業	0	0	0	0	0	0	0	0	0
旅宿，飲食店，浴場業等	0	0	0	0	0	1	0	2	0
通信業	0	0	0	4	0	0	0	0	0
運輸業	0	0	0	0	2	0	0	0	0
官吏，公吏，雇傭	0	0	0	12	3	**259**	2	7	0
宗教に関する業	0	0	0	0	0	6	**34**	8	0
教育に関する業	0	0	0	1	0	2	1	**530**	0
医務に関する業	0	0	0	0	0	0	0	0	0
法務に関する業	0	0	0	0	0	0	0	0	0
芸術家	0	0	0	0	0	0	0	0	0
その他の自由業	0	0	0	0	0	1	0	0	0
その他の有業者	0	0	0	0	0	2	0	0	0
家事使用人	0	0	0	0	0	0	0	0	0
収入に依る者	0	0	0	0	0	0	0	0	0
無職業	0	0	0	0	0	5	0	2	0
追加分類　会社員，会社役員	0	0	0	1	0	11	0	5	0
追加分類　県郡市町村会議員	0	0	0	0	0	2	0	0	0
追加分類　市町村長，助役，収入役	0	0	0	0	0	4	0	0	0
追加分類　分類不明	0	0	0	0	0	0	0	0	0
追加分類　無記入	0	0	0	2	0	16	0	4	0
合計	1	1	3	25	5	456	41	633	1

の関係(職業中分類)

その他の自由業	追加分類											合計
	会社員、会社役員	青年団、青年会	消防組合、衛生組合、納税組合、耕地整理組合、水利組合等	産業組合、農会等の役員	区長、区会議員	県郡市町村会議員	市町村長、助役、収入役	市町村の各種委員等	予備役、後備役、退役軍人、在郷軍人会役員	分類不明	無記入	
2	2	**174**	**282**	**119**	**733**	**1,002**	**180**	**81**	**370**	**19**	**678**	3,851
0	0	0	0	1	0	1	0	0	0	0	0	2
0	0	3	4	0	3	6	0	1	3	0	0	20
0	0	1	2	0	0	1	0	0	1	0	3	8
0	0	1	1	0	0	0	0	0	1	0	2	5
0	0	0	0	0	0	0	0	0	0	0	1	1
0	0	0	0	0	0	0	0	0	0	0	1	1
0	0	**1**	**13**	**1**	**2**	**6**	**0**	**0**	**4**	**0**	**13**	40
0	0	0	1	0	1	0	0	0	0	0	2	4
0	0	0	0	0	0	0	0	0	0	0	2	2
0	0	1	1	0	3	0	0	0	1	0	3	9
0	0	**3**	**6**	**1**	**11**	**24**	**1**	**0**	**10**	**1**	**14**	71
0	0	0	1	0	0	0	0	0	1	0	1	3
0	0	0	1	0	0	0	0	0	3	0	2	6
0	0	0	0	0	0	0	0	0	1	0	2	4
0	0	1	2	0	0	4	0	0	0	0	0	7
0	2	**16**	**56**	**4**	**38**	**88**	**12**	**2**	**62**	**1**	**160**	459
0	0	0	2	0	0	1	0	1	2	0	0	6
0	0	0	1	1	5	11	1	1	6	0	22	57
0	0	0	0	0	0	0	0	0	0	0	1	1
0	0	2	5	1	8	6	0	0	2	0	19	46
0	0	0	0	0	1	3	0	0	2	0	0	10
0	0	0	0	0	1	3	0	0	2	0	4	12
0	0	2	1	2	8	8	76	3	5	0	**67**	455
0	0	1	1	0	0	0	1	0	6	0	**39**	96
0	0	4	0	0	0	1	2	2	6	1	**110**	660
0	1	1	0	0	1	3	0	0	7	0	9	22
0	0	0	0	0	0	2	0	0	0	0	2	4
0	0	1	0	0	0	0	0	0	0	0	3	4
1	0	0	0	1	2	0	1	1	4	0	5	16
0	0	0	0	0	0	2	1	0	0	0	3	8
0	0	0	0	0	0	0	0	0	1	0	0	1
0	0	0	0	0	0	2	0	0	0	0	0	2
0	0	0	0	0	1	4	0	0	3	0	3	18
0	**13**	0	3	1	0	9	3	2	17	2	**158**	225
0	0	0	1	0	0	2	0	0	0	0	0	5
0	0	0	0	0	0	0	23	0	0	0	8	35
0	0	0	0	0	1	1	0	0	0	0	21	23
0	0	0	1	0	6	5	6	0	1	0	9	50
3	18	212	385	132	825	1,195	307	94	521	24	1,367	6,249

ここに列挙された役職は，旧来の共同体的な人間関係を前提としながら，それが近代国家によって再編成されたものと特徴付けられる．県郡市町村等の行政機関の役職はもちろんであるが，その他についても，このことは言える．たとえば，青年団は旧来の若者組や，その系譜をひく青年会等が，明治期に内務省によって系統化されたものである．農会も同様，農商務省によって，帝国農会以下府県農会，郡農会，町村農会と系統化され，農村における生産力の担い手を組織する役割を担っていた．区長や区会議員，あるいは消防，衛生，納税，耕地整理，水利などの諸組合も，江戸時代の村の機能を継承しながら，同時に近代国家の「行政村」の末端の役割を担うものに再編される傾向があった．

在郷軍人会ないし退役軍人の記載が相当数あることにも注意を促しておこう．在郷軍人会の組織は，基本的に現役時代の階級に従う形で組織されていた．地域で士官以上になれるのは，中等学校卒業か，もしくは職業軍人としての教育を受けた者であった．自然，その出身階層は旧村役人や，これに準ずる資産家に偏ることになる．軍事組織も，地方の社会とのかかわりでは，旧来の共同体的人間関係を再生産する役割を果たした面があり，そのことが国勢調査員の選任にあたっても観察されたのである．ちなみに，同じ時期，普通選挙運動の担い手として，在郷軍人会が大きな意味を持っていたといわれるが，同様な事情からであろう．

いいかえると，明治中期以降，こうした形で近代国家の諸制度を媒介としなければ，旧来の共同体的秩序が支えられない面が顕在化したのである．その意味で「旧来の」共同体的秩序といっても，それは江戸時代あるいは明治維新期そのままの秩序ではあり得ない．むしろ，近代国家によって再編され，国家機構の一環として取り込まれたものとみるべきである．

以上の事情は，国勢調査員の選任にも，当然反映した．彼らは，農耕など伝統的な職業に家業として従事することを前提に，さらにその上で，地域共同体の顔役，もしくは市町村レベルの地域行政の中心的人物であることによって，国勢調査員に選任されたのである．「公職の経歴」欄への記入事項の多くは，こうした意味合いをもつ．いいかえると，さきに第1のグループとした職業記載が現れる背後には，江戸時代以来の村役人の系譜を引くものや，大同族団を従えた本家など，伝統的な地域社会の人間関係がかいま見られると同時に，近代国家によるその再編の結果も存在するのである．

個人の職能にもとづく「公職」

さきに第2のグループとした職業記載をする人々の存在は，以上に述べた属性を持つ人々とならんで，個人の職能にもとづいて地域社会で重きをなす人々が現れていたことを物語る．その代表が前述のように，小学校の教員であり，あるいは市町村で「雇」などと呼ばれる職員であった．教員についていうと，当時の師範学校は給費学校であったため，貧困家計に属する子女が社会的に上昇しようとするばあい，師範学校を卒業して教員になるというルートが大きな意味を持ったといわれる．逆に言えば，このルートを通る人材の多くは，旧来の共同体的秩序の中では中心的存在になりがたい人々であった．

このことを別の面から見ておこう．このとき国勢調査員全体の中で，自己の居住する市町村の外で調査員になった者が57名ある．このうち45名は職業1が「教育に関する業」である．さらに，9名は「官吏，公吏，雇傭」であり，逆に「農耕，畜産，蚕業」は1名に過ぎない．小学校の教員や役場の雇員などの中には，居村外から通勤する者があり，その人々が，勤務先のある市町村で調査員に選任されたのである．この事実は，これらの職能を持つ人々が調査員に選任される際，伝統的な地域共同体の成員であるか否かは，あまり問題とならなかったことを物語る．

以上のような事実は，地域社会のつぎのような状態を示唆する．つまり，この時期に，国家が全住民を把握するには，よし近代国家による再編を経たとはいえ，共同体的秩序のみでは，すでに困難な状態になっていたということである．同時に，教員や地方行政体の職員がここで現れてくるということは，地域住民の間に，1873年以降制度化した公教育や，1888年の市町村制以来の地方制度が，強い影響力を持って浸透してきたことを示すものである．

これらの点と関連して，職業1に「農耕，畜産，蚕業」が記入されると同時に，職業2に「官吏，公吏，雇傭」が記入された者，同じく「教育に関する業」が記入された者が，それぞれ129名および68名あることも指摘しておこう.

10.3　調査員名簿と戸数割税務資料の結合

郡市別にみた職業分布の中で，特殊な位置を占めていたのが，旧石城郡である．同郡の一部(現いわき市域の7町村)については，調査員名簿と戸数割税務資料とを結合することができる．後者からは，前述のとおり，課税単位(たいていの場合，家産の経営単位)の「資力」の程度を知ることができる．これを用い，もう少し詳しく調査員の社会的属性について調べよう．また，現在白河市に属する旧西白河郡の2町村についても，同様の作業ができる．可能な範囲で，これも用いることにしたい.

両地域の概観

これら2つの地域について概観しておこう.

まず，いわき市は，福島県の海寄りで「浜通り」といわれる地域の最南端に位置し，南は茨城県北茨城市と接している．1969年に，当時の磐城，内郷，常磐，平，勿来の5市，小川，遠野，久之浜，四倉の4町，大久，川前，田人，三和，好間の5村が合併して発足した．元来は漁村であり，大正期にも当然その特徴をもっていたが，同時に内郷，好間，勿来(当時は窪田と呼ばれた)を中心に，常磐炭田の中核的な炭鉱が点在し，炭鉱関係者の集住する地区を包含した．また元来城下町である平町は，炭鉱の発展にともない，商業都市として発展したといわれる.

つぎに，白河市は，福島県中央部の「中通り」に属し，旧白河町，大沼村，白坂村，小田川村，五箇村，そして表郷村の一部が含まれる．旧白河町は小峰城の城下町で，東北本線の白河駅を擁する．後背地域が狭く丘陵で人口が希薄なため，あまり大きな都市機能をもたない．いわき市域にみられた炭鉱のような特徴的な産業はなく，大正期には，ごく一般的な地方都市であった.

戸数割税務資料の操作

ここで，戸数割税務資料の操作手順について，必要な限りで触れておこう．戸数割税務資料が利用可能な地理的範囲は，今日いわき市に含まれる旧四倉町(701名)，平町(4263名)，田人村(388名)，窪田村(1061名)，好間村(1040名)，川部村(574名)，錦村(472名)の7町村および今日白河市に含まれる旧白河町(3576名)，五箇村(412名)の2町村，あわせて9町村である．対象となる標本数は，これら9町村で1万2487名である．

ただし，資料の年代は1920年ではない．川部村と窪田村が1923年，そのほかの町村は1922年のデータである．1920年の第一回国勢調査とは2〜3年の時期のずれがある．後にも述べるように結合子として氏名を用いる以上，この間に代替わりがあったりすると，2つの資料はマッチできなくなるが，今のところ，確認する別資料を持たないので，ここではこの問題は考慮しないで議論を進める．

また，得られるデータは，居住町村，被課税者の氏名については全町村共通であるが，地域内における経済的地位を示す指標として使えるのは，村役場による所得調査の結果(錦村，川部村，好間村，田人村，平町，四倉町)と，戸数割の賦課額(窪田村，白河町，五箇村)とがあって不統一である．前述のとおり，戸数割の賦課基準は町村によって異なるのが通例であるから，賦課額しか判明しない町村については，地域間の直接の比較はできないことになる．

本節では，それぞれの町村を単位に，税務資料にあらわれる納税者を所得額もしくは賦課額の順位に配列し，それを上位から10等分してランク付けし，その結果(以下「十分位階級」と呼ぶ)を共通の尺度として用いることにした[12]．

次に，この戸数割税務資料データを，国勢調査員名簿と結合する．その際，結合子として町村レベルの住所と，氏名を用いる．これら9町村を担当区域とする調査員は全部で361名であるが，この結合作業の結果，2種類の資料に同時にあらわれる者は257名あった．残る104名は，国勢調査員リストには載っているものの，戸数割税務資料には載っていない．

このことのもつ意味については後述する．

調査員の所属する十分位階級

2つの資料を結合した結果から，十分位階級順の累積度数を求め，グラフにしたのが，図10-3(いわき市域)および図10-4(白河市域)である[13]．両地域のグラフの形状はおおざっぱに見るなら同一で，第2十分位階級でほぼ70%になり，さらに第3十分位階級まで加えると80%弱，第5十分位階級まででは90%前後になる．国勢調査員は，明らかに，地域社会でも上層の人々に偏って選任されていることがわかる．

次に，この分布を町村別に分解してみよう．表10-3，図10-5(いずれも両地域を同時に表示)である．なお，ここには便宜上，戸数割税務資料にあらわれない調査員の数も含めてある．図10-5に調査員の十分位階級別の分布の型を見ると，大別して3通りのパターンがあることが読みとれる．

---

12) 町村によっては，資料に記載された人数が10で割り切れない数のため，各階級の人数は厳密に同じではないばあいが多い．いま，各町村の十分位階級の人数および後出の「地域プール型」十分位階級の人数を示せば，以下の表のようになる．

階級＼町村		白河	五箇	四倉*	平*	田人*	窪田	好間*	川部*	錦*	地域プール
高↑地域内での位置↓低	第1	358	42	71	427	38	107	104	58	48	743
	第2	358	41	70	427	39	106	104	58	47	744
	第3	358	41	70	426	39	106	104	57	47	744
	第4	357	41	70	426	39	106	104	57	47	744
	第5	357	41	70	426	39	106	104	57	47	744
	第6	357	41	70	426	39	106	104	57	47	744
	第7	357	41	70	426	39	106	104	57	47	744
	第8	358	41	70	426	39	106	104	57	47	744
	第9	358	41	70	426	39	106	104	58	47	744
	第10	358	42	70	427	38	106	104	58	48	743
合計		3,576	412	701	4,263	388	1,061	1,040	574	472	7,438

注)「地域プール」とは，いわき市域で所得額が判明する町村(町村名の右肩に＊印)をとり，それら町村に含まれる全住民を直接所得額に応じて配列し，十分位階級を付与したもの．詳しくは本文参照．

13) 白河市域のケースは，対象標本数が100に満たないので，百分率による表示はあまり意味をなさないが，参考までに示した．

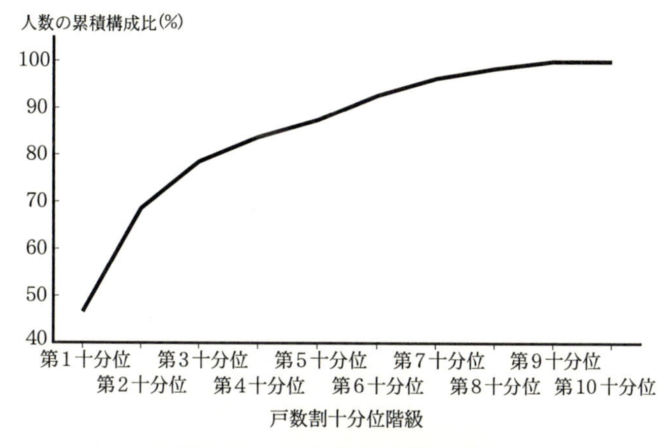

図 10-3　いわき市域の国勢調査員

注）戸数割十分位階級による累積構成比(対象標本数：191 人).

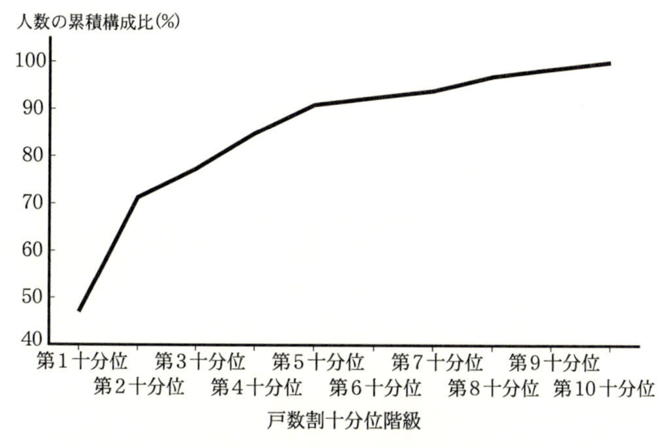

図 10-4　白河市域の国勢調査員

注）戸数割十分位階級による累積構成比(対象標本数：66 人).

第 1 は，いわき市域の好間村，平町，窪田村に見られる形状で，ここでは，戸数割税務資料に名前のあらわれない国勢調査員がもっとも多く，ついで第 1 十分位階級，第 2 十分位階級以下と漸減しながら続く.

第 2 は，白河町，錦村，四倉町，川部村に見られる形状で，第 1 十分位階級のものがもっとも多くてピークをなし，第 2 十分位以下は漸減する.

第 3 は，田人村と五箇村で，第 1，第 2 のいずれとも特定できない形状

表 10-3　地域別にみた戸数割十分位階級の分布

地域＼十分位階級		戸数割資料になし	第 1 十分位	第 2 十分位	第 3 十分位	第 4 十分位
いわき市域	平　町	22	12	7	4	3
	四倉町	4	12	3	1	2
	錦　村	4	16	2	1	0
	窪田村	16	15	10	4	3
	好間村	40	21	14	2	1
	川部村	4	9	5	2	1
	田人村	1	4	1	5	0
白河市域	白河町	10	28	14	4	3
	五箇村	3	3	2	0	2
合　　計		104	120	58	23	15

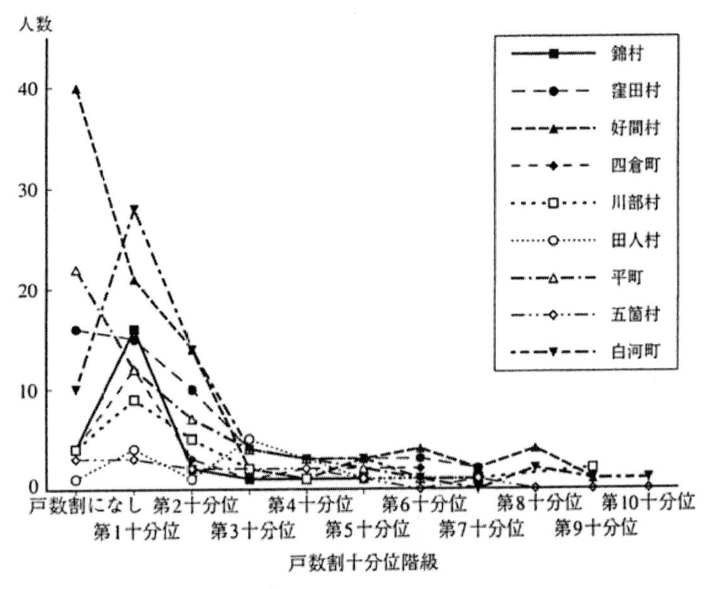

図 10-5　国勢調査員の戸数割十分位階級別分布パターン
（いわき市域および白河市域の 9 町村）

(町村ごとに十分位数を出したばあい)

第5十分位	第6十分位	第7十分位	第8十分位	第9十分位	第10十分位	合計
2	1	1	0	0	0	52
0	2	0	0	0	0	24
1	0	0	0	0	0	24
0	3	2	0	0	0	53
3	4	2	4	1	0	92
0	0	1	0	2	0	24
1	0	1	0	0	0	13
3	1	0	2	1	1	67
1	0	1	0	0	0	12
11	11	8	6	4	1	361

のものである.

個別町村内で十分位階級を決める意味

すでに述べたとおり，戸数割税務資料には，所得額が採れる町村と賦課額しか分からない町村が混在する．本節では，この理由で，まず町村ごとに，その内部で資力の十分位階級を求め，その結果を地域全体でプールする方法によって作業を行った.

この方法の問題は，地域内の資力の格差と，地域間の資力格差とのどちらが，人々の意識により強く反映するか，判断できない点にある．たとえば，ある村内でもっとも豊かな家計であっても，その村が全体として貧しい地域にあれば，他の，もっと豊かな地域の町村に属する家計と比較したときには，相対的に貧しい部分に入ってしまうこともあり得る．問題は，そうした事実があったばあい，それによって国勢調査員の選任の基準が，影響を受けたかどうかという点にある．議論をさきに進める前に，この問題に関して一応の見通しを得ておきたいと思う.

いま，いわき市域で所得額が判明する6町村をとり，そこに含まれるすべての世帯を，町村の枠を取り払って所得額の順に並べ，その中で十分位

表 10-4 2種類の戸数割十分位階級決定法の

a) 町村別に十分位階級を決定したばあい

		戸数割資料になし	第1十分位
神道に関する業		0	0
学校に勤務する者		5	1
追加分類	会社員，会社役員	2	0
	青年団，青年会	0	0
	消防組合, 衛生組合, 納税組合, 耕地整理組合, 水利組合等	0	2
	区長，区会議員	2	13
	県郡市町村会議員	3	25
	市町村長，助役，収入役	2	9
	予備役，後備役，退役軍人，在郷軍人会役員	4	1
	無　記　入	57	23
合　　　計		75	74

b) 地域でプールした場合

		戸数割資料になし	第1十分位
神道に関する業		0	0
学校に勤務する者		5	1
追加分類	会社員，会社役員	2	0
	青年団，青年会	0	0
	消防組合, 衛生組合, 納税組合, 耕地整理組合, 水利組合等	0	2
	区長，区会議員	2	8
	県郡市町村会議員	3	20
	市町村長，助役，収入役	2	4
	予備役，後備役，退役軍人，在郷軍人会役員	4	1
	無　記　入	57	14
合　　　計		75	50

階級を決める．これを，同じ対象標本について，町村別に，その内部で十分位階級を決めたばあいと比較したとき，国勢調査員に選任された人々の評価がどう変わるか調べてみた．

その結果が図 10-6 である．これをみると，全体に，町村別に十分位階級を付与した方が，曲線が上方に位置する．いいかえると，町村内で十分

対比(いわき市域で所得額が判明する6町村)

第2十分位	第3十分位	第4十分位	第5十分位	第6十分位	第7十分位	第8十分位	第9十分位	第10十分位	合計
1	0	0	0	0	0	0	0	0	1
1	1	0	0	0	0	0	0	0	8
0	1	0	0	0	0	0	0	0	3
0	0	1	0	0	0	0	0	0	1
0	2	0	0	1	0	0	0	0	5
5	1	0	1	1	0	1	1	0	25
6	6	3	1	0	1	0	1	0	46
2	2	0	0	1	0	1	0	0	17
1	0	0	0	0	1	0	0	0	7
16	2	3	5	4	3	2	1	0	116
32	15	7	7	7	5	4	3	0	229

第2十分位	第3十分位	第4十分位	第5十分位	第6十分位	第7十分位	第8十分位	第9十分位	第10十分位	合計
0	1	0	0	0	0	0	0	0	1
0	1	1	0	0	0	0	0	0	8
0	0	0	1	0	0	0	0	0	3
0	1	0	0	0	0	0	0	0	1
1	0	0	1	1	0	0	0	0	5
6	3	1	1	0	0	2	1	1	25
7	6	4	1	1	2	0	1	1	46
4	3	1	1	0	0	1	1	0	17
1	0	0	0	0	0	1	0	0	7
13	8	9	2	5	3	1	3	1	116
32	23	16	7	7	5	5	6	3	229

位数を与えた方が，国勢調査員に選任された人々の階級は高く評価されたのである．その程度について例示すると，国勢調査員の累積度数が，総数の約80％に達する階級は，町村別の十分位によるばあいは第3階級前後であるが，地域全体の十分位によるばあいは第4階級と，1ランク落ちることになる．

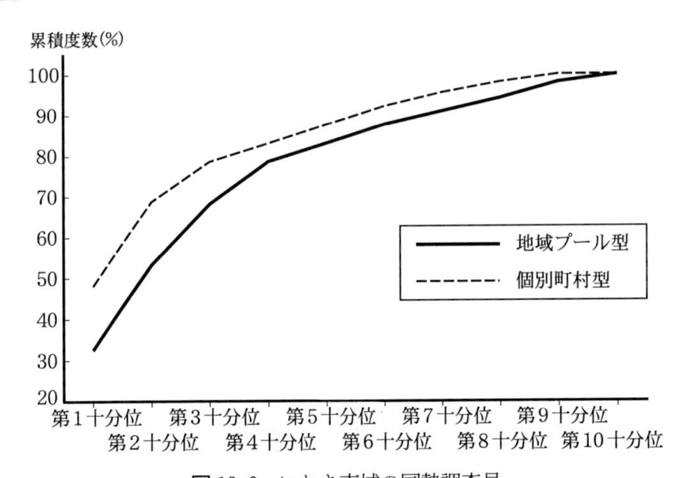

図 10-6 いわき市域の国勢調査員

(戸数割十分位階級の採り方を変えたばあいの対比)

注）対象標本：所得額の判明する 6 町村，戸数割資料に記載のあるもの 154 名.

以上に見る限り，国勢調査員は，それぞれの町村内で相対的に高い位置にある人々が選ばれており，郡など，より広い地域全体の中における，彼らの位置には，あまり考慮が払われていない．いいかえると，国勢調査員の選任にあたって，町村間の格差はあまり影響しないといえそうである．調査員選任の単位が市町村であり，より広い地域を単位としないことを考えると，これは不自然ではない．

同様のことは，職種別の数値を対比しても見いだせる．表 10-4 の「県郡市町村会議員」や「市町村長，助役，収入役」を職業 2 とする国勢調査員についてみると，町村別の十分位数による a)では，ほぼ第 5 階級までに含まれるが，地域全体の十分位数による b)では，全体に下の階級に移動し，分布自体も分散する．これらの役職に就く人々は，地域内で相対的に富裕な階層から選ばれる傾向があるのは疑いない．両者にみる分布のこの違いは，彼らの選任の基準が，あくまで町村内の相対的位置によること，その結果，地域間格差を考慮に入れると，逆に彼らが地域内でもつ位置が正確に評価できなくなる可能性を示唆している．

以上の事実は同時に，得られるデータが所得額か賦課額かという違いがあっても，十分位数程度のおおざっぱな形で，町村内での相対的な位置に

表 10–5　町村別にみた職業 1 の分布(職業小分類)

a) いわき市域の旧町村

		平町	四倉町	錦村	窪田村	好間村	川部村	田人村	合計
農　作		2	8	20	24	22	16	13	105
漁撈，採藻		0	4	0	0	0	0	0	4
染色，捺染，漂白及糸布加工業		1	0	0	0	0	0	0	1
活字製造，活版印刷業		1	0	0	0	0	0	0	1
その他の工業		0	1	0	0	0	0	0	1
物品販売業		8	8	0	7	0	3	0	26
燃料販売		1	0	0	0	0	0	0	1
木材，竹材販売		1	0	0	0	0	0	0	1
綿，糸類，編み物，組み物類販売		1	0	0	0	0	0	0	1
図書，新聞，雑誌その他の出版物の発行，販売		1	0	0	0	0	0	0	1
小間物，唐物，履物，雨具，雑貨販売		0	0	0	0	3	0	0	3
銀行業		2	0	0	0	0	0	0	2
貸金業		1	0	0	0	0	0	0	1
官吏，雇傭		0	0	0	1	0	0	0	1
公吏，雇傭		0	0	0	2	0	0	0	2
神道に関する業		0	1	0	2	1	0	0	4
学校に勤務する者		28	2	1	3	0	2	0	36
医　業		2	0	0	1	0	0	0	3
その他の有業者		1	0	0	0	0	0	0	1
追加分類	会社員，会社役員	2	0	0	13	43	3	0	61
	分類不明	0	0	0	0	21	0	0	21
	無記入	0	0	3	0	2	0	0	5
合　計		52	24	24	53	92	24	13	282

置き換えれば，町村を越えた相互比較が可能になることも含意する．

調査員の職業

図 10–5 および図 10–6 で見いだされた事実の意味について考えるため，町村別に職業 1 の分布を見たのが表 10–5 である．なお，ここでは 1920 年職業分類の小分類レベルに準じた表示がしてある．

まず，いわき市域と白河市域の，地域全体としての傾向を比較しよう．

b) 白河市域の旧町村(表 10–5 つづき)

		白河町	五箇村	合計
農　　作		9	5	14
生糸製造		4	0	4
表 具 師		1	0	1
樽，桶類製造		1	0	1
清酒製造		2	1	3
味噌，醤油製造		3	0	3
製 茶 業		1	0	1
穀類，粉類販売		4	0	4
魚介藻類販売		1	0	1
燃料販売		3	0	3
木材，竹材販売		1	0	1
地金，金属器具販売		2	0	2
皮革，擬革，その製品販売		1	0	1
織物，被服類販売		2	0	2
小間物，唐物，履物，雨具，雑貨販売		5	0	5
銀 行 業		2	0	2
質 屋 業		1	0	1
貸 金 業		1	0	1
料理店，飲食店，席貸業		1	0	1
運輸取扱業		1	0	1
公吏，雇傭		0	4	4
学校に勤務する者		0	2	2
調 剤 業		1	0	1
獣 医 業		1	0	1
弁護士業，特許弁理士業		1	0	1
その他の芸術に関する業		1	0	1
代 書 業		1	0	1
その他の有業者		2	0	2
追加分類	会社員，会社役員	1	0	1
	無 記 入	13	0	13
合　　計		67	12	79

c) 戸数割資料に記載されない調査員(いわき市域，白河市域とも)

	いわき市域							白河市域		合計
	平町	四倉町	錦村	窪田村	好間村	川部村	田人村	白河町	五箇村	
農作	1	1	3	2	2	0	1	1	0	11
生糸製造	0	0	0	0	0	0	0	1	0	1
清酒製造	0	0	0	0	0	0	0	1	0	1
味噌，醬油製造	0	0	0	0	0	0	0	2	0	2
物品販売業	1	1	0	2	0	0	0	0	0	4
燃料販売	1	0	0	0	0	0	0	0	0	1
木材，竹材販売	0	0	0	0	0	0	0	1	0	1
地金，金属器具販売	0	0	0	0	0	0	0	1	0	1
小間物，唐物，履物，雨具，雑貨販売	0	0	0	0	1	0	0	1	0	2
銀行業	1	0	0	0	0	0	0	0	0	1
貸金業	1	0	0	0	0	0	0	0	0	1
公吏，雇傭	0	0	0	1	0	0	0	0	1	2
学校に勤務する者	15	2	1	0	0	2	0	0	2	22
調剤業	0	0	0	0	0	0	0	1	0	1
その他の有業者	1	0	0	0	0	0	0	0	0	1
追加分類 会社員，会社役員	1	0	0	11	31	2	0	0	0	45
追加分類 分類不明	0	0	0	0	6	0	0	0	0	6
追加分類 無記入	0	0	0	0	0	0	0	1	0	1
合計	22	4	4	16	40	4	1	10	3	104

いわき市域の職業別分布は，さきに石城郡全体について述べたのと同様である．すなわち，「農作」「学校に勤務する者」，中分類で「物品販売業」となる部分の他，「会社員，会社役員」「分類不明」がきわだって多い．特に，好間村では92名のうち半数近い43名が「会社員，会社役員」，また，21名が「分類不明」である．窪田村でも調査員53名のうち「農作」24名に次いで13名が「会社員，会社役員」と，まとまった数存在する．

白河市域では，いわき市域にくらべて出現する職業の種類が多く，かつ，特定の職種に集中しない．相対的に多いのはやはり「農作」「物品販売業」であるが，「学校に勤務する者」はわずかである．

いま，町制をしいている地域だけを比較すると，平町で「学校に勤務する者」が52人中28人，これに次いで中分類で「物品販売業」に含まれる5分類が12人と，この両者で8割を占めるのに対し，他の2つの町では学校に勤務する者の比重は低い．すなわち四倉町では24人のうち8人が「物品販売業」，8人が「農作」であり，また白河町では67人中，物品販売関係の8業種が19人，「農作」9人となっている．この対比は，さきに若松市と福島市の対比について述べたのと似た現象である．この違いが生じる原因は，ここでは特定できない．歴史的な事情によるか，あるいはそれぞれの町村で調査員選任にあたった担当者の考え方が強く反映している可能性もある．

次に，好間村について指摘した2つのグループ，すなわち「会社員，会社役員」「分類不明」に属する人々について，原資料で自然語記載を調べてみよう．すると，「会社員，会社役員」の内訳は，「炭鉱役員(34名)」「炭鉱会社員(2名)」「会社員(7名)」であり，また「分類不明」とした21名の職業欄には，すべて「頭役」と記載されている．また，窪田村の「会社員，会社役員」13名は，1名が「炭鉱会社員」と記されているほか，残る12名は原資料でも「会社員」であり，その具体的な姿は不明である．ただ，これらの地域にはいずれも炭鉱があり，盛んに採掘していたので，おそらく具体的な職種のわからない部分も，大半は炭鉱関係者であろう．この推定がただしいとすると，これは常磐炭田の一部をなす地域をこれらの村が包含することにより，地域内に，地元の農漁村社会とは異なる，ある意味で閉鎖的な社会が存在したことを物語る[14]．「頭役」とは，おそらく鉱夫たちを束ねて会社から仕事を請け負う存在，すなわちいわゆる「納屋制度」や「友子制度」の親方たちであろう．

---

14) この点に関連して，調査実施後に石城郡から県庁に提出された報告書の中には，次のように述べられている．

一，本郡に於ける各炭鉱所在地は何れも他の覗知し得ざる複雑なる世帯の集団にして其調査の結果に付ては不少懸念し鋭意趣旨の徹底に努め各炭鉱事務関係者より任命せられたる各調査員亦全力を傾注して調査の完璧を期したるを以て調査上の困難は少なからざりしと雖も良好なる結果を収めたるを認む(福島県行政文書1675より)．

戸数割税務資料からの脱落の意味

続いて表10-5 c)に，対象を戸数割税務資料に現れない調査員104名に絞って「職業1」の分布を見る．すると，①平町の「学校に勤務する者」15名，②好間村の「会社員，会社役員」「分類不明」37名，③窪田村で「会社員，会社役員」11名などが目につく．

上記の①と②③とでは，同じく戸数割税務資料からの脱落といっても，意味が異なると考えられる．

まず，②と③は，農漁村社会の人間関係が営まれている地域に，それとは異質な人間集団が，ある程度の自立性をもったひとつの社会として侵入し，その結果，旧来の村落秩序にもとづく情報の把握から，この部分が漏れてしまったケースのように思われる．

これに対して①は，村社会の内部に，伝統的な秩序と異なる，職能にもとづいた人間集団の存在が認められはじめたことを意味する．この集団は，人々への影響力という点では大きな力を持つが，前述のように，必ずしも当該地域に居住することをその影響力の源泉としていない．かりに同じ地域内に居住していても，独立した戸を構えている必要はない．「家長」と見なされる人々の子弟として同居したり，下宿していてもいっこうに差し支えない存在である．この結果，彼らは，家産の経営という，旧来の共同体的秩序の単位を前提とした戸数割の徴収システムからは漏れる傾向があるのである．このケースは，相対的に独立の社会をなす人間集団の侵入というよりは，地域住民に影響力を持つ人々の属性が変化，ないし移行しつつあったことを示唆する．つまり，旧村役人等の系譜に連なることで影響力を保持してきた人々とならんで，職能にもとづく影響力をもった人々が無視し得ぬ集団を形成しつつあったことを物語る．

いずれの例にせよ，地域社会の人々に少なからぬ影響力をもつと考えられる人間集団が，戸数割データから抜け落ちる傾向があるとすれば，この資料を用いる際には，充分な注意を要するであろう．この傾向は，農村的な社会に異質な集団が入り込んだ，ヘテロジニアスな地域では，どこでも存在する可能性が高い．国勢調査について考える本論からは外れるが，戸数割税務資料の特性として注記しておきたい．

10.4　むすび——調査設計者の意図と選任の実態

臨時国勢調査局の方針

見いだした事実を評価するひとつの尺度として，臨時国勢調査局によって表明された，調査員の選任方針を確認しておこう．そのうえで，本章で見いだした事実の含意についても触れることにしたい．

福島県庁文書の中に，1920年5月19日，臨時国勢調査局が，各道府県の国勢調査臨時国勢調査部長を招集して開催した協議会に関する資料がある[15]．この会合の協議事項は，「第一　国勢調査の趣旨普及に関する件，第二　国勢調査員に関する件，第三　旅店・料理店等に於ける調査に関する件，第四　鉱山の飯場・納屋・工場の寄宿舎等に於ける調査に関する件，第五　水面の調査に関する件，第六　国勢調査申告書の記入方に関する件，第七　国勢調査施行細則第十条の特別調査に関する件，第八　国勢調査申告書進達に関する件，第九　地方交付金に関する件，第十　配布予算経理に関する件，第十一　調査用印刷物其の他に関する件」と，11項目にわたる．ここではそのうち，調査員の選任に関係する記述を中心として紹介することにしよう．

この会議の冒頭に行われた臨時国勢調査局長官のあいさつの中に，調査員に関して触れたくだりがある．次のようなものである(下線引用者)．

> 法律制定せられてより既に二十有余年，漸く実施の運に至りたる今日，若し其の施行宜しきを失し延て調査の不正確を招来せんか，徒に多大の国費を投じて然も其の効果を収むるを得ざるのみならず，内に在りては国勢調査を蔑視せられ国務に重大なる関係を有する此の事業の将来に於ける大障害となり，外は我文化の真価を疑はれ帝国の信用を毀くることなきを保すべからず……(中略)……特に数十万の調査員を使用し調査事務に従事せしむることは我国としては全く新なる事業にして且他に類例なく而して調査員の職務は調査の実体を成すものなるが

15)　福島県行政文書 1673.

故に調査員の詮衡に慎重なる注意を加ふべきは勿論之が訓練指導に関しては特に十分の苦心を要すべし……(後略)…….

このように，国勢調査の意義を述べたのち，それを末端で支える役目を国勢調査員が果たすこと，したがって調査員の選考と訓練には特に意を用いるべきことを訓示している.

このあいさつに続く資料の中には，調査員に関連して，次のように述べられている.

第二　国勢調査員に関する件

要領

一，小学校教員，青年団幹部員，在郷軍人会員等を国勢調査員とし適任者比較的多かるべき向へは進で推薦に応ずる様通達相成度旨曩に本局より内務，陸軍，海軍，文部の各省へ交渉し置きたり

二，社会の上流に立つ人士が篤志を以て国勢調査員と為ることは一般に本事業を重からしむるの好影響ありと信ず適当の人あらば成るべく之を促して調査員たらしむること

三，一般の国勢調査員としては警察官を挙げざるを可とすれども水面の調査又は工事中の人夫集団の調査等には警察官を用うる様宜しく斟酌せられたきこと

四，国勢調査員希望者多きが為又は市町村の折合上必要以上に調査員を置かんとするもの無しと云ふ能はず徽章の数の範囲内に於て可然按配すること

五，予備国勢調査員として市役所町村役場吏員を充用することは緩急事に応ずるに便多きが如し依て其の方面より採用すること……(中略)……

第四　鉱山の飯場，納屋，工場の寄宿舎等に於ける調査に関する件

要領

一，鉱山の飯場又は納屋にして鉱業主の経営に係るものあるときは之が調査に関しては鉱業主の助力を求むること

二，鉱山の飯場，納屋，工場の寄宿舎及多数人の集合定住する準世帯に対しては予め其の掛員等に注意し調査事項中生年月日，出生地等

を父兄等に問い合せ置かしむること

第五　水面の調査に関する件

要領

一，一般水面の調査は特別調査水面区域の調査方法に準じ行ふべき旨通牒に依ること

二，水面の調査に当らしむべき国勢調査員には成るべく警察官を推薦すること……(後略)……

国家がこの時期，全住民を動員して調査を成功させるために，どうしても依拠せざるを得ない人々の諸集団を，とりあえず総て列挙した形になっている．ここに述べられた事柄のうち，つぎの4点に注目したい．

第1は，一般的に調査員に適するとされた人々の属性である．いま，その順位に注目すると，まず「小学校教員」が筆頭にあがっている．この人々が，地域住民を組織する力を持つ存在として，国家によって第1にあげられることは，おそらく明治初年にはあり得なかったのではないだろうか．この背景には，①日清日露の両戦役と第1次世界大戦を経て，急速な経済発展の影響も受けた結果，農村の秩序が，いかに国家による再編を経ているとはいえ，旧来の共同体的関係だけでは維持困難になったこと，②識字率の上昇が象徴するように，農村住民の教育水準もこの時期には向上し，人々が次第に，社会的上昇の手段として教育に価値を見いだし始めた等の事情があったと思われる．これについで挙げられる「青年団幹部員，在郷軍人会員等」も，農村社会では，上記①の意味あいを強くもっていたのではないだろうか．

第2に，これに続く「社会の上流に立つ人士」というくだりは，多義的な解釈を許す表現である．当時の日本社会で多数派であった農山漁村の住民による，ありうべき解釈に従うならば，そこには，明治前期，地方制度の創出とともに，その末端に位置づけられた人々を中心的に含むことになろう．具体的には，市町村長，助役，収入役，区長，議員などで，多くはいわゆる「地方名望家」である．多くのばあい，系譜的には江戸時代の村役人に連なっている．

第3に，警官に対する評価は両面的である．すなわち，通常の調査員と

しては不適当だとする反面，「水面の調査又は工事中の人夫集団の調査等」に関しては，警官を用いるよう指示している．

一般の住民にとって，警官は国家権力の末端につらなる煙たい存在である．彼らが調査員になると，戸籍の不備や過去の犯罪を暴き出されるのではないかといった疑念が人々の間に生じ，調査の妨げになるという判断を，臨時国勢調査局は下したのであろう．同じく近代国家によって導入された制度でありながら，教員に対する前述の受け止め方と，警官に対するこの受け止め方とは対照的である．

「水面や工事中の人夫集団」，すなわちその地域に定住せずに，たまたま仕事のために来住している人間集団は，地域の一般住民と教員や，地方名望家などの間に存在した濃密な関係の外にいる．したがって，これらの人々が調査員として赴いても，この人間集団に属する人々をして調査に協力させる力は弱かったものと考えられる．この人々について，強権を背景にもつ警察官が調査員として適任とされた理由は，ここにある．これは，地域社会，あるいは地域行政への参加意識のあり方の問題である．第5章で触れた臨時台湾戸口調査において，日本人警官が調査員として選任されたのとも，共通した事情といえよう．

第4に，「鉱山の飯場又は納屋にして鉱業主の経営に係るもの」に関して「鉱業主の助力を求むること」としている点である．鉱山業に従事する人々は，周囲の地域社会にとっては異質な世界を形づくっていた．この社会は「友子同盟」などの名で知られる独特の，濃密な人間関係によって成り立っており，余人が介入することは困難である[16]．そこで，これについては，周囲の地域社会とは別に，その社会に内在する，親方的な人々の組織力に依拠せざるを得ないという認識を，臨時国勢調査局は示したわけである．

調査局の方針と選任の実態

国勢調査を設計・実施する立場にある人々の認識は，以上のようなもの

16)　鉱山業，なかでも炭鉱業における鉱夫の社会的結合関係については，荻野喜弘編著(1990)，市原博(1997)などに詳しい．

であった．この認識と，実際に福島県国勢調査員の名簿に観察された，調査員の選任のあり方とを対比したとき，なにが見えてくるだろうか．

まず，県全体として調査員の職業1および職業2の分布を見た限り(表10-2)，調査員の選任は，臨時国勢調査局の指示に忠実になされているように見える．すなわち，全体としては地域の中心人物，臨時国勢調査局の表現にしたがえば「社会の上流に立つ人士」が，多数選任されている．このことは，一部地域についてではあるが，戸数割税務資料と国勢調査員名簿を結合した観察の結果からも裏付けられている．教員や役場の吏員の選任も，県内全域で比較的多く見受けられる．

しかし，総花的な記述に終わっている臨時国勢調査局の指示内容に対して，国勢調査員名簿からは，その内容を構造化してとらえることができた．ここで注意を引くのは，学校の教師，役場の吏員，ならびに会社員・会社役員のもつ社会的属性である．これらは，いずれも明治以降，近代国家の出発とともに移植された諸制度，機構の一部をなす存在である．彼らは旧来の伝統的地域共同体の中から生まれ出た存在ではない上，地域内に居住していなくとも，その影響力の行使にあたっては，なんら差し支えない存在であったと考えられる．

ただし，彼らが調査員として選任された基盤は，前2者と後者とでは異なっている．

教師と役場吏員は，地域社会の中に入り込み，子どもの教育あるいは行政サービスを通じ，地域社会の人々にとって無視し得ない存在となっていた．これに対し，会社員・会社役員，特に炭鉱関係者のばあいは，旧来の地域社会から相対的に独立した社会を形づくる鉱夫や社宅住人などを代表したと見られる．

さらに，こうした人々の選任には，都市化という観点から見た地域性が大きく影響していた可能性がある．ここで，調査員が担当する区域が市，町，村のいずれであるかによって区分し，それぞれの総数を100として，職業1の主要な分類項目の分布を示せば，表10-6のようになる．市町村という区分は，当時の地方制度によるものであり，定義上，都市としての発達の程度とは一致しない．しかし，おおざっぱにいえば，村よりも町，

表 10-6　担当地区のレベル別にみた主要な職業の分布

(%)

レベル＼職種	農耕, 畜産, 蚕業	物品販売業	官吏, 公吏, 雇傭	教育に関する業	会社員, 会社役員	計(実数)
市	5.8	15.8	11.6	54.1	2.7	100.0 (259)
町	30.1	25.2	7.9	10.2	2.4	100.0 (1,233)
村	72.4	2.4	6.9	8.3	4.0	100.0 (4,827)
全県	61.6	7.3	7.3	10.6	3.6	100.0 (6,249)

町よりも市という順で，都市化が進んでいたと見て差し支えないであろう．この点を念頭に置いて表を見ると，国勢調査員の選任には，明らかに都市化の水準の相違に対応して，内容に偏りがあったことがわかる．すなわち，「農耕，畜産，蚕業」は当然，村レベルで最高であるが，これに対して「官吏，公吏，雇傭」「教育に関する業」は村から町，市となるのに対応して割合が高くなっている．「会社員・会社役員」が村レベルで最高なのは，本文中でも述べた好間村の炭鉱の影響である．

臨時国勢調査局による指示は，こうしたさまざまな地域レベルをおしなべて，県レベルの地域全体として眺めたときに現れてくる，最大公約数的表現であった．

見いだされた事実の含意

本章の最後に，これまでに見いだしたことを，本章冒頭で述べた「国民の統合と再統合」という観点から，位置づけてみよう．

明治初期に形づくられた日本近代国家による国民統合システム「戸長―戸主の線」は，その後の社会経済の変化，人々の暮らしのあり方と価値観の変化にともなって，徐々に弛緩する傾向を見せた．この事態に対処するため，日本国家は，村落共同体的な秩序を基本としながらも，1910 年の帝国農会および帝国在郷軍人会の組織，1916 年の青年団の系統化など，次第に国家が介入する形で住民組織を再編していった．そこに日清日露戦争後の経済発展や，昭和恐慌後の農村の疲弊など，何回かの画期が見いだせることは，前述の通りである．本章で見いだした事実は，国家によるそうした住民組織の再編過程の，ひとつの経過点の姿を示すものといえる．

その姿は，明治初年とも，また昭和戦前期とも異なる，大正期の特徴を窺わせるものである．

まず，明治初年との対比について述べよう．1920 年の時点で，国家がすべての住民をして調査に協力させようとしたとき，臨時国勢調査局は，①旧来の村落共同体的秩序の担い手と目される「社会の上流に立つ人士」，②共同体的秩序と密接に関係しながらも，国家による再編を経た組織の代表である在郷軍人会役員や農会役員などの人々，③旧来の秩序とはちがう意味で住民の間に影響力を強めてきた学校教員や役場吏員などの力に依拠する必要があった．実際に調査員の選任のされ方を見ると，多くは農業を営みながら区長や地方議員，各種の組合役員などを務める人々であり，その基礎には共同体的秩序への依存が強固に存在することは間違いない．しかし同時に，学校教員と役場吏員の数も，調査員の 1 割以上を占めており，地方行政や公教育といった国家機構の影響力が，地域住民の間に強まっていたことをかいま見せる結果となった．こうした傾向は，都市化の進展とも関わりを持つようである．以上をまとめるなら，この時期，共同体的秩序による住民組織といっても，すでにそれは，一定程度，国家による介入を前提としたものにならざるを得なかったこと，さらに，共同体的秩序には必ずしも内在しない役場吏員や教員といった存在が，住民組織の上で無視できない存在になっていることが窺えること，これが明治初年と比較したときの，この時期の特徴といえるだろう．

つぎに昭和戦前期との対比も考えてみよう．この時期，なかんづく満州事変以降の「準戦時期」からは，国家による住民組織の再編と体系化が進む．とくに国民更生運動(経済更生運動)の始まりとともに，さまざまな監督官庁が相対的に独自に進めてきた住民組織が，次第に統合ないし体系化される[17]．多くの住民を組織し，協力させるという性格をもつ以上，統

---

17) 一例をあげるなら，当時，地域の青年層を組織する団体として，農村部には産業組合青年部(農林省所管)と青年訓練所(陸軍省所管)と青年団(内務省所管)と実業補修学校(文部省所管)が存在した．これらの団体は，さまざまの社会問題が発生した昭和初年，それぞれの監督官庁の所轄事項という窓を通じて青年の組織，教化を目指した活動を行っていた．しかし実際には，その事業は互いに競合する部分が多く，これが次第に問題視されるようになっていった．昭和 7 年，経済更生・精神作興のスローガンのもとに，国民更生運動が発足すると，その中でこれら団体の役割分担が調整され，体系化が進められていった．

計調査も，こうした流れの外には位置しえない．1929年に成立した資源調査法にもとづく調査が増加し，国家による強権を背景としたものになっていく．この状況と対比するならば，1920年の調査に見られる住民組織のあり方は，国家による直接の介入が希薄であり，国家が人々の伝統的価値観ないし生活様式を許容しながら，間接的な形でこれを組織しようとしていたことを示す姿だといえそうである．

最後に1点，今後検討すべき問題を掲げておきたいと思う．それは，地域における自然発生的な「公的領域」が存在する可能性である．調査員に選出された者の中には「宗教に関する業」が，多数派ではないものの，存在する．職業1もしくは職業2にこれを記入したものは103名あり，そのうち34名は双方の欄に同じ記載をしている．小分類ベースで内訳を示すと，神官が職業1と職業2あわせて75名，僧侶が同じく27名，その他の宗教が1名である．神道はこの時期，たてまえ上は国家神道であり，とくに地方改良運動を経た後は，国家が介入，再編した組織になっていたとも考えられるが，地域の実態に即していうならば，人々の生活基盤をなす農耕儀礼の中心としての意味が第一義的であったと見られる．また，仏教は，神道にくらべ，国家による再編の影響が少ない．いずれにしても，彼らが国勢調査員に選ばれたのは，地域住民の精神的な，あるいは祭儀的な面の指導者としての役割によることは明白である．

ここで，つぎのような事例が見られることに着目したい．広島県安芸郡戸坂村の行政文書をみると，臨時国勢調査局は「医師，僧侶，警察官等にして調査事務執行上不時に支障を生ずる虞ありと認めらるゝ者は之を選任せざるを可とする」旨の通牒を出している．ところがこの通牒を受けた各地の市町村の事務担当者は「僧侶は絶対に選任してはならない」と解釈し，調査員選任の対象から外す動きを見せた．これに対して僧侶たちのあいだから苦情が出，折から東京で開催されていた仏教各派連合会の幹事から調査局にあて「平素公共事業に尽力する者が国勢調査に限り参与し得ざるを遺憾とする」という抗議がなされた．1920年7月29日付の安芸郡の通牒を見ると，「その筋」(おそらく臨時国勢調査局：引用者)からの連絡として，「僧侶を国勢調査員に選定する場合は後日国勢調査員として職務執行の際偶々祭儀，法要等に遭遇するも是等は代人を使用し国勢調査員としての職務は僧侶自身に於て遂行すべく予め交渉し置くこと」と，表現を改めている．

この事例は示唆的である．すなわち，ここで仏教各派連合会幹事側は「平素公共事業に尽力する者が国勢調査に限り参与し得ざるを遺憾とする」と，自らが地域住民の中にあって，公的な役割を果たしていることを強調しており，これを臨時国勢調査局も認めた形になっている．以上の事実は，地域にいわば自生的な形で公的機能を担う人間集団があり，人々に一定の影響力を及ぼしていたこと，同時に，それを国家が追認せざるを得ない状況であった可能性を示唆する．こうした集団が地域で果たした役割に関する歴史的な評価と，その後の行方については，別資料によってさらに調べる必要がある．

第11章　農村住民の「イエ」意識と職業調査
――広島県下の事例――

11.1　はじめに

わが国の国勢調査は，1920年に第1回目の調査がおこなわれて以来，ほぼ5年ごとに実施されてきた[1]．近代的人口センサスとして，この調査が，諸分野の研究者にとって，最も基本的な資料に属することは，改めて述べるまでもない．経済史の例をあげるなら，明治以降の日本の急速な経済発展を支えた労働力の質と量，産業間でのその配置について知るために，少なくとも1920年以降は，国勢調査から得られるデータに頼らぬわけにはいかない．

しかし，戦前期，特に第1回目の調査年次である1920年から何回かにわたる，わが国の国勢調査の草創期には，調査の実施過程に試行錯誤を多く含んでいるうえ，戦後の『国勢調査解説シリーズ』『国勢調査モノグラフシリーズ』等に対応するような，データ吟味の結果に関する資料が公表されることも少なく，結果表として刊行された数値を，今日どのように評価すべきか確定しがたいばあいが多い．

本論との関連で，こうした条件のもとで生じる問題を3点指摘しておこう．いずれも職業にかかわる問題である．

第1は，当時の一般住民の職業に対する意識に関係する．1920年と1930年の国勢調査では，職業に関する調査項目に本業と副業[2]を含むが，1920年調査の結果表には，約183万人の「本業なき従属者」の「副業」を計上している[3]．この調査で，本業を有するもの[4]の総数が2738万人

1)　第2次世界大戦敗戦の年である1945年に調査がおこなわれず，2年後の1947年に臨時の調査が実施された．これが唯一の例外である．

2)　この呼称は調査の回次により異なり，1920年の第1回調査では「本業」「副業」であるが，1930年の第3回調査では「職業」「副業」となっている．また，3回目の大規模調査年に当たる1940年には，副業の調査は行われず，前職に関する調査が行われた．

3)　副業を有する「本業なき従属者」の男女別内訳は，男8万980人，女175万7276人と，

程度であるから，これは無視できない大きさである．この調査結果の解釈は，困難な問題である．臨時国勢調査局の定義(後述)によれば，ここにいう副業は，職業といいうる程度にまで至らない，ほんの片手間仕事ということになるが，果たしてそれでよいのか．おそらく，この定義から外れる部分が多く含まれるであろうと推定されるが，個票がすでに破棄されているため，直接にこれを確認することはできない．

第2の問題は，職業に関する調査項目が本業と副業の2種類に限定されたことに由来する．第1回調査に際し全国各道府県から寄せられた質問の中に，「長野県の農家はほとんどが農業と養蚕に従事しているので，これ以外の副業がある場合は調査から脱落してしまうが，よいか」という意味のものがある．これに対して当時の臨時国勢調査局は「定義上，そうなることは致し方ない」という趣旨の回答をした[5]．一般に農家経営は，程度の差こそあれ複合的であるのが普通だから，個人の職業が2種類で尽きているという保証はない．しかし，調査の定義上脱落するこの部分を，数量的に確定しようとしても，実はほとんど不可能に近い．公表された資料はこの点に関する情報を欠いており，個票もすでに破棄されてしまっているからである．結果，資料の利用者がそれぞれに，調査対象の実態と資料との間に存在するであろう食い違いに関して見当をつけるしかないというのが現状である．

第3の問題は，調査それ自体ではなく，集計結果の表章のしかたに関係する．1920年調査の結果表には，本業と副業の関係について①職業中分類別の「表側の職業を本業又は副業とする者」「表側の職業を本業とする者」「表側の職業を副業とする者」，②副業の中分類別の「本業者」「本業

女子の方が圧倒的に多い．

4)　ここには，1920年調査の区分で「本業者」が相当する．また，1930年調査について同様の数値を求めると，本業が職業大分類の「10 無業」で，副業を有する者の数は約87万人，本業者の総数は2922万人である．1920年調査に比べ，このカテゴリに属する者の数が大幅に減少したことがわかる．なお，1930年調査では，副業に関しては内閣統計局(1932)に集計結果が与えられている．

5)　「三八問　長野県ノ農家ハ殆ト養蚕業ニ従事セサル者ナキ状態ナリ而シテ此ノ場合農作ト養蚕トヲ本業並副業ノ二欄ニ記載スルトキハ本県ノ農家トシテ他ニ副業アルモ是等ハ更ニ現ハレサルコトトナルモ止ムヲ得サル哉

答　職業ノ記入ハ一種ニ限ルカ故ニ例示ノ如キ結果トナルモ致方ナシ」(臨時国勢調査局1920b)．

なき従属者」「家事使用人」という，2種類の表が与えられており，当時の労働力の産業間での配置を知る上で欠かすことのできない資料になっている．ところが，これらの表で用いられているのは職業中分類止まりであり，小分類による表は与えられていない．このため，同一中分類の中での兼業がどのようになっていたかについては，データが得られない．また，これらの表は本業と副業とのクロス表の形式をとっていないため，本業と副業との組み合わせについては知ることができない．一例をあげると，養蚕業が盛んな地域において，これは大きな問題となる．なぜなら，養蚕業は，中分類レベルでは「農耕，畜産，蚕業」としてひとまとめになってしまい，農耕との兼業は，中分類間にまたがる兼業から分離して捉えられないからである[6]．

以上のような問題の存在は，すでに，中村隆英，梅村又次，伊藤繁などによって指摘され，それぞれの観点から問題点を考慮に入れた推計値が発表されているが[7]，いずれも上記のような資料的制約の下で，工夫を凝らし，別資料との照合や，何らかの仮定にもとづいた推計をおこなっているのである．

本稿の目的は，広島県下で発見された「予習調査申告書」「戸数割所得調査簿」等の，個票類似の行政文書を利用して，以上のような諸問題に，できる限り直接的，かつ数量的な接近を試みることにある．

11.2　対象の限定——利用した資料について

本稿では，広島県下の2か村分の行政資料をデータとして用い，第1回調査である1920年と，第3回調査である1930年[8]について事例研究を行

6)　ここに引いた3例は，一方で，私たちが国勢調査を数値データとして利用する際に注意すべき，当時の社会実態と統計数値情報との間に存在する乖離のあり方の問題であると共に，他方で，調査の設計・実施過程そのものの中に現れた，近代日本国家による国民把握の質と，その把握の程度の問題でもある．

7)　中村隆英(1976)，梅村又次(1988)，伊藤繁(1985)，同(1988)などは，その例である．また，戸田貞三(1926)第8章および第9章は，第一回国勢調査個票の1000分の1抽出の写し約1万1000枚を統計局から借り受け，家族社会学の立場から独自の再集計をおこなっている点で，きわめてユニークな研究である．

8)　第2回調査の1925年は，小規模調査年にあたり，調査項目もごく少ない．1930年は，

う．利用した資料および対象地域の概要は，以下の通りである．

安芸郡戸坂村

1920年の調査に関する資料を利用できたのは，安芸郡戸坂村である．同村は，広島市の中心部から東北約5キロメートルほどに位置する平地農村で，農業の他，養蚕や畳表製造なども盛んであった．また，広島市からほど近いため，1920年当時，すでに市内への通勤者も居住した．今日では広島市に編入されてベッドタウン化しており，往時の農村の面影はない．

戸坂村行政資料の中に，「大正九年国勢調査」と題する簿冊，ならびに予習調査申告書の綴りが含まれている[9]．前者は村と安芸郡役所との間の往復文書の綴りであり，後者は正式の調査に先立って実施された「予習調査」(練習調査ともいう)の記入済み個票である．これらの資料から，国勢調査が，現場で，どのような行政的手続きを経て実施されたかを，つぶさに知ることができるが，ここでは，予習調査にかかわる点についてのみ触れておく[10]．1920年8月31日付の郡書記から村に対する通牒によると[11]，県の方針により，申告書用紙を複製し，本調査に先立つこと2週間ほどの時期に，県下の全世帯を対象に予習調査を実施している[12]．「その日の現在により……(中略)……記入」するとあるので，調査の定義も正規の調査と同様，現在人口主義にもとづいていることがわかる．

この申告書から集計される数値と，結果刊行物に記載された数値[13]と

第2回目の大規模調査年で，第1回目に匹敵する調査項目を持つ．

9) いずれも広島市公文書館所蔵資料．

10) 国勢調査に関する，村レベルの行政手続きの流れについては，佐藤正広(1992a)が，戸坂村行政資料を用いて調べている．

11) 「……(前略)……客月二十九日庶第一六五六号を以て通牒置候通り今回本県に於て予習用申告書用紙を調製して各世帯に配布し各世帯主等をして予習せしめらるゝことゝ相成候条別記練習方法に依り実施相成度……(中略)……／国勢調査予習方法／一　町村長は九月十日より九月十七日迄の間に於て適当の時期を定め其の日の現在に依り管内各世帯主をして之が記入をなさしむること……(後略)……(原文は正字カタカナ交じり文)」．また，原爆による行政資料の破壊のため，県レベルでどのような事務手続きを経てこの予習調査が計画されたかは不明である．

12) 広島県の外にも，北海道，長野県などでは，1920年調査に際して広島県と同様の予習調査を実施したことが判明しているが，その申告書は未発見である．また，広島県では1930年にも同様の予習調査がおこなわれたが，その申告書は，今のところ本稿で紹介する例しか発見されていない．

13) 内閣統計局(1926)．

を照合してみよう．まず，総人口であるが，予習調査1173人に対して公表値は1183人と，かなり近い値である．次に出生地別に見ると，予習調査では戸坂村内881人，村外292人であるのに対し，公表値ではそれぞれ895人，288人となっている．世帯数では予習調査268に対して公表値265である．このような結果は，性別，産業別，年齢別など，他の指標で見ても同様である．ここに見られる差が実態的な変化を反映するものか，調査精度の差によるものか，あるいは資料の紛失等の外在的理由によるのかは不明であるが，いずれにしても両者はかなりよく近似していると見てよいであろう．

深安郡山野村

山野村は，県の最東端，福山の北約20キロメートルに位置する山村で，人々は農林業，養蚕，炭焼等を生業としてきた．村の中央を貫流する小田川は，高梁川水系に属する[14]．この地理的特性から，同村は，行政的には福山藩や広島県に属しながら，日常生活や経済の面では，むしろ隣接する岡山県後月郡とつながりが深い．現在，福山市に編入されているが，戸坂村と対照的に，過疎化が進行し，最盛期に3500人ほどあった人口が，現在では半数以下になっている[15]．この村について，1930年国勢調査の「予習調査申告書」，ならびに同年の「戸数割所得調査簿」を利用できた[16]．

この2種類の資料について概観しておこう．

まず，1930年国勢調査「予習調査」の根拠法および実施の手順については，今のところ資料がなく不明である．おそらく1920年の際と同様，県レベルで実施したものだろう．資料の保存状況は戸坂村に比べるとやや悪く，村内16の国勢調査区のうち，2調査区が脱落している．また，資料が現存する14調査区の中でも，世帯の脱落が少数ではあるが認められる．これらの脱落の大きさを調べるため，戸坂村と同様，公表値と照合し

---

14)　山野川とも呼ぶ．この川は浅瀬が多いため，内陸水運には利用されなかった．
15)　山野民俗資料保存会編(1990)参照．
16)　いずれも山野郷土資料保存会所蔵資料．

てみよう[17]．まず総人口は，予習調査2894人に対して公表値3079人，これを出生地別に見ると，予習調査では村内2241人，村外653人であるが，公表値ではそれぞれ2393人，686人である．世帯数は予習調査537世帯，公表値575世帯となっている．人口で94%，世帯数で93%程度をカバーすることがわかる．

山野村の行政資料で特筆に値するのは，国勢調査関係資料と同じ年次について，戸数割所得調査簿が利用できることである．戸数割とは，今日の住民税の前身にあたる地方税で，課税に際して市町村が，個々の住民の所得や資産状況に関する調査をおこなった上で，賦課額を決定した[18]．所得調査簿とは，この行政事務に伴って毎年調製された記録である．各世帯に関して，番号，世帯主氏名の他，所得種類，場所，基本員数又は収入金，必要経費又は控除額，差引所得額(以上の5項目は所得の源泉別)，合計所得額，控除額(人数，金額)，差引所得額，資産状況，賦課額などが判明する．ただし，戸数割に関しても，資料の制約から，根拠法(村の例規など)も，調査の具体的方法も不明である．記載内容自体からは，記載された所得額が通年のものでなく半年分であるらしいこと，また，低所得で課税対象にならない世帯に関しては調査が行われなかったらしいことが推定される．

以上2種類の資料は，世帯主氏名，住所等を結合子として，世帯単位でほぼ完全に結合できる[19]．本稿では，この作業結果[20]を用いて，予習調査の個票から得られる情報を，所得との関係で再評価することとした．

---

17) 内閣統計局(1935)参照．

18) この資料は，所得分布を知る上で貴重な情報源として，戦前から注目されてきた．毛里英於菟(1933)は，この資料を用いた先駆的な研究である．最近では，南亮進(1996)がこのデータを幅広く収集し，用いている．また，戸数割賦課額の決定プロセスに関して，詳しくは佐藤正広(1992b)が，戸坂村の隣村である温品村の資料を中心に論じている．

19) もっとも，これらの資料は，元来，作成目的も，作成手順も異なる．したがって，世帯や戸主などの基本的な概念にも食い違いが存在する．行論に必要な限りで述べると，国勢調査の「職業」「副業」は，世帯ではなく個人の属性として記入されているのに対し，戸数割の「所得種類」や，それに対応する金額は，世帯の属性として調査されている．「世帯」の捉え方も，両者で異なっている．国勢調査の世帯は，生計を共にする単位であって，下宿人も，専業の下宿屋でないばあいは，同一世帯に含まれる．戸数割所得調査簿では，世帯は課税の単位であり，下宿人でも家主と別に課税される限り，独立の世帯として把握される．逆に，戸数割所得調査簿では定義上捕捉されない極貧世帯も，国勢調査では当然調査される．

20) 本稿では紙幅の関係上，このマッチング作業に関する手順および問題点については省略する．

表 11-1　予習調査の世帯と戸数割所得調査簿の「世帯」

（単位：世帯数）

		戸数割			国調公表値
		あり	なし	合計	
予習調査	あり	505	32	537	575
	なし	63	—	63	—
合　計		568	32	600	—

両者に含まれる世帯の範囲について示したのが，表 11-1 である．ここで，双方とも「なし」にあたる世帯は，仮に存在しても，定義上，資料には現れない．戸数割に「なし」で予習調査に「あり」の 32 世帯の多くは，課税対象にならない貧困層であろう．また，戸数割に「あり」で予習調査に「なし」の 63 世帯には，独立した所得を持ちながら国勢調査の定義上「同居人」とされた部分と，予習調査の申告書が散逸した部分とが混在すると推定できる．

11.3　本業と副業——予習調査の個票からわかること

個票にはどう記入されているか

初期の国勢調査を利用するにあたって，経済史の立場から最も問題とされることが多いのは，職業に関する数値の評価，なかでも本業と副業の関係に関する評価であろう．そこでまず，戸坂村と山野村の予習調査の個票に，本業と副業の有無がどのように記入されているかを，個人ベースで調べてみよう（表 11-2）．表中，本業，副業ともにない人々の多くは，高齢者の他，未就学児，尋常・高等小学校，中等学校，実業補習学校，高等女学校の生徒を中心とする若年層である．

本業なき従属者の副業

表 11-2 をみると，戸坂村では，本業なし，副業ありの人口が 132 人と，総人口の 1 割以上になるが，これは結果刊行物で「本業なき従属者の副業」として表章されることになる部分である．山野村ではこの部分は 21

表 11-2 「予習調査申告書」にみる本業と副業(単位：人)

a) 安芸郡戸坂村(1920年)

		副業		合計
		なし	あり	
本業	なし	543	132	675
	あり	314	183	497
合計		857	315	1,172

b) 深安郡山野村(1930年)

		副業		合計
		なし	あり	
本業	なし	1,400	21	1,421
	あり	535	938	1,473
合計		1,935	959	2,894

注) 山野村で本業「なし」とした中には，職業不明の者14人を含む.

名と少数である．ここでは，戸坂村について，副業を有する「本業なき従属者」の属性を調べてみよう.

まず男女別の内訳では，女128人，男4人と，圧倒的に女子が多い.

男子4人の副業は，自作農作2人，養蚕，養鶏各1人で，年齢でみると75歳の高齢者1人，13〜17歳の未婚者3人である.

次に女子で，このカテゴリに属する副業のうち，10人以上のものをあげると，自作，自小作，小作の農作が合わせて44人，養鶏11人，養蚕47人，麻賃繋11人である．これらの人口が世帯の中でどのような位置を占めるかを調べるため，「世帯内の地位」「年齢」に着目すると，世帯内の地位では128人中102人が妻(「長男の妻」などを含む)であり，年齢では同じく114人が生産年齢である15〜59歳に含まれる.

1920年調査に先立って各府県から臨時国勢調査局に寄せられた質問の中に，「問　本業なき者の内職は副業の欄に記入するとあるも其の内職の標準は如何にすへきや(兵庫県)」というものがあり，「答　片手間に営む仕事にして職業と称する程度に至らさるものを内職とす」と回答がなされている[21]．本業なき従属者の副業とは，調査設計者の定義によれば，本来このようなものであった.

これに対し，戸坂村の例では，副業を有する「本業なき従属者」として捕捉された集団は，①「出生の年月日」および「世帯に於ける地位」から見て，当時の農家にとって生産の中核的な担い手であった者を中心として

21) こうした質疑回答については，『統計集誌』第471〜474号に掲載されている．全部で513問に及ぶ.

いる，②副業とされている職種は，農作や養蚕など，当時の一般的な農家世帯にとって「片手間」とは考えがたいものが中心である，以上のような特徴を有したことから，実際に「本業なき従属者の副業」に計上された職業は，臨時国勢調査局が想定したのとは，明らかに食い違う属性をもっていたと判断される．

次に，このような回答のもった意味について，養蚕業を例にとって考えてみよう．いま，世帯の「主人」の本業が自作，自小作，小作いずれかの「農作業主」であって，かつ，その世帯に属する「本業なき従属者」の「副業」が養蚕業主であるものが24世帯，同じく養蚕手伝であるものが17世帯ある．合計で41世帯となる．当時の戸坂村で，何らかの形で世帯構成員が養蚕を職業としていた世帯は65世帯だから，これはその6割程度にあたる．また，本業なき従属者の副業として養蚕をあげているのは47人であるから，そのほとんどがこのケースである．いずれにしても無視できない頻度といえる．この現象は，当時の人々が，「家業」即ち家長の職業を本業と意識し，それ以外は副業と認識していたと考えれば理解できよう[22]．同様の説明は，「農作」など，他の「副業」に関しても観察される．

当時の人々の間では「イエ」制度が，日常生活の強力な規範として存在していたと考えられる[23]．その結果，人々が，家長の職業以外を本業と見なさず，家長以外の家族構成員について「本業なき従属者」として申告する傾向が存在したことは，充分に予想される．この推定が当たっているならば，調査を実施する側は西欧「近代」的な概念である「個人」をベースにして調査項目を定義したのに，回答する一般住民の側は「イエ」ベースで回答したために，概念的な齟齬を来していることになる．「副業」といっても，調査項目の本来の定義上は「本業」とすべきものも含まれるわけである．この齟齬の程度によっては，当時の就業構造に関する評価が少なからず影響されることもあり得よう．

---

22)　この事例は，全国的にみて必ずしも養蚕の中心ではない地域の例なので，どの程度一般化できるかは不明である．

23)　伊藤繁(1988)など．

同一中分類中での兼業

表11–2で，本業，副業ともに有する人口が本業有業者数に占める割合をみると，戸坂村で37%，山野村で44%で，いずれの例でも4割前後に達する．この部分に関して，小分類によるクロス集計を施したなら，どのような結果が得られるだろうか．

まず，戸坂村は183人のうち91人が，1920年の職業分類で同一の中分類「農耕，畜産，蚕業」内での兼業である．その中でも自作，小作，自小作の「農耕」を本業とし，養蚕を副業とする者は，73人(男46，女27)にのぼる．この数値は，本業，副業を含めた養蚕業従事者総数132人の55%にあたる．公表された結果表では，本業と副業に関する統計は，前述のようにクロス表ではなく，「表側の職業を本業とする者」「表側の職業を副業とする者」という分類を相互に独立な形でたて，調査対象はこれらに重複して計上される方法を取っている．ところが，集計は職業小分類で行われたと見られるのに対し，表章に用いられたのが職業中分類までなので，これらのケースではすべて，同一の分類内での副業か否かが不明になってしまう．もし養蚕県でも同様のことが起きているとすると，上述した人々の「家業」意識ともあいまって，全国レベルでは，養蚕業従事者のかなり大きな部分がここに含まれる可能性もある[24]．

このほかに目立つケースとしては，女子で「農耕，畜産，蚕業」を本業とし「麻賃繋」を副業とする者が11人，男子では逆に「農耕，畜産，蚕業」を副業とする者で「郵便，電信，電話業」を本業とするもの7人，同じく「官吏，公吏，雇用」7人，「運輸業」「土木建築業」がそれぞれ5人などである．女子の例は明らかに農家の家内仕事的な性格をもったものであり，男子の例は，今日の第二種兼業農家に近いものであろう．斎藤修(1985)の区分にしたがうなら，男子の例は「家業的兼業」，女子の例は「内職的兼業」に相当するだろう．特に，男子の職種から窺えるのは，都

24) 1920年調査に際して独自の集計を行った長野県の資料を基に，この不明部分を推計したのが伊藤繁(1985)である．

また，中村隆英(1976)は，集計も中分類単位で行われたという見解をとっている．このばあい，同一中分類内での兼業は，結果表からは完全に脱落してしまうことになる．

市近郊農村としての戸坂村ならではの姿である．

次に，山野村に関しても，戸坂村と同様の作業をした．1930 年調査と 1920 年調査とでは職業・産業に関する分類表が異なるが，ここでは，1920 年の職業分類を用いて戸坂村と同様の操作をしてみる．その結果は以下のようである[25]．

山野村で利用できた資料の中には兼業者が 938 人いる．このうち 756 人(男 375 人，女 381 人)は，農作を本業とし養蚕を副業とするパターンである．本業，副業を問わず養蚕業に従事する者の数が 781 人(男 384 人，女 397 人)であるから，これはその 97%にあたる．1920 年でも兼業のこの構造が大きく異ならないとすれば，この部分はやはり，職業中分類間にまたがる兼業と分離できないことになる．これはかなり大きな値といわねばなるまい．農耕と養蚕の関係について，2 か村を比較した限りでいうと，このタイプの兼業の出現頻度には，地域によってかなりばらつきがあるようにみえる．

山野村で，このほかの兼業パターンとしては，男子で「農耕」を本業として「炭焼」を副業とする者が 43 人，同じく「日雇」を副業とする者が 18 人あるのがやや目立つが，養蚕に比べるとはるかに少数である．女子には養蚕の他には目立った副業は見あたらない．これらはいずれも，1920 年の職業分類表では異なる中分類に属する．

その他の問題点

兼業の問題からは離れるが，1920 年調査で本業の「職業上の地位」，1930 年個票では「所属産業」に現れる用語の種類に着目すると，1930 年では，不明を除いて「雇主」「単独」「手助」「徒弟」のほか被雇用者については「雇主氏名＋産業名」という用語にほぼ限られているのに[26]，1920 年調査では，「業主」「雇」「雇員」「自営」「手伝」など，本来の従業上の地位を示す語のほか，「運転手」「運転手兼車掌」「火夫」「研磨師」「准訓導」「杜氏」「棟梁」など，明らかに職業名であるものが多く記入さ

---

25)　ここであえて 1920 年の職業分類表を用いたのは，戸坂村と同じ条件で集計することで，両者を比較することを目的としたからである．

26)　1930 年調査の結果刊行物では，これは「産業上の地位」と呼び変えられ，カテゴリも「雇主」「単独」「使用人」と，さらに整理されている．

れており，その種類は50種類に及ぶ．公表された結果表では，これは「業主」「職員」「労務者」の3種類に整理されているが，この整理がいかにして行われたかは不明である．また，戸坂村では，本業欄に複数の職業を記入した例が61人みられる．このうち59人は，予備役，後備役，補充兵など，兵役関係のものである．このように回答には現役以外の軍務が記入されることが多いが，正規の調査でこれがどう処理されたかも，今のところ不明である．

11.4 人々は調査にどう回答したか――国勢調査からの脱落

前述のように，山野村では，1930年について，予習国勢調査申告書のほかに，戸数割所得調査簿も利用することができる．これらの資料を結合した結果，双方に共通して含まれる世帯は，表11-1にみられるとおり，505世帯あった．以下では，対象をこの505世帯と，そこに含まれる人口，所得に限定した上で，国勢調査データと戸数割データとを組み合わせて，いくつかの点について調べてみたい[27]．

国勢調査からの脱落――全体としての規模

1930年国勢調査の申告書には，「職業」と「副業」の2欄があり，ある個人が複数の職業を持つばあいに，この2種までは捕捉できるようになっている．しかし，専業的な都市労働者はこれで問題ないとしても，農家世帯に属する人口に関しては，これで充分に職業が把握されるとは考えがたい．こうした調査定義上の制約によって，量的にはどの程度の職業が脱落してしまうのだろうか．

この点に関して見通しを得るため，以下の作業を行った．①所得調査簿

27) データを入力，操作するにあたって，いくつかの修正を施している．まず，予習調査申告書では，若干の用語を統一した．例示すると，「職業」で「木炭製造」「炭焼」を「炭焼」としたように，明らかに同一職業を指すと判断されるもののはいずれか一方に統一したケースと，逆に「自作兼小作農作」のように複数の意味を持つ語を「自作」と「小作」のように分割して入力したものもある．また，予習調査で単に「営業」となっているものを，所得調査簿と照合の上，特定の業種名(例：畳職など)に置き換えたものもある．

に所得種類別の所得額が記載されていること，予習調査申告書には個人ベースで「職業」「副業」が記載されていることに着目，②ある世帯にあらわれた所得種類が，その世帯の構成員の本業，副業のいずれか一方のみに申告されているか，本業と副業双方にまたがって申告されているか，あるいは全く誰にも申告されていないかという点に着目して，所得額と件数を分類[28]，③505 世帯全部について，「所得種類別×②のカテゴリ別」に所得額および所得件数を集計，以上である．表 11-3 は，その作業結果である．

まず，表中の「全種類計」について「所得額内訳」をみると，予習調査申告書に全く記載のない所得の合計は，3 万 8464 円で，これは所得調査簿で把握された総ての所得 14 万 9724 円の 26％に相当する（「所得件数内訳」によって件数の構成比を求めると 45％）．国勢調査では定義によって脱落部分が多い小作料，配当，恩給，金利，家賃の 5 種類[29]を除いて同じ値を計算すると，16％となる（件数では 40％）[30]．さらに，1930 年国勢調査の結果刊行物のうち，『抽出調査に依る　昭和五年　国勢調査結果の概観』以外では，副業を表章していないので，この値に「副業のみ」に記載されたものの値を加えて計算すると，37％（件数では 64％），小作料ほかを除くと 29％（件数では 61％）となる．

所得調査簿にいう「所得」が，金利や地代を別として，粗収益なのか，付加価値に近いものなのか，あるいは双方の混在したものなのかは，不明である．したがって，この値はもとより厳密なものではない．それにもかかわらず「所得」を用いたのは，単純に件数だけを見たばあいに，どうしても数値に偏りが生じてしまうからである．本来は，労働投入量が時間単位で得られればよいが，そのようなデータは当然存在しない．そこで，次

28)　これとは逆に，国勢調査の職業欄には記載があって，所得調査簿に記載がない例も，少数ではあるが存在する．この部分に関しては，今回の作業では考慮に入れていない．

29)　厳密には，ある個人が全く職業についておらず，かつ小作料や利子などの収入があるばあいにのみ，捕捉されるのであって，全く捕捉されないわけではない．

30)　この作業は，資料の制約上，世帯をベースにして行われている．したがって，仮に個人ベースでみたときに「職業」「副業」2 項目の調査では脱落してしまう職業があったばあいにも，同じ世帯に属する誰かが本業もしくは副業として申告していると，それは脱落とはカウントされない．この意味で，表 11-3 の「国調になし」欄の数値は，脱落部分の最小限度を示すものと読むべきである．

表 11-3　戸数割所得調査簿の所得と予習調査申告書の職業との関係

		所得額(円)	所得額の内訳				所得額の構成比(%)				所得件数	所得件数内訳			
			本業のみ	本業＋副業	副業のみ	国調になし	本業のみ	本業＋副業	副業のみ	国調になし		本業のみ	本業＋副業	副業のみ	国調になし
全種類計		149,725	92,170	1,916	17,174	38,464	62	1	11	26	1,940	673	27	373	867
上位25種類の内訳	自作	63,465	61,526	1,033	169	737	97	2	0	1	391	355	11	4	21
	小作料	11,420	1,069	0	0	10,350	9	0	0	91	100	1	0	0	99
	給料	10,679	9,080	0	150	1,449	85	0	1	14	38	30	0	1	7
	小作	7,620	6,769	251	17	583	89	3	0	8	270	208	10	2	50
	養蚕	6,992	0	92	6,518	382	0	1	93	5	304	0	2	273	29
	炭焼	5,840	100	90	2,105	3,545	2	2	36	61	89	1	1	30	57
	山林	5,280	0	0	0	5,280	0	0	0	100	36	0	0	0	36
	労働	3,015	20	0	0	2,995	1	0	0	99	113	1	0	0	112
	配当	2,438	0	0	0	2,438	0	0	0	100	8	0	0	0	8
	清酒醸造販売	2,400	0	0	2,400	0	0	0	100	0	1	0	0	1	0
	恩給	2,382	0	0	0	2,382	0	0	0	100	18	0	0	0	18
	牛利	1,809	0	0	0	1,809	0	0	0	100	216	0	0	0	216
	大工	1,805	1,035	0	630	140	57	0	35	8	17	8	0	6	3
	金利	1,655	0	0	0	1,655	0	0	0	100	12	0	0	0	12
	雑収	1,447	0	0	0	1,447	0	0	0	100	69	0	0	0	69
	材木業	1,350	1,350	0	0	0	100	0	0	0	1	1	0	0	0
	医師	1,300	1,300	0	0	0	100	0	0	0	1	1	0	0	0
	旅人宿	1,250	1,250	0	0	0	100	0	0	0	3	3	0	0	0
	営業	1,202	0	0	40	1,162	0	0	3	97	28	0	0	1	27
	蒟蒻粉製造	1,050	0	0	1,050	0	0	0	100	0	1	0	0	1	0
	日雇	846	70	20	640	116	8	2	76	14	26	2	1	18	5
	呉服太物販売	800	680	0	120	0	85	0	15	0	4	3	0	1	0
	醬油醸造	750	750	0	0	0	100	0	0	0	1	1	0	0	0
	各種日用品雑貨販売	730	730	0	0	0	100	0	0	0	3	3	0	0	0
	家賃	714	0	0	0	714	0	0	0	100	19	0	0	0	19

注）1．表側の「全種類計」は，戸数割所得調査簿にあらわれる 87 種の所得の合計である．
2．「上位 25 種類の内訳」は，「全種類計」に含まれている所得種類の内訳を，所得額の多い順に 25 位まで再掲したものである．
3．表頭の「所得額内訳」「所得件数内訳」は，それぞれ「所得額」「所得件数」を，予習調査申告書の「職業」「副業」欄への記載のあり方に応じて分割したものである．
4．「所得額の構成比(%)」は，「所得額内訳」に示された各カテゴリの構成比を「所得額」を 100 として示したものである．
5．本表で対象としている所得は，戸数割所得調査簿と予習調査申告書の双方に共通してあらわれる 505 世帯に関するものである．
6．金額は，1 円未満を四捨五入した．
7．構成比は，1%未満を四捨五入した．

善の策として，経済学的には定義が不明確なものの，当時の人々が「所得」として意識していたもので，件数に重みづけを試みたのである．しかし，こうした点を考慮に入れても，なお，調査から脱落する部分の，この大きさは，注目に値するであろう．件数で見た方が脱落部分の割合が大きくなるという事実は，この部分に属する所得が，1 件当たり金額の相対的に小さなものに偏っていることを物語る．

所得種類別に見た特徴点

次に，表 11-3「上位 25 種の内訳」の中でも特に所得額の大きな，上位 10 種(この部分の所得額合計は，「全種類計」の所得額の 80％にあたる)を中心に，所得種類ごとの特徴点を述べておこう．

まず，自作，小作，給料の 3 種類は，本業としてカウントされる率が最も高く，所得額の 80〜90％に達している．この 3 種類の所得額の合計は，「全種類計」の 55％に相当する．自作と小作からなる農耕は，何をおいても世帯構成員の本業として意識され，実際に所得額も大きかったわけである．給料は，小学校等の訓導と，当時操業開始の準備が進んでいた山野水力発電所の職員を中心とする．

これと対照的に，小作料，山林，労働，配当は，予習調査申告書から脱落している割合が高く，所得額の 90〜100％に上る．このうち，小作料と配当は，国勢調査の定義上，他に携わる職業がないケース以外は，脱落するのが当然であって，この数値には何ら不思議はない．これに対し，「労働」は，当時一般的な用語法によるなら，「日雇」類似の不熟練の肉体労働を指すことが多い．したがって，小作料などとは異なり，本来は国勢調査に記入されてよいはずである．所得額の順位は下がるが，「牛利」[31)]にも，これと同様の傾向が認められる．

「山林」は，これを①林業経営の収益，②植林，伐採等の山仕事(賃仕事)，③山林地代のいずれと考えるかで，意味が変わってくる．①や②な

31)　この所得種類の正確な内容は不明であるが，おそらく食肉や牛乳でなく，役牛を利用した輸送(駄送)，もしくは耕作にかかわるサービスの提供であろう．類似のものとして「馬利」もあるが，その額はわずかである．

らば，「労働」と同様の問題を有することになる．また，③であるならば，小作料と同様，国勢調査からは定義上脱落することになるが，本稿ではその実態を明らかにできなかった．

養蚕は，ほとんどが副業として申告されている．この年は，世界恐慌の影響を受け，繭価は最高時の1926年に比較して約3分の1に低迷していた．養蚕の所得額は7000円弱であるが，仮に恐慌以前にも同じ水準の生産量があったとしたら，おそらく，当時の値は2万円にもなろう．乱暴な推定であるが，これが見当はずれでないとすれば，養蚕は元来，自作に次いで第2位の所得源だったことになる．また，1930年時点で，実際に投下された労働量は，所得額から見る割合よりも，はるかに大きかったと考えるべきである．労働投入量ないし所得額の観点から，個人ベースで見るなら，養蚕を「本業」として申告すべきケースも当然あったはずであるが，実際には，養蚕は農耕との関係で常に「副業」として位置づけられているのである．養蚕業に関する農村住民の意識を物語るものといえよう．

炭焼は，以上に述べたどの類型にも属さない．これを何らかの形で本業とする例はほとんどなく，副業とするケース，予習調査申告書に記入しないケースの両者に，またがってあらわれる．炭焼の「所得額」に対する割合でいうと，それぞれ36%，61%である．いま，炭焼の1件あたり所得額を求めると，65円ほどであり，養蚕の23円を大きく上回る．炭焼は，件数こそ養蚕の304件に対して89件と少ないが，それを営む個々の世帯にとっては，養蚕とならぶ意味を持つ所得であった．それにもかかわらず，これは，職業としては申告されないか，されても副業に止まったのである．所得額の順位は下がるが「日雇」も同様の傾向を示す．

以上に見たような現象は，当時の農村住民の意識の中で，各職業が「イエ」との関係で，a)家業としての農耕，b)家業に準ずる副業としての養蚕，c)下等な副業としての労働，d)最下等の炭焼・日雇のような順に，貴賤のランクづけがされていたと考えると，うまく説明できる[32]．この意識の下では，ある「イエ」に属する個人が複数の「シゴト」を持つばあ

32) 一種の貴穀賤金思想，もしくは素朴な農本主義的思想と呼べるかもしれない．

い，所得額や労働量ではなく，このランク付けに従って申告の優先順位が決まることになる．農村住民側のこの論理と，職業を 2 種類しか記入させないという調査設計上の制約が共に作用して，前述のような脱落が生じたと考えられるのである．

11.5　むすび

統計データを利用するとき，調査項目の定義に注意を払い，この定義と自分が用いる理論的枠組みとの間で対応関係を付けておくことは，実証的分野の研究者にとって常識である．しかし，実は，それだけではまだ不充分だということが，以前から指摘されてきた．

いま，職業に関していうと，戦前期の農村住民の間に「イエ」「家業」という規範が根強く存在し，これがため，統計調査の結果に偏倚を生んでいることが推定されてきた．この偏倚は，調査票の設計，集計，表章の方法などによっても強められる．本稿の例に即して述べると，国勢調査の「職業」「副業」のように，調査設計の段階では個人ベースであった質問項目に対し，人々は，しばしば「イエ」ベースで回答した．このことに起因する偏倚は，調査される職業の種類が 2 種類に限定されていること，結果表の表章が職業中分類止まりであることによって，強調される結果になった．以上のように，調査の定義と，回答する人々が事実上従った定義との間に存在する食い違いが注目されてきたわけである．

本稿では，その偏倚がどの程度のものであったかという点について，①予習調査申告書，②所得調査簿，以上の 2 種の個票類似資料をリンクして用いることにより，直接的，かつ定量的に観察することができた．

結果として，1930 年の山野村の事例では，主として調査項目が限定されることに起因する脱落に関して，全所得額の 2〜3 割，件数では 4 割以上に上るという観察値を得た．これはいままで知られていなかった事実である．この脱落の大きさは，職業の種類によって異なっており，個々の世帯にとっての所得額の大きさとは必ずしも連動しない．本稿では，その説明要因として，当時の農村住民の間に「イエ」ないし「家業」という観点から，職業に貴賤のランク付けが存在したであろうことを推定した[33]．また，副業を有する「本業なき従属者」の属性についても，1920年の戸坂村の事例から，ある程度の見通しを得ることができた．

以上の観察の対象は2か村，わずか1000世帯に満たない事例であるから，ここに表れた数値の絶対的な水準を，直ちに全国に及ぼすようなことは慎まなければならない．しかし，国勢調査による職業調査にこうした問題が存在すること，かつそれが量的にも大きな意味を持つ可能性があることは，国勢調査データを利用する際に，常に注意しておくべき事柄であろう．

本稿では紙幅の関係もあり，取り上げることができたのは，もっぱら職業調査，なかんづく副業にかかる問題のみであった．しかし，予習調査申告書と所得調査簿が結合できたことで，検討可能となる問題は，当然のことながら，他にも存在する．たとえば，所得や職業を，家族の類型(年齢，血縁関係など)に関連づけることも可能である．この結果，これまではもっぱら土地所有規模に関係づけられてきた農村内部の階層区分が，もしかするとライフサイクル等，別の要因と関係づけられるような結果が出るかもしれない．経済史以外の分野でも，通婚関係，家族の編成，海外移民のあり方とその排出要因など，個票類似資料が利用できることで考察可能になる事項は多い．さらに，山野村に関していうと，予習調査個票と所得調査簿のほかにも，農業基本調査(夏期調査，冬期調査)など，リンク可能なデー

33) 農村住民の間に，本稿で取り上げたような「家業」ないし「家産」管理に伴う「イエ」意識が顕著になったのは，実はそう古いことではなく，江戸時代の中期であるということが，近世史の研究者のあいだでは語られているようである．本稿で問題にしたような農村住民の職業意識も，おそらく，同じ歴史的過程の中で生じたものであろう．この点に関連して，斎藤修(1985)は，『甲斐国現在人別調』の4か村分の個票を処理するにあたって，当時の農村住民の職業意識に対する，徳川時代の「余業」概念の影響を示唆している．この点について，少し詳しく述べておこう．斎藤の主張を筆者なりのことばでいいかえると，明治初期における農民の「本業」「副業」の意識は，実は徳川時代の税制上，各種の生産活動が「本途」「小物成」等に対応づけられており，これに伴って，生産調査もこれに対応する区分で行われていたことと，深い関係があるということになる．つまり，農村住民の家業意識といっても，それは超歴史的な存在ではなく，先行する時代の法制，支配構造，そしてこれに伴う調査自体のあり方等々との関係で，歴史的に形成されるということである．筆者としては，「家業意識」に関するこのような解釈は，明治初期の山梨県のみならず，本稿で対象としている時代・地域にも当てはまるもので，かなりの普遍性をもつ説明だと考えている．また，明治民法が規定した「戸主」と，農村住民が抱いた家長観念との間の食い違いについては，佐藤正広(1985)参照．

タが存在する．また，広島県下の別の地域に，戸坂，山野両村と同様の資料が残っている可能性も高い．これらを用いて，さらに一般的，かつ立ち入った分析を試みることは，今後の課題である．

第12章　国勢調査の評価と反省
――郡市担当者の意見――

12.1　はじめに

これまでの各章にみてきたような過程をへて，1920年に，わが国初の国勢調査は実施された．それでは，調査が完了した時点で，当事者である人々は，この事業をどのように評価していたであろうか．本章の目的は，この点について，いくつかの実例をあげながら素描を試みることにある．

この問題を考えるとき，本書の基本的な視角にしたがうなら，本来，中央で調査を設計した人々や，地方で実査にたずさわった人々，また，調査対象となった人々など，国勢調査へのかかわり方が異なるいくつかの人間集団を想定し，それぞれについて固有の認識のあり方を探るべきである．しかし，現在までのところ，この課題を全面的に果たすための資料を，筆者は手にしていない．そこで，ここではとりあえず，郡市レベルで調査事務にたずさわった人々の認識に対象を絞って，ごく簡略に述べるにとどめよう．この意味で，本章は今後本格的に進められるべき作業の出発点に過ぎない．見いだされる事実に関する評価も暫定的なものである．

利用した資料は，戦前の福島県行政文書のうち『大正九年　第一回国勢調査』と題する簿冊である[1]．ここには，国勢調査終了後の1920年末，県下の各郡市から県庁にあてて報告された「国勢調査状況調」が綴り込まれている．調査事項は「一，郡市町村に於て行ひたる宣伝方法」「二，調査区に於ける最多最少平均世帯数」「三，実査に際し特に困難なりしこと」「四，係員及調査員の美談逸事等」「五，一般国民より受けたる援助の方法」「六，調査員慰労の方法」「七，郡市町村に於て国勢調査に要せし費用」「八，今回の国勢調査の経験に鑑み将来此種の調査計画上参考と為す

1)　福島県行政文書1675.

べき意見」の8項目で，様式を定めず，自由記入の形で記述されている．これは県が独自に行った調査ではなく，臨時国勢調査局が県を通じて行ったアンケート調査である．県からの照会を受けた各郡は，管轄下の町村にさらに照会し，その回答を集約する形で県に報告したものと思われる．本章では，このうち「三，実査に際し特に困難なりしこと」および「八，今回の国勢調査の経験に鑑み将来此種の調査計画上参考と為すべき意見」の記入内容の一部を紹介する．

12.2　担当者の目に映じた国勢調査

暴風雨の影響

本節では，資料にあらわれる記述内容を筆者なりに分類して，代表的な事例を紹介していくことにするが，はじめに，調査にとって外在的な状況について触れておきたい．じつは，1920年の9月30日から10月1日にかけて，天気は大荒れであった．この両日，日本列島を台風が縦断したためである．全国各地で，洪水を中心とする大被害が出ている．国勢調査申告書の収集は，こうした荒天をおして行われざるを得ず，全国でこれにまつわるさまざまな逸話を生むことになった．福島県も例外ではない．たとえば南会津郡の報告には，つぎのように記されている．

> 九月三十日出水の為め調査区第二区の如きは調査上頗る困難し第三区第四区は十月一日の前夜第三区に於て三名の溺死者ありし為め人員の動揺甚だしかるべきを顧慮し当該区の調査に極力之れが混雑の防止に勉め以て調査を完了せり(南会津郡)．

以上は，調査の設計等に関わる論点ではないが，当時の人々にとっては，生々しい実感をともなう事柄として，特記されたわけである．

調査区の設定と調査員の選任

調査を実施するにあたり，最も基礎的な手続きとして重視されたのが，調査員の選任と調査区の設定である．このうち，調査区の設定に関しては，安達郡と南会津郡から，世帯数あるいは人口によって調査区の規模が機械的に定められることにともなう問題点が指摘されている．いずれも論旨は同じである．山間部で人家が疎らな地域では，そうでない地域にくらべ，調査区の人口規模を小さくしない限り，面積が広くなりすぎて，円滑な調査は期待できないというものである．

国勢調査員の選任に関しては，伊達郡，南会津郡，福島市などから，3点ほど，重要な指摘がなされている．

第1は，調査員が名誉職から選任された結果，高齢で実務遂行上問題があったとするものである．県は，郡市の報告を総括して，次のように述べている．

> 調査員の選任に関しては市町村に於て夫々注意し概して公職に経歴ある者を選みたる結果高齢者多く実際の活動に遺憾少なからざるが如し今後は青年会幹部等壮年者中にて適任を選定するに如かずと思料せらる(県)．

第10章にみたように，地域の政治的中心人物を選ぶことによって人々を調査に協力させる意図が，臨時国勢調査局にも，また県にもあった．しかし，第8章からも窺われるような実質的負担をともなう国勢調査員業務の遂行にあたっては，それが裏目に出た面もあるわけである．

第2は，調査員の選任が政治的に利用されたとするもので，南会津郡の報告の中に「政策上より或る人に名誉を得せしめんとして撰定内申したる例なきにあらず．今回調査に際しても調査員の選任に付ては多少遺憾の点ありたるが如し」というくだりが見られる．別な面からみるならば，国勢調査員になることが人々にとって名誉であったことの，これは証左でもある[2)]．

---

2)　恒次九水(1922)に含まれる「美談逸話」は，このときのアンケートを臨時国勢調査局が取りまとめた結果を参考にして編纂されたと推測されるが，新潟県の事例として，次のような逸話を報告している．調査員の選任が政策的に利用された例として，紹介しておこう．

> 南魚沼郡の或る村には村治に冷淡なる一富豪ありて，代々の村長は彼の自覚を促さんとして種々苦心する所ありしも頑迷なる彼には毫も公共的の観念なく村事業に対し事毎に反対して更に尽くす所なかりし，然るに今回の国勢調査に際し国勢調査員の名誉なるを思ひ流石に頑迷なる彼も聊か食指の動かざるを得ざりき，則ち之を知りたる時の村長は好機逸すべからずとなし早速彼に対し其の息子を国勢調査員に推薦するとの内諾を求めたるに彼れ欣然として曰く自分は従来村治上に至って冷淡なりしも名誉なる国勢調査員に我が息子を推薦せんとせらるる村長の好意に対し以後は自分も意思を翻して協力村治に尽くすべしと誓ひたりしとぞ．

そして第3は，調査員の社会階層に関するものである．福島市の報告には，地域社会に深刻な社会対立が存在したことを窺わせる，次のようなくだりが含まれている．

> 如何なるものをして適材なりしやは疑問なしとせず．其筋(＝臨時国勢調査局：引用者)は種々なる地位階級名誉ある人をして其撰を限定したるものの如くなりしと雖も，本市は之れを折中(ママ)して市内一般より適材を撰したり．其成績に徴するに比較的未だ事務的知識なき階級者は忠実にして熱心克く殊を憂ひて自己の本分を守り以て事業を完成したるものの如く，却って相当地位名誉ある者に至りては事を軽視するの嫌ひありて忠節を欠き，表裏相反して事業の本質を失ふが如き現象を得るの感ありしは甚だ憂ふべき所なり[3]．
>
> 是れ等は現時思想界の風潮に伴ふ一現象にして免れざる所なれども，之れが為め多額の費用を投じて予期の目的を貫徹することなきに至らば国家の基礎を危するものにして最も研究すべき所なるは勿論，近来社会事業の政策に種々画策する所なるを以て，将来此種の調査をなすに付ても大に此の点に注意し調査員の選定は単に名誉地位，階級に限らず地方の実状に鑑み一般より適材を選みて之れに当らしめ以て上下の思想を緩和円滑ならしめて協同団結の思想を向上し自治の本質に伴ふ事業の貫徹を期せしむるは最も適当にして亦調査も容易なるものと思考するものなり(福島市)．

すなわち，国勢調査局の指導どおりに「社会の上流に立つ人士」[4]を選ぶことが，調査遂行上逆効果になるばあいもあるというのである．これは，急速な経済発展の結果，人々の取り結ぶ関係が変化するにともなって，特に都市部で階層間の反目が強まりつつあったことを物語る．臨時国勢調査局が，国勢調査員への教員の選任を奨めたのも，こうした状況を認識していたためかもしれない．教員は，知的水準が高いということを別にしても，地域の利害対立から一応距離を保つ存在であり，同時に，地域住民からは

---

3)　同様のことは，10年ほどさかのぼる神戸市役所(1909)にも報告されている．都市部で顕著な現象であったかもしれない．

4)　本書第10章3節参照．

一目置かれていたからである．

自計主義への疑問と啓蒙活動

次に，調査の基本設計に関わる問題についてみよう．自計主義による調査方針に対する疑問が，相馬郡や福島市をはじめ，いくつかの郡市から表明されている．西白河郡では，次のような記載がみられる．

> 無学者の申告書蒐集の際記載を調査員代筆するに応答の要領を得ず多くの時間を費やしたること（西白河郡）．

無筆であることは，同時に調査上の概念を理解する能力の欠如でもある可能性が高い．同じ問題は，都市部でも存在した．福島市はつぎのように報告する．

> 国民の義務として自計主義を採用したるは実際に適合せざりし感あるものにして調査事務執行上頗る困難を生じたる一事にして未だ国民が此の義務を完成するの文化能率に達せざりしやに認めたるものなり調査の内容を見るに多く申告義務者は申告書の記入を完備しうるものなく一々調査員の指導によりて漸くにして其義務を果し或は他人に託して代筆を請ふなど事実甚だしき現象なり（福島市）．

その上で，将来にわたって自計主義による調査を行うならば，恒常的な教育・宣伝によって住民の知的水準を高める必要があるとして，次のように述べる．

> 将来国家が此主義を採用して此種の調査をなさんとするには調査期に臨み一時の宣伝をなすにあらずして常に其事を国民の脳裡に彫し以て国民の義務となし国家の要求に際して兵役，納税の義務と等しく絶対の義務として尊重するの感念を養成するの方法を定むるは現代の急務なり（福島市）．

公教育を利用した国勢調査に関する知識の涵養については，南会津郡も「小学校，青年，処女等の教科書中に「国勢調査」に関する事項を編入し幼年時代より深く其脳裡に国勢調査の大切なる趣旨を浸染せしめ置くは徹底的有効の方法なりと認む（南会津郡）」と述べている．同様の記述は，伊達郡の報告にもみられる．

申告書の書式と用語法

第7章に国勢調査評議会の論議を紹介した際，柳沢保恵の発案により，国勢調査申告書に意訳の振りがなを付けることになったいきさつを紹介したが，用語が難解で回答者に理解が困難であるという柳沢の心配は，杞憂ではなかった．福島市からは，つぎのような報告がなされている．

> 今回定められたる記入の各事項は字句高尚に過ぎ多くの義務者は直ちに之れを解するものなく調査員の説明を聞きて漸く申告を遂げたるもの多し文化の度未だ達せざるに原因する所あるべしと雖も将来此種の調査をなすには調査の事項は成るべく平易なる字句を用ひ常に庶民の間に称呼行はるる字句を以て要求するは相互の便利尠からざるべし例令へば「世帯上の地位」をして「世帯の続柄」又は「世帯の有様」と「配偶の関係」を「夫妻の関係」又は「夫妻の有無」と「職業及職業上の地位」を「職業及其立場」と本業及副業も之れに準じ且内職の一欄を設け「国籍別民籍別」を「外国人及本国人の区別」と表示するが如きは普通に解し得らるべく思考せらるるものなり（福島市）．

また，相馬郡からは，人々の生活実感と，臨時国勢調査局が指導した申告書記入例の用語法がかけ離れているとして，これの是正を求める意見も表明されている．

> 事実有の侭を申告せんとするを本則として規定しあるに不拘ず左の如き矛盾あるを遺憾とす
>
> 一，妾を雇人と記載するが如し
>
> 一，私生子庶子を長男長女二男二女と記載せしむる如き一世帯内に正妻あり妾同棲しある場合妾の私生子をして正妻の出生児と混同記載するが如きは取扱上疑義を抱かしむ因とす
>
> 一，他家にある実父母又は在営中の長男弟皈宅しある場合其続柄を記載せずして来客又は一時宿泊人と記載するが如し（相馬郡）．

南会津郡からは，申告書記入方に関する質疑回答集をもっと簡明にすべきだとの意見が出された．

職業調査の困難

河沼郡，相馬郡をはじめとするいくつかの郡市からは，職業に関する回答が困難であったことを指摘する声があがっている．河沼郡は，「職業及職業上の地位の記入が最も困難なりし」と，問題の存在のみを指摘しているが，大沼郡は，さらに具体的に「職業及職業上の地位記載に方り其分類区分に困難を感じたるに依り一般の職業及職業上の地位を網羅せる参考書を作成し，調査員，調査係に配付」と，マニュアルのいっそうの整備を求めている．また，相馬郡は「雑貨商，荒物商の如く数十種の品物を販売する職業を記載するに其何れは主なるやの判断に最も苦しむ……(中略)……数種職業を有し又副業を有するものにして其何れは主なる職業なるや前同断」と述べて，本業と副業の概念上の区分が，多くの住民にとって理解しにくかったことを指摘している．福島市は，上記の引用の中で「「職業及職業上の地位」を「職業及其立場」と(平易な言葉づかいになおし：引用者)本業及副業も之れに準じ且内職の一欄を設け」と，申告書の設計そのものを再考するよう求めている．このときの調査では，第11章に述べたとおり，職業の定義が人々の日常的な感覚と食い違う面があり，結果として「本業なき従属者の副業」が大量に計上されることになったのだが，福島市は，早くも調査の2か月後に，この食い違いについて，控えめな表現ながら指摘したわけである．

一時的な人口移動

当時日本の多くの地域で炭焼が盛んに行われていた．第11章にもみたとおり，この職業は山がちな地域に住む人々にとって，重要な収入源であった．福島県でも事情は同様であった．調査が行われた時期は，ちょうど炭焼の季節にあたるため，山中にこもってこの職業に従事する人々をどう捕捉するかが，大きな問題として意識された．「土工」など一時的に来住する者の把握に関しても，共通の問題として認識されていた．つぎのような報告は，その例である．

> 土工工事に従事せし労働者及製炭業者は深山渓谷に居宅を設けあると且つ移転頻繁なるとにより調査困難なり(安積郡)．

山間部に於ては製炭等が深山幽谷に従業しある為之が調査に特に困難を感じたり……(中略)……製炭夫等の住せし新なる世帯を発見したり(河沼郡).

南会津郡は，こうした非定住者や，季節的な移動者を把握するためには，国勢調査員のみでは不充分だとして，つぎに挙げるように，人口移動を専門に監視する役職の設置を提案している.

一調査区に付一名の調査員のみにては調査現時の状況を一般に亘りて知ること困難にして誤謬脱漏等なきを保し難し今回の調査に於ても人口の重複又は脱漏等後に至りて発見し調査するの手数と困難とを感じたる例なきにあらず故に其区内各所に監視人を配置し置くときは動静其他の事項は容易に且つ詳細に知悉し得るを以て申告書を検するに際し其記載と実際の状態とは正確に調査を遂ぐることを得誤謬脱洩等の恐なかるべしと認む(南会津郡).

郡がここで想定しているのは，炭焼や木樵，狩猟等による一時的な人口移動のことであろう.

事務上の諸問題

行政事務を遂行する観点から国勢調査を振り返ったとき，各地で問題として意識されたのが，予算の組み方であった．このときの実査に必要な経費は，申告書の印刷等が国費によるほかは，調査員の手当やさまざまな施設など，調査現場で必要なものの大半を市町村が負担した．このため，調査員手当の厚薄をはじめとして，予算上の不均等が地域内の市町村間で発生し，これが問題視された．そのため，次回以降，調査費用は全額国庫負担とすべきだという見解が，各地で表明されている．典型的な例を挙げれば，以下のようなものである.

国勢調査費一半は之れを地方費に受め且つ其経費は基準を示さざりし結果町村に依り支弁の経費額区々として統一せるものなし従て等く国家の事務に従事し其勤労の程度殆んど差別を見ざる調査員に対する待遇慰労の如きも甲は厚く乙は薄き実況たり又郡に於ても其経費を予算に計上せるとせざるとありて等しく重大なる国家事業に対し不統一,

> 不公平を見るは甚だ遺憾とする処なり故に本調査費は全部国庫支弁とし其統一を図り調査の斉正を期するは将来計画上大に考慮を要すべき点なりと思料す(岩瀬郡).

調査事務遂行上の問題としては，以上のように，予算に関するものが最も一般的にみられる記述であるが，このほかにも，準世帯の多い地区では申告書用紙を，世帯数ではなく予備調査の人口に応じて交付するべきだとする意見(福島市)や，国勢調査員には徽章が下付されこれを佩用することで，調査対象である一般住民に対して権威をもって業務にあたることができたが，その調査員を監督する立場にある市町村職員にはこれにあたるものがないので，業務の円滑のため，これらの人々にも徽章もしくはこれに代わるものを着用させるべきだという意見(福島市)も出されている.

最後になったが，国勢調査申告書の，地方官庁による利用を認めるべきだという意見が，相馬郡から出されていることには注意したい.

> 国勢院が調査の結果を関係官公署をして発表せしめず或は申告書謄写を禁ずるが如きは穏当ならず個人の身上に関し大なる支障なき限り(秘密にして個人の権利信用を傷くるもの等を避く)相当公開し其調査成績に付ても下級行政庁をして各種の施設に利用せしむるを可とせん(相馬郡).

この問題は，第 7 章でもみたとおり，地方官庁の側に根強い要求があったにも関わらず，国勢調査評議会で否定された経緯があった. 臨時国勢調査局も，また国勢調査評議会の評議員も，地方官吏に対して，いったん個票の利用を許したならば，将来にわたってその内容の秘密が守られるとは信じがたいという判断を下したのであった. その結論は，調査間近な 9 月下旬，臨時国勢調査局から，道府県を通じ，郡市町村に通達されている. それにも関わらず，相馬郡からこのような意見が出されているということは，地方官庁のこの要求が，当時かなり一般的であったことを窺わせる.

12.3　むすび

本章でみることができたのは，はじめに述べたとおり，本来検討すべき社会諸集団の中の一部分の感想であり，それもごく限られた事例のみを取り上げたに過ぎない．したがって，ここに見いだされた事実を，過度に一般化することは，差し控えなくてはならない．

このことを念頭に置きながら，ここでは各郡市から指摘された問題を，国勢調査評議会の論点と比較してみよう．すると，調査員の選任，自計主義の当否，申告書の用語の困難，職業調査の困難，一時的な人口移動，地方官庁による申告書の利用，経費負担の問題など，いずれも国勢調査評議会で検討の対象とされていることがわかる．ここに観察されるのは，国勢調査評議会の議論を整理する際，中央対地方として整理した対抗関係が，事業の遂行結果を踏まえて再生産されている姿である．

中央の統計家たちの立場は，全国を見渡して，調査定義の統一を最優先し，例外的な現象は大数法則によって背後に退くというものであった．国勢調査の基本設計は，この立場を基礎とした．これに対して評議会では，地域の実情を念頭に置いた評議員から，いくつかの疑問点が出されたが，最終的には，統計家たちの当初の方針が採用されることになっている．

本章の事例から窺われるように，この対抗関係は，人々が日常的に接し，したがって最も強くリアリティを感じる局面が何であるかということにかかっている．郡市町村の官公吏たちは，日常的にその管轄下の個別の住民と接している．したがって，彼らにとり，ある制度が適用されたとき，その具体的な人々がいかに抵抗なく自分らのコントロールの下に組織されるかという点が，最も重大な関心事であった．ところが，その観点から生まれる疑念，問題点の指摘は，全国を見渡す眼からは，例外的な事例と見えてしまうばあいが多い．こうして，両者は，実感のレベルではどこまで行っても平行線である．最終的なおりあいは，論理的なやりとりではなく，両者の力関係と妥協によってのみ，つけることが可能であろう．県や郡市町村が内務省の出先機関であり，当時，国家による統治の正統性自体が疑われるような社会的混乱が生じていない以上，この力関係で，一般的にどちらが優位に立つかは，明白である．

第4部　ま　と　め

第13章　日本近代における国勢調査

13.1　はじめに

日本近代史の人物像の中でももっとも魅力的な人物のひとり，車寅次郎が，妹のさくらや「おいちゃん」こと竜造と，こんな会話を交している．

さくら「そんなんじゃないのよ，国勢調査よ」

竜造「これ書かねえと日本の人口からはずされちゃうんだぞ」

寅次郎「別にはずされたっていいよ」(『男はつらいよ(26)寅次郎かもめ歌』より[1])

人々による国勢調査の，このような通俗的な理解は，どうして生じたのか．この疑問は，筆者による考察の，ひとつの出発点をなした．

明治維新以降，さまざまな外来の制度が国家によって移植されたが，それらは，日本社会の歴史的文脈の中で，その推進者たちの主観的理解とも，またこれが形成された母体となった西欧社会における理解とも，別の意味を担うことが往々にしてあった．

国勢調査に関して言うと，そうした受容の結果，得られるデータがいかなる特性を持ったかという統計資料論的な関心は，本書の第1の問題であった．この問題関心は，また，日本における近代の理解，いいかえるなら明治維新によって成立した中央集権国家が，自らの支配領域内にいる住民をいかにして統合し，国民として組織していったかという，第2の問題関心に結びつく．社会の大勢にあらがって寅次郎のように開き直ることが，わたくしたちの多くにとって困難であるという事実は，日本における近代国家が，国民の組織化に成功していることの証しである．国勢調査の実施という個別事例を通じてではあるが，本書は，この過程がどのような形で進んだかということについて，注意を払ってきたつもりである．以下，本

---

1)　山田洋次・朝間義隆(1989).

書のふたつの問題関心にそくして，これまでに見いだしてきた事柄を整理し，その歴史的意味についても，可能な限り触れることにしよう．

13.2 統計資料論の観点から

はじめに，統計データとしての国勢調査の質について，これまでに浮かび上がってきた問題点を列挙しよう．ポイントは，①戸籍データとの関係，②国勢調査データそのものに内在する問題，の2点ある．

まず，第1の点，すなわち戸籍データとの関係から述べよう．一般に，日本の人口データが真に正確なものとなるのは，国勢調査の実施以後のことだというのが，通念となっているように思われる．この理解には，暗黙のうちに，国勢調査が戸籍とは別系統の調査であること，また，明治以来編成されてきた戸籍にもとづく人口データの系列は，学術研究の素材とするに耐えぬほど杜撰なものだという理解が前提とされている．これは，国勢調査実施以前の統計学者たちによって主張された論理であると同時に，こんにちでも人口学をはじめとする諸領域の研究者の間で，根強い勢力を持っている．

本書で見いだされたことがらは，こうした通説的な理解を覆すにはいたらないものの，少なくともそれが自明ではなく，実証的に検討の余地がある，暫定的な理解であることを示している．このように述べる根拠として，つぎの2点が挙げられる．

まず，国勢調査データが，本当に戸籍から独立のデータとなっているのかという問題である．調査を設計した臨時国勢調査局の方針では，もちろんそうなるはずであった．しかし，この方針とはうらはらに，国勢調査にあたって，戸籍の写しを作成したという調査員の回想(第8章)や，調査に回答するために戸籍を閲覧する住民で役所が混雑したという新聞記事(第9章)など，いくつかの証言が見られた．また，本文中では触れなかったが，市町村役場の事務報告を見ると，1920年に戸籍関係の取扱件数が増加する例も見受けられる．

それでは，このことによって，国勢調査データの評価が大きく下がるのだろうか．わたくしは，必ずしもそうは言えないと思う．たとえば，人口静態調査にもとづく乙種現住人口の推計値を国勢調査結果と対比してみると，国勢調査人口の2%未満の誤差にまで近似している(第2章)．もちろんこれは，洗練された手法を用い，千分率のオーダーの議論をする人口学の観点からは，お話にならないほど大きな誤差かもしれない．しかし，経済学や，歴史諸科学にとっては，これは充分な精度を持った数値である場合が多いだろう．1920年以後の国勢調査データを正確なものとして用いることが可能なのであれば，それ以前のデータもまた，研究の目的次第では同程度の正確さを持っていたと言いうるのではないだろうか．

つぎに第2の点，すなわち国勢調査データに内在する問題について述べよう．じつは，経済学や歴史学にとって，国勢調査データを利用するばあいに問題となる点は，むしろこちらに存在する．この側面についても，問題をふたつ指摘しておこう．

まず，人口の定義の問題がある．常住人口主義をとる現在の国勢調査とは異なり，第2次世界大戦敗戦前の国勢調査は現在人口主義をとった．すなわち，10月1日午前零時現在の状況について，人々は申告書に記入することを求められたのである．宣伝都々逸で，妾宅にいる男の生態が盛んに唱われたのも，そのためである(第9章)．ところが，各種の資料からは，この時期に人口移動を避けるために各種行事を自粛したことを窺わせる例(第7章，第8章)が見られた．これは現在人口主義による調査を，実質的に常住人口に近い内実をもつものへと変質させる行為であるといえよう．また，前述のように，調査員を含む人々の間で，戸籍簿によって申告書に記入する動きがあったことも見逃せない．これは，一方では，人々をして戸籍の記載を訂正させ，現状に一致させる効果をもったと思われるが，他方で国勢調査の人口の定義を変質させる効果ももった可能性が高い．現在までのところ，そのいずれが優勢であるかを計測することは困難である．

つぎに，人々の職業に関する回答のあり方は，このデータを用いる際に留意すべき重大な問題をはらんでいる．すなわち，国勢調査局は事実上，職業を個人のアクティビティと定義し，その投下労働時間の順に2種類を回答するよう求めた．だが，人々には，この調査項目は理解しづらく，回答することに困難がともなった(第12章). 実際には, 少なくとも農村において, 多くの人々はこれを「家業」と解し, 投下労働時間とは異なる価値観(一種の農本主義的価値観)による重要性の順に回答した. このために, 所得や, おそらくは労働時間で見ても, 本来は重要な位置づけが与えられるべき職業が, 国勢調査データからは脱落する傾向が見られる(第11章). この点は, 国勢調査データを用いて労働の配置等に関する分析をしようとする際, 留意しなくてはならない点である.

以上の点, とくに最後の問題点は, 当時の人々が, 国勢調査をどのように受容したかという問題とも関係する. これはすなわち国勢調査の歴史的位置づけにかかわる問題である.

13.3 歴史的位置づけ

国勢調査はなぜ成功したか

各地の行政文書の中に, 第一回国勢調査関係の資料を見ていて, 常に疑問に思うことがある. それは, この調査が, わが国初の事業であるという唱い文句のわりには, あまりにも整然と行われていることである. 調査全体が, 行政にとって, あたかもルーティンワークのように手慣れた様子で進んでいる. また, 調査対象となる一般住民の側にもさしたる混乱があるわけでなく, きわめてスムースに行われたという印象を受ける. もちろんこれは相対的な話であって, 実際の調査過程では, 本書でも触れたとおり, さまざまな取り違えや混乱もあり, そこにはデータの利用上問題となりうる点もあることは上述の通りである. しかし, こんにち発展途上国でセンサス型調査を実施する際に発生する種々の問題と比較するならば, それはほとんど問題にならない程度のものであるといえよう. わが国初の国勢調査の, この, 異常ともいえる順調さは, なにに由来するか. この疑問は, わたくしがこのテーマに取りかかって以来, 常に念頭にあった.

その理由をどこに求めるか. 確定的な答を未だ得ていないが, 今のところ, つぎのような説明が有効だと考えている.

第1は, 官庁統計家集団の形成とノウハウの蓄積である.

理論面では1890年代以降，各種の高等教育機関に統計学の講座が開設されて，国内で統計学の専門家が養成できるようになった．また実務に関しては，当初欧米の統計局等に調査の実際を見聞に行き，後には地方センサスや農商務関係のセンサス型調査の経験などから，ノウハウを急速に蓄積していった(第4章)．

第2は，現場で調査を支える実務家集団の養成である．

上に述べた地方センサス等で，地方官庁の担当者たちもセンサス型調査の実務に関して経験を積んでいった(第4章)．これとならんで，中央から講師が出向いて統計講習会が広範に実施された．これによって，各市町村に最低1名程度の統計実務者が，1910年代はじめごろまでには配置されていた(第6章)．

第3に，調査される側の資質と訓練がある．

上記の諸センサスや，町村是調査などをつうじ，一般住民の側にも，統計調査なるものに，いかなる回答が求められるかということについて，経験が蓄積されていた．また，彼らの多くは村落共同体的な人間関係の中で暮らしていたが，多くの市町村で，この人間関係を基盤とした所得調査が行われていた．戸数割徴収のための調査である．国勢調査も，調査員の選定方法を見る限り，こうした人間関係を基礎とした情報収集システムを利用する形で実施されている．また，このシステムの「ほころび」を補完するものとして，明治期を通じて公教育の普及による一般住民の知的水準の向上と，教師に対する信頼感が培われていたことも，国勢調査の実施にあたっては大きな意味をもったようである(第10章)．

調査に対する民衆的支持

国勢調査が順調に実施された要因について考える際，以上のように具体的な歴史的準備に加え，それらが有効に機能する場を提供する要因として，調査に対する民衆的支持があったことを見逃せない．

恒次九水編(1922)は，3巻からなる帙装の出版物であるが，そのうち1巻は道府県別に編集されており，県下の全調査員の略歴と，一部の者に関しては顔写真が掲載されている．おそらく，こんにちの「紳士録」に類似の出版物であって，掲載にあたって寄付金を求め，その額に応じて記事の大小や，写真掲載の有無などが決められたのであろう．こうした出版が企画され，事業として成り立つこと自体，人々の間に，調査員に選任されたことを名誉と感じる雰囲気があったことを物語る．

同書はさらに「美談逸話」と題して，国勢調査の実施過程で，全国で生じた逸話の類を紹介しているが[2)]，その大半は，折からの嵐の中，身の危険を顧みずに申告書を収集した例や，自分や家族の病気や不幸など，個人的な重大事を措いて業務を遂行した例，私財をなげうって宣伝啓蒙に努めた例などである．典型的な事例を紹介すれば，以下のようなものである．

> 阿山郡中瀬村調査員葛原作太郎氏は，九月二十七日実父の永眠に当り，任務遂行上同村吏員の同情を以て注意する処あるや，同氏は憤然として之に答へて曰く，公務は私事に換へ難し，吾今父の喪にあるも肯て其の職を辞するを屑(いさぎよし)とせず，任を終へて更に喪に服すべしと，其の熱誠真に見るべきものあり(三重県)．

> 九月三十日夕刻より豪雨滂沱の為め調査上困難を感じたるも熱心調査に従事せり，殊に本吉郡御嶽村調査員中には出水の為め担当区中申告書の蒐集に困難の地ありしも職責上猶予すべきものにあらずとなし激流を徒渉し辛ふじて溺死を免れたるが如き事例あり(宮城県)．

> 恵那郡中津町第八区国勢調査員矢野照吉氏は自己の意匠に成る国勢調査宣伝ポスター十数種を自費を以て作成し，区内数ヶ所に掲示し区民の注意を喚起することに力め，又同地常設活動写真館中央座に於て調査期日前二十日間，活動写真の幕間を利用し国勢調査の趣旨を講演し，又は国調宣伝を吹込みたる蓄音機を使用して民衆に調査の趣旨を鼓吹したる等，極力趣旨の貫徹を図り殆んど家業を抛ちて専ら職務に尽瘁したりとぞ(岐阜県)．

---

2)　掲載された逸話が具体的にどういう方法で収集されたかは，確定できない．ただ，調査終了後，臨時国勢調査局が道府県を通じて全国各市町村に対しアンケート調査を実施している(アンケート項目については第12章1節参照)．恒次は，おそらく臨時国勢調査局が収集したこのアンケート結果から，関係する部分を摘録したものであろう．

このような例が繰り返し紹介されている．また，村落共同体の精神的支柱をなす産土信仰と，国勢調査を結びつけた事例が複数見られることにも注意を促しておきたい．たとえば，以下のようなものである．

> 国勢調査期日十月一日を国勢調査記念日とし，氏神に参詣して記念樹を植ゑ，聖寿の万歳と国運の隆盛を祈りて一般公休日となすことを提唱して，現に其の実行を見るに至らしめたる調査員数名あり．斯くの如きは職務外と雖も亦以て国調に関する逸事なりと謂ふべし(広島県)．

> 南蒲原郡本城寺村の国勢調査員岡田仙治氏は九月三十一日世帯主全部を氏神の社に集合せしめ国勢調査報告祭を挙行して正直に申告書を記載することを誓はしめたりと云ふ(新潟県)．

こうした雰囲気は，また，国勢調査宣伝短句や唱歌の中に見られた，日本優越主義とでもいうべき雰囲気とも通じるものである(第9章)．

恒次九水編(1922)に紹介された逸話は，編者によって恣意的に取捨選択されたものであり，厳密な意味で当時の人々の受け止め方を代表するものと言えないことはもちろんである．しかし，もし以上のような雰囲気が，国勢調査員の間に一般的であったとするならば，それは，国民統合という観点から見た国勢調査の意義を高めるものといえよう．なぜなら，調査員に選任された人々は，すでに述べたように，地域住民に強い影響力を行使する立場にあった人々だと見られるからである(第10章)．

おわりに——国民統合手段としての国勢調査

明治以降，日本国家がめざしたのは，「日本国民」を作り出すことと，その国民の，中央集権的国家機構の下への組織であった．分権的システムをとる国家と比較したとき，中央集権的な国家体制をめざす国家は，自らの意思を遅滞なく，かつ正確に国民に伝えるため，言語その他のコミュニケーション手段の統一に，より強力に取り組まざるを得ない[3]．このプロ

---

3)　そのもっとも極端な例を，軍隊に見ることができる．極端な例をあげると，兵員を整列し右に向かせる際，各地の方言を使い分けなければならないとしたら，軍事行動を統一的に行うこともおぼつかないであろう．明治国家は，かくして言語の統一に腐心することになった．陸軍の「〜であります」という語法は，長州弁であるといわれる．

セスは軍隊に始まり，国定教科書と方言札によって，日常生活の言語までおよんだ．テレビやラジオ等，音声によるマスメディアがない時代，事業は難航した．しかし，この事業は，近代国家が国民掌握を完全なものにする上で，不可欠であった[4]．

この観点から述べるなら，統計調査は，国家が，自らの公式の言語で，その支配下にある人間や事象を把握しようとする行為である．調査対象である人々は，これに対し，可能なかぎり正確な回答を求められる．ここで，「可能な限り」とは，彼らが自己の言語能力ないし言語体系に応じて理解する限りということに他ならない．この意味で，統計調査は，国家の言語が民衆の言語と直接に対峙する場であると言い換えてもよい．

国勢調査は，各種の統計調査の中でも，国家の支配領域内にある住民すべてに直接の回答を求めるのであるから，国家の言語が民衆の言語と直接に，しかもかつてない規模の大きさで対峙するということになる．国勢調査は，この点で，日本の歴史上はじめての現象であった．この事業の過程で生じたさまざまの現象を観察することを通じて，私たちは，当時の日本国家が，域内住民をどの程度，またどのような形で支配していたかという点をうかがい知ることができる．本書がこれまで追究してきたことは，この点に関する歴史的評価であったともいえよう．

---

4)　統計調査のみならず，このような政策に伴う手法の点でも，イギリスは日本に一歩先んじている．大ブリテン島南西部に位置するウェールズ地方では，先住民族であるケルト系住民によって，英語とは全く系統の異なるウェールズ語が，今日でも話されている（たとえば，英語の“Thank you”にあたる言い回しが，ウェールズ語では“Diolch”となる）．この言語はすぐ南のコーンウォール地方や，フランスのブルターニュ地方の言語と類縁関係にあるとされており，強い捲舌音（スペイン語のＲのような音）や，気息音を伴うＬ音（類似の音は，チベット語に見られる）など，特徴的な響きをもった言語である．この言語は，16世紀にエリザベス1世が教会における公用言語として認めたため，スコットランドのゲール語などとは異なり，現在に至るまで日常生活に用いられる生きた言語として命脈を保ってきた．しかし，19世紀のヴィクトリア期には，イングランドへの同化政策の一環として，ウェールズ語も弾圧の対象となった．ウェールズの学校では，子供たちが母語を用いることを罰則をもって禁じたが，その際，「ウェルシュ・ノット」と呼ばれる道具が用いられた．これは，横に細長い木の札に“WELSH NOT”と焼き印を押したもので，環状の紐がつながれており，ウェールズ語を口にした子供の首にかける．その子供も，別の子供がウェールズ語を話す現場を押さえるや，自分の首からウェルシュ・ノットをはずしてその友人の首にかける．こうして，子供たちの相互監視体制が組織され，ウェールズ語は弾圧されていった．この方法を直接まねたのかどうか，管見の限り不明であるが，日本でも東北地方や沖縄で，全く同様の言語同化政策がとられており，これを「方言札」と呼んだのである．

日清日露の両戦役と第1次世界大戦の戦勝にともなう，日本の国際的地位の向上によって，この時期，一般国民の間にも国家主義的な気分が高まっていた．国勢調査の実施は，文明的国家事業すなわち「ひらけたくにのしごと」への参加というプロパガンダを通じて，人々のこの意識をいやが上にも高め，組織する効果をもった．結果，わが国初のこの事業は，部分的な混乱をはらみながらも，大方の協力を得て成功したのである．その協力ゆえに，本書でも見受けられたような用語法その他の困難も，全体としては乗り越えられた．同時に，当時，都市と農村とを問わず，ややもすれば階級間の利害対立に向かいつつあった人々の再統合にも，この事業は効果をもったものと考えられる．この意味では，第一回国勢調査もまた，町村是運動から地方改良運動や，いわゆる大正デモクラシーをへて経済更生運動へとつづく，国民統合・再統合の流れの中に位置づけることが可能であろう．

13.4　残された課題

最後に，本書で取り上げることができなかったテーマについても，触れておこう．

まず，本書のような観点から統計調査を取り扱う以上，どうしてもさけて通れないのが，分類の問題である．これは，①統計調査に対する人々の回答を，調査設計者がいかに構造化して理解し，表現するか，②これに加え，国家が自らの支配する社会のありさまを，いかなる形で公式に表明するかという，国家の自己認識と自己表現の様式に関する問題の，まさにその焦点に位置する問題だからである．統計的分類に関しては，すでに日野源四郎(1968)や，三潴信邦(1983)などをはじめとする，多くの優れた研究がなされている．本書で取り上げることができなかったのは，ひとえに著者の怠慢による．西欧で職業，産業，商品などの分類が，いかなる契機によって発展してきたか，また，それが日本に移植されたときにいかなる現象を生じたか等の問題については，今後の課題とする．

次に，第一回国勢調査の実施に至る過程についても，触れることのできなかった点は多い．その中でも，明治期に国勢調査の基本方針を審議，決定した「国勢調査準備委員会」における論議に触れることができなかったのは残念である．今後，機会を見て論じることにしたいと思う．

また，本書では，広島県のわずか 2 か村についてのみ，予習調査の個票を利用しえたにすぎないが，別の地域について，こうした資料を収集，分析することは，今後の大きな課題といえよう．本調査の個票が焼却され，もはや存在しない以上，この種の資料から得られるデータは非常に貴重だからである．全国的にも予習調査を実施した道府県はいくつかある．そうした地域で，市町村レベルの地方自治体——とくに，旧合併町村の役場が「公民館」等として，そのまま残っているようなばあい，その片隅——にこうした申告書が眠っている可能性は，まだあるものと思われる．楽しみは，まだつきぬ．

参考文献および資料

非刊行資料

赤穂津俊蔵(1930)「国勢調査員日誌」,秋田市行政文書『昭和五年　国勢調査関係書類』.
小柳孫四郎(1920a)『第一回国勢調査摑簿　本申告書写並全書類』国分寺市,小柳實氏所蔵.
小柳孫四郎(1920b)『第一回国勢調査摑簿　本申告書並照査表』国分寺市,小柳實氏所蔵.
小柳孫四郎(1920c)『国分寺村字国分寺戸籍原簿写』国分寺市,小柳實氏所蔵.
広島県安芸郡戸坂村行政文書 3010『大正九年　国勢調査関係　戸坂村役場』広島市公文書館所蔵.
広島県深安郡山野村行政資料,山野郷土資料保存会所蔵.
福島県行政文書 1661『統計講習会』福島県歴史資料館所蔵.
福島県行政文書 1663 および 1664『明治四十二年　第二回統計講習会関係書類』福島県歴史資料館所蔵.
福島県行政文書 1673〜1675『大正九年　第一回国勢調査』福島県歴史資料館所蔵.

刊行資料

相原茂・鮫島龍行編(1971)『統計日本経済――経済発展を通してみた日本統計史』(経済学全集 28),筑摩書房.
有泉貞夫(1980)『明治政治史の基礎過程――地方政治状況史論』岩波書店.
市原博(1997)『炭鉱の労働社会史――日本の伝統的労働・社会秩序と管理』多賀出版.
伊藤繁(1985)「大正期日本の農村副業」,崎浦誠治編著『経済発展と農業開発』農林統計協会.
伊藤繁(1988)「明治・大正期の兼業・副業統計」,大川一司・篠原三代平・梅村又次編『労働力』(長期経済統計 2),東洋経済新報社.
井上洋治(1990)『日本とイエスの顔』日本基督教団出版局.
上杉正一郎(1974)『経済学と統計(改訂新版)』青木書店.
牛塚虎太郎(1919)『国勢調査概論』(臨時国勢調査局主催の道府県調査部長及主任会議における講演記録).
梅村又次(1988)「有業者の産業別分布」,大川一司・篠原三代平・梅村又次編『労働力』(長期経済統計 2),東洋経済新報社.
海野福寿(1985)「杉亨二と「沼津・原政表」」『静岡県近代史研究会会報』第 77 号.
及川彰夫(1993)『日本農業統計調査史』農林統計協会.

大阪市(1921)『大阪市第一回国勢調査記念録』編所.
大阪市役所(1931)『昭和五年国勢調査　大阪市報告書』編所.
大橋隆憲(1965)『日本の統計学』(市民教室 9), 法律文化社.
大橋博(1982)『地方産業の発展と地主制』臨川書店.
荻野喜弘編著(1990)『戦前期筑豊炭鉱業の経営と労働』啓文社.
加藤厚子(2001)『映画国策の展開と映画産業——戦時国民動員装置としての映画』お茶の水女子大学人間文化研究科博士学位請求論文.
金子治平(1998)『近代統計形成過程の研究——日英の国勢調査と作物統計』法律文化社.
神谷力(1976)『家と村の法史研究——日本近代法の成立過程』御茶の水書房.
川合隆男(1991)「国勢調査の開始——民勢調査から国勢調査へ」, 川合隆男編『近代日本社会調査史 II』慶應通信.
清川郁子(1991)「リテラシーの普及と「壮丁教育調査」——リテラシーの普及と社会調査(1)」, 川合隆男編『近代日本社会調査史 II』慶應通信.
久留間鮫造編(1948)『インフレーション・統計発達史(高野岩三郎先生喜寿記念論文集)』第一出版.
神戸市役所(1909)『市勢調査顚末』神戸市役所.
国勢院編(1921)『第三十九回　日本帝国統計年鑑』編所.
『国勢調査評議会』(書名以外の編者名・刊行年等の書誌事項不明. 一橋大学附属図書館所蔵, 中山伊知郎文庫, 配架番号 5608480).
小牧恭子(1998)「大正期における産業統計調査員制度——地方レベルの統計調査」, 佐藤正広編『栃木県那須郡武茂村・境村行政資料目録』(統計資料シリーズ No. 49), 一橋大学経済研究所附属日本統計情報センター.
斎藤修(1985)「明治初年農家世帯の就業構造——山梨県下 4 か村『人別調』の分析(1)(2)」『三田学会雑誌』78 巻 1 号, 2 号.
斎藤修(1995)「近代日本の児童労働——その比較数量史的考察」『経済研究』第 46 巻第 3 号.
佐々木豊(1986)「[研究解題]地方改良運動と町村是調査」『地方改良運動史料集成 第一巻』柏書房.
佐藤正広(1985)「明治「近代」法制の導入と伝統的農村慣習法——家産所有と家長権の事例研究」『社会経済史学』第 50 巻 5 号.
佐藤正広(1992a)「「ひらけたくにのしごと」と民衆」『広島市公文書館紀要』第 15 号(大幅に改訂のうえ, 本書第 8 章 1 節に収録).
佐藤正広(1992b)「戸数割税務資料の特性と精度について——資料論的覚え書き」『経済研究』第 43 巻第 3 号.
佐藤正広(1997)「初期国勢調査の諸問題——農村住民の「イエ」意識と職業調査: 広島県下の事例」『経済研究』第 48 巻第 1 号(改訂のうえ, 本書第 11 章に収録).
佐藤正広(1998)「大正期地方官庁による産業統計調査——栃木県統計書の編纂をめぐって」, 佐藤正広編『栃木県那須郡武茂村・境村行政資料目録』(統計資料シリーズ No. 49), 一橋大学経済研究所附属日本統計情報センター.

佐藤正広(1999a)「郡是・市町村是資料──そのなりたちと評価」，一橋大学経済研究所附属日本経済統計情報センター編『郡是・町村是資料マイクロ版集成　目録・解題』丸善.
佐藤正広(1999b)「かいま見た中国近現代──統計学の教科書から」『NEWSLETTER』第11号，近現代東北アジア地域史研究会.
佐藤正広(2000)「明治期地方レベルの統計講習会──統計データの生産者たち」『経済研究』第51巻第3号(改訂のうえ，本書第6章に収録).
島大四郎(1911)「熊本市職業調査」『統計集誌』第359号.
関三吉郎(1911a)「東京市々勢調査の概況」『統計集誌』第359号.
関三吉郎(1911b)「中央統計講習会」『統計集誌』第359号.
総理府統計局編(1976)『総理府統計局百年史資料集成　第二巻　人口　上』総理府統計局.
添田知道(1963)『演歌の明治大正史』岩波書店.
祖田修(1973)『前田正名』(人物叢書)，吉川弘文館.
台湾総督府(1908)『第一回臨時台湾戸口調査顚末』台湾総督府.
台湾総督府官房調査課(1918)『第二次臨時台湾戸口調査顚末』台湾総督府.
恒次九水編(1922)『国勢調査記念録』日本国勢調査記念出版協会.
東京市(1909)『明治四十一年　東京市市勢調査概数表』東京市役所.
徳島県名東郡役所(1917)『大正三年三月三十一日午前零時現在　徳島県名東郡臨時郡勢調査　概篇』徳島県名東郡役所.
戸田貞三(1926)『家族の研究』弘文堂.
内閣統計局(1908)『日本帝国第二十七統計年鑑』編所.
内閣統計局(1923)『第四十二回　日本帝国統計年鑑』編所.
内閣統計局(1926)『大正九年　国勢調査報告　府県の部　第三十三巻　広島県』.
内閣統計局(1932)『抽出調査に依る　昭和五年　国勢調査結果の概観』.
内閣統計局(1933)『大正九年　国勢調査記述編』東京統計協会.
内閣統計局(1935)『昭和五年　国勢調査報告　第四巻　府県編　広島県』.
中村隆英(1976)「在来産業の規模と構成」，梅村又次・新保博・西川俊作・速水融編『数量経済史論集1──日本経済の発展』日本経済新聞社.
二階堂保則(講述)(1920)『国勢調査聰覧』第一回国勢調査委員会.
西川俊作(1991)「慶應義塾における知的伝統　統計学──福沢諭吉から横山雅男へ」『近代日本研究』第8巻，慶應義塾福沢研究センター.
日本統計学会編(1983)『日本の統計学五十年』東京大学出版会.
日本統計研究所(1960)『日本統計発達史』東京大学出版会.
速水融(1976)「近世農民の行動追跡調査──濃州西条村の奉公人」，梅村又次・新保博・西川俊作・速水融編『数量経済史論集1──日本経済の発展』日本経済新聞社.
原政司(1970)『農業統計発達史』日本経済評論社.
日野源四郎(1968)『職業と産業──統計分類の方法と実際』(統計新書7)，一粒社.
深井康邦(1911)「佐渡郡々勢調査の顚末概要」『統計集誌』1911年3月号.
福島正夫(1967)『日本資本主義と「家」制度』東京大学出版会.

細谷新治(1976)『明治前期日本経済統計解題書誌 ── 富国強兵編(上の 1)』(統計資料シリーズ No. 4), 一橋大学経済研究所附属日本経済統計文献センター.
北海道庁(1922)『第一回国勢調査記録』編所.
松浦昭(1973)「近世後期労働移動の形態 ── 摂津国花熊村の人口移動を中心として」『社会経済史学』第 38 巻第 6 号.
松田泰二郎(1948)「国勢調査発達史」, 久留間鮫造編『インフレーション・統計発達史(高野岩三郎先生喜寿記念論文集)』第一出版.
松田芳郎(1978)『データの理論 ── 統計調査のデータ構造の歴史的展開』(一橋大学経済研究叢書 30), 岩波書店.
御厨貴(1980)『明治国家形成と地方経営 ── 1881 年〜1890 年』東京大学出版会.
水科七三郎(1911)「臨時台湾戸口調査と帝国国勢調査」『統計集誌』第 359 号.
水科七三郎(1918)「台湾戸口調査の実験」『統計集誌』第 450 号.
水本忠武(1998)『戸数割税の成立と展開』御茶の水書房.
三潴信邦(1983)『経済統計分類論』有斐閣.
南亮進(1996)『日本の経済発展と所得分布』(一橋大学経済研究叢書 45), 岩波書店.
毛里英於菟(1933)「戸数割による国民所得の分配の測定」, 汐見三郎ほか『国民所得の分配』有斐閣.
安澤秀一(1963)「明治三年における人口構造」『桃山学院大学経済学論集』第 4 巻第 3 号.
藪内武司(1995)『日本経済統計発達史研究』(岐阜経済大学研究叢書 7), 法律文化社.
山田洋次・朝間義隆(1989)『男はつらいよ　寅さんの人生語録』PHP 研究所.
山野民俗資料保存会編(1990)『やまの ── 福山市山野の民俗』福山市文化財協会.
山本武利(1981)『近代日本の新聞読者層』法政大学出版局.
横山雅男(1911)「地方統計講習会に対する希望(二月十八日本会月次講話会に於ける講演)」『統計集誌』第 361, 362 号.
横山雅男(1915)『統計通論(第 32 版)』文昌堂.
臨時国勢調査局(1920a)『国勢調査宣伝歌謡集』編所.
臨時国勢調査局(1920b)「国勢調査申告書記入方及調査方法に関する質疑解答(二)」『統計集誌』第 472 号.
臨時台湾戸口調査部(1905)『臨時台湾戸口調査諸法規問答録』(奥付がないため, 正確な書誌事項は不明).

新聞資料

『信濃毎日新聞』1920 年 1 月〜10 月.
『東京朝日新聞』1920 年 1 月〜10 月.

人名索引

あ 行

か 行

さ 行

た 行

な 行

は 行

事 項 索 引

さ　行

た　行

な 行

は 行

ま 行

や 行

ら 行

■岩波オンデマンドブックス■

一橋大学経済研究叢書 51
国勢調査と日本近代

2002年 2月20日 第1刷発行
2016年10月12日 オンデマンド版発行

著 者 佐藤正広（さとうまさひろ）

発行者 岡本 厚

発行所 株式会社 岩波書店
〒101-8002 東京都千代田区一ツ橋 2-5-5
電話案内 03-5210-4000
http://www.iwanami.co.jp/

印刷／製本・法令印刷

ISBN 978-4-00-730504-7 Printed in Japan